THE SHADOW WAR

影子戰爭

JIM SCIUTTO

影子戰爭

各界推薦

「《影子戰爭》是劃時代的巨作，描繪今日世界衝突的本質。吉姆的寫作風格引人入勝，清楚解釋了我們所面臨的各式各樣的新式不對稱力量——不論是網路上、太空中、海裡、宣傳活動或非正規部隊等領域。……《影子戰爭》不像其他這類主題的書寫得彷彿『前景黯淡』似的，反而是提出經過深思熟慮的應對之道。這本書發人省思，其論述令人信服，而且組織嚴謹，值得一讀。」

——詹姆斯・克拉伯（James Clapper），前美國國家情報總監（Director of National Intelligence, DNI）

「我們都隱約知道，近年美國和西方正遭逢非比尋常的新挑戰，從影響選舉到散播假消息，再到發動網路攻擊。吉姆・修托彙整所有的內幕，幫助我們了解新的『影子戰爭』。這本書來得正是時候，明確描述在可預見的未來可能發生的國際衝突。修托是睿智聰穎的記者，其意志堅定、工作認真顯然可見。這本書報導深入、筆法俐落，而且引人入勝。」

——《後美國世界》（*The Post-American World*）作者法里德・扎卡利亞（Fareed Zakaria）

「《影子戰爭》是一記當頭棒喝，警惕我們必須認清並重視我們長久以來所忽視的威脅。修托以俐落簡練的文筆，有條不紊地說明我們為何會走到今天的處境，以及我們應該如何應對來自俄羅斯和中國的不對稱攻擊。《影子戰爭》是不可或缺的當頭棒喝。」

——朱莉雅・艾爾飛（Julia Ioffe），《瀟灑》（*GQ*）外交政策特派記者

「川普政府說『強權』競爭的時代又回來了。吉姆・修托這本書報導深入，鞭辟入裡，並指出強權競爭的時代根本未曾結束。多年來俄羅斯和中國都在陰影中發動戰爭，偷偷破壞美國，上至外太空，下至北極深海。修托繪聲繪影地描述這些衝突，會讓你晚上睡不著覺。」

——《賓拉登十年追捕紀事》（*Manhunt: The Ten-Year Search for bin Laden from 9/11 to Abbottabad*）作者彼得・博根（Peter Bergen）

「吉姆・修托寫得非常好，徹底說明目前和未來的太空與網路對美國國家安全所造成的威脅。更重要的是，他也解釋太空與網路所造成的弱點為人民帶來的影響。這本書為全體人民敲響了警世鐘。」

——威廉・謝爾頓將軍（General William Shelton），美國前空軍太空司令部司令（已退役）

「二十一世紀的戰爭已因科技、資訊之進步而朝『超限戰』（unrestricted war）的方向發展，也反映了『綜合性戰爭』（comprehensive war）的本質。《影子戰爭》正反應了這種最新的戰爭觀念，適合對國家安全及戰略之研究與政策制定者參考，也提供了群眾對戰爭概念之新視角。」

——宋學文（國立中正大學戰略暨國際事務研究所教授、國立中正大學社會科學院前院長）

「這本書是作者經過數年採訪，且有與美、歐、北約等西方國家的軍事、情報與外交高層的直接訪談，甚至親自參與若干行動，可說是第一手現場經驗的總結。正因為被採訪的對象往往都是當事人，或是政策以及反制行動的執行者，因此比起後設性的學院研究，作者提供更多的操作細節，加上作者本身具記者職業訓練而採取的簡約的敘事風格，全書節奏舒暢，有高度的臨場感。對於有興趣了解中、俄所執行的影子戰爭內容，或是想知道其操作過程的讀者來說，這絕對是一本值得細品與收藏的好書。」

——賴怡忠（專欄作家、前台灣智庫副執行長）

「影子戰爭指的就是非正規的情報戰、資訊戰，加上網路時代後的駭客攻擊，利用虛擬貨幣洗錢，讓追查變得更加困難。而資訊時代的民主國家採取開放態度，讓國家更容易受到資訊戰的影響。雖說指稱中俄兩國對美國的非正規作戰，但多半都指涉俄羅斯，於中國對台灣的部分不多。即便如此，作者身為記者，很巧妙的用敘事手法，把枯燥的情報戰寫成如〇〇七般的劇本，值得一讀。」

——王立第二戰研所

目次

導讀

賴怡忠（專欄作家、前台灣智庫副執行長）

這本書是有關中、俄對美國及西方國家進行滲透、破壞、偷竊、勒索等所謂發動影子戰爭的書，包括莫斯科對在西方國家的俄羅斯異議人士發動之核生化攻擊（第一章）、十三年前對愛沙尼亞的全國性網路戰（第二章）、中國以國家為後盾對西方國家竊取情報與商業機密（第三章）、俄羅斯對烏克蘭的滲透戰與分裂戰，甚至導致馬航客機被擊落的悲劇（第四章）、中國從二〇一四年在南海積極進行的填海造陸作為（第五章）、俄羅斯與中國在近地球軌道的太空作戰部署（第六章）、俄羅斯對美國選舉的干擾與破壞，企圖影響選舉結果（第七章）、俄羅斯與中國的潛艦發展，及其在北極與其他海域的水下作為（第八章）。我們可以看到範圍包括了水下、陸地、太空、網路、核生化、政治滲透戰與政治影響戰等，相當於涵蓋近幾年美國軍方所聲稱的「陸、海、空、水下、太空、網路、電磁頻譜」等多域戰（multi-domain）的戰場，也論及和平時期的政治影響戰、輿論戰、心理戰等領域。由於這些都是根據中俄對西方國家具體作為之整理，由此可見近幾年中俄兩國對西方國家作為的多樣性及密度。

值得一提的是，這本書是作者經過數年採訪，且有與美、歐、北約等西方國家的軍事、情報與外交高層的直接訪談，甚至親自參與若干行動，可說是第一手現場經驗的總結。正因為被採訪的對象往往都是當事人，或是政策以及反制行動的執行者，因此比起後設性的學院研究，作者提供了更多的操作細節，加上作者本身具記者職業訓練而採取簡約的敘事風格，全書節奏舒暢，有高度的臨場感。對於有興趣了解中、俄所執行的影子戰爭內容，或是想知道其操作過程的讀者來說，這絕對是一本值得細品與收藏的好書。

影子戰爭是不對稱作戰、灰色地帶作戰、政治影響戰、認知戰的綜合體

作者以「影子戰爭」所稱的中、俄對西方國家種種破壞性的作為，很難有清楚的定義。在具體作為上，這基本指的是戰爭未滿，但從低強度間諜刺探到低於全面戰爭的高強度衝突等，其目的是在降低敵手能力或是增強自身的綜合能力。在更多時候則是兩者目的兼具，只是比重不同。這類性質的作業如果牽涉到正規軍人，往往會以非傳統戰爭視之，如果還沒到正面衝突的程度，則是以灰色地帶戰爭／衝突來歸類。如果是針對平民百姓以及民主社會本身的政治過程，近幾年有個新的名詞——「銳實力」（Sharp Power）來描述這個現象。二〇〇四年開始談到中國對台三戰「輿論戰、心理戰、法律戰」，也是屬於這個範疇的作為。

而本書談到的太空與潛艦戰，在軍事領域則是過去十年特別注重而開啟「多域戰」（Multi-domain

Warfare）之研究的其中兩域。現代軍事要觸及的領域（Domain）較一般人熟悉的陸、海、空這三個對戰空間更廣，包括水面下（潛艦與其他水下載具與器械）、太空（包含衛星、導彈與反導彈設施、以及太空站等）、網路空間、電磁頻譜等其他四個領域。在這當中，網路空間戰也往往在承平時期就被對手拿來使用，並在戰爭時期被拿來打擊或是誤導敵人的情報蒐集與判斷、及指揮與管制能力等。

正因為花樣繁多，而其又能對屬性開放的民主國家帶來莫大困擾，影子戰爭的作為已經將平戰的分立變得模糊，形成對標的國壓力倍乘的效果，其對民主社會的殺傷力與對體制的衝擊必須嚴肅以對。維護治安的警察行動對此無法處理，過去的守望相助也無能對付這個問題，影子戰爭是運用開放社會以破壞開放社會的實例。難怪中、俄對運用影子戰爭以損害西方（或是其他國家的）民主樂此不疲。

近幾年對中俄影子戰爭的討論如雨後春筍

與俄羅斯及中國對西方國家進行影子戰爭的討論是這幾年新起的現象，雖然對這方面的研究與基本資料的蒐集在之前就已經展開。

從二〇〇〇年因國會立法而授權運作的「美中經濟暨安全檢討委員會」（US-China Economic and

Security Review Commission，簡稱 UCESRC），可以說是經濟、科技、安全、外交、教育、貿易等領域中國對美國的滲透戰、政治影響戰、認知戰、智財偷竊、科技掠奪、區域安全的威脅等歷史最久，也最有成就的涉中之研究組織。因為這是經過國會授權，而且有國會撥款支持，與某些財力相對有限，需要靠向外界募款求生存的智庫不同。後者因為財政的可能缺口使捐款主對於研究方向會有影響力，特別是一些與中國密切合作的智庫，很可能會因為擔心讓金主（中國）不高興而自我設限。但這個國會撥款成立，財政無虞的研究委員會就沒這個問題，因此其涉中研究就比較沒有禁區。這個委員會在經過十多年的研究累積後，已經成為華府有關美中經貿、科技關係、中國對美國社會的認知戰、影響戰、政治戰等最具權威的研究中心。不管是其公聽會，還是從二〇〇二年以後每年發表的年度報告，都成為華府有關中國政策與美中關係的討論基準。只不過在二〇一六年以前，「美中經濟安全檢討委員會」的報告多只在國會議員間流傳，但隨著川普上台，包括 Peter Navarro, Steve Bannon, John Bolton, Matt Pottinger 等對中鷹派人士先後進入政府，「美中經濟安全委員會」的影響力也隨之加大。現任白宮貿易顧問 Peter Navarro，在進川普政府前所寫的那本《美中開戰的起點》（*Crouching Tiger: What China's Militarism Means for the World*）就有不少推論是根據這個委員會的聽證會研究報告，甚至還有直接引用資料者。

但開始把中、俄的政治影響戰放在一起進行比較的，第一當屬全國民主基金會（National Endowment for Democracy）在二〇一七年底出版的那份「銳實力：威權影響力的崛起」（Sharp Power:

Rising Authoritarian Influence）報告。這是第一份從美國主要智庫同時將中俄的政治作戰、滲透戰及銳實力在其他國家之作為，進行比較分析與對應研究的主要報告，在當時引發轟動。

因為之後沒多久，美國川普政府就發布那份可說是最近三十年來最重要的國家安全戰略報告，把中、俄同時視為有意改變現狀的強權，美國與這兩個國家的關係是戰略競爭關係，並提出印太戰略以對付中國。那篇國安報告在對美國內政與外交的影響上，給人感覺似乎用了不少美國民主基金會（NED）那份中俄銳實力報告的結論，這也使得NED報告的重要性水漲船高。

之後跟著還有史丹福胡佛研究所出版有關分析中國對美國學術界、傳媒滲透與影響的「中國影響力與美國利益」（Chinese Influence and American Interest）。這份報告集合了美國主流的中國研究界，也指出中國透過資助研究與對學校或是研究機構的捐助，嚴重影響美國學界的中國論述，也透過利誘與威脅迫／誘使旅美中國社區成為動員反對美國對中政策，或是對中批評的主要根據地，並讓可能的批評消音，以及對歷史記憶的強迫竄改或是遺忘等，不一而足。

也是在二〇一六至二〇一八年間，有關中國對各國的政治影響戰的研究也開始出現，部分書也有中文翻譯，例如澳大利亞學者Clive Hamilton所寫《無聲的入侵》（*The Silent Invasion*，左岸文化），講的就是中國對澳大利亞進行滲透顛覆以弱化其民主體制，軟化澳大利亞外交能量的案例。而加拿大記者文達峰（John Manthorpe）所寫《大熊貓的利爪》（*Claws of the Panda*，左岸文化），則是把重點放到中國對加拿大的作為。美國前國安會戰略規劃處主任，羅伯斯伯丁准將所著之《隱形戰》（*Stealth*

War，遠流出版社），主要討論的是中國如何在數位戰場、科技領域、關鍵基礎建設所需資源等領域，透過偷竊、訛詐、甚至直接恐嚇等手段，以取得對美國在軍事與外交的競爭優勢。中國旅美學者何清漣著之《紅色滲透：中國媒體全球擴張之真相》（八旗文化），是直接討論現在中國對外的宣傳機器與腦控手段，這個中國大外宣的傳播機器過去沒被大家關注，但現在因武漢肺炎疫情的中國宣傳作為，而開始為大家所熟知。台灣在五年前出版的《吊燈裡的巨蟒》一書，則是台灣學界對於中國對台灣滲透與腐蝕台灣民主操作的實例研究。

甚至在學術界，美國《民主季刊》（*Journal of Democracy*）總編輯戴雅門教授（Larry Diamond）也出版一本比較傾向學術討論的著作《妖風：全球民主危機與反擊之道》（*Ill Winds*，八旗文化）。雖然是學術著作，但戴雅門同樣將今天全球民主的危機之反擊重點，指向中國與俄羅斯，認為必須有效面對這兩個國家意圖弱化甚至摧毀民主的作為，以便挽救世界民主政治於既倒。

這些豐富的研究顯示了西方世界開始嚴肅看待中國與俄羅斯對西方世界發動影子戰爭的問題。影響所及，不僅二〇一七年底美國「國家安全戰略」報告明示中俄對美國造成的問題，並認定與這兩個國家就是戰略競爭關係，副總統彭斯在二〇一八年與二〇一九年的兩次對中政策演說，以及二〇二〇年從六月底開始一系列對中強硬演講，班農（Steve Bannon）稱之為「天啟四騎士」的演講，這四位資深官員包括美國家安全顧問、國務卿、聯邦調查局局長、司法部長等的演說，而且配合這些演說，我們也發現美國開始關閉中國駐休士頓領事館、將中國駐美官媒標記為使館人員，而非媒體，也將具解放軍背景的留美學生驅逐回中國，在國際全力領導禁止華為參與5G的行動，更對內剔除抖音，還在中國於南海軍演之際，派遣兩艘航母戰鬥群在南海演習給中國看，迫使中國為此閃避等。

歐盟在二〇一九年三月出版的對中戰略報告中，認為中國是歐盟在經濟的競爭與合作者、多項跨國議題（如氣候變遷）的合作夥伴、安全的挑戰以及（政治）體系的敵手（Systemic Rival）。這幾年歐洲國家開始對華為採取抵制措施，雖然強度不如美國強硬，但整體是朝向降低與華為合作的方向進行。

而澳大利亞從二〇一七年以降，主流媒體也開始高度關注中國如何利用澳洲學術機構與在澳中國人社區，選出親中的議員，並意圖改變澳洲對於南海議題或是其他中國關心議題的立場。結果是澳洲端出了類似美國，但比美國更積極的《外國影響力透明法案》（Foreign Influence Transparency Scheme）及其他相關法律。

以上可知，現在西方世界開始對中國採取比較強硬的措施了。不管這個措施是基於中國、俄羅斯先前的作為，或是對武漢肺炎期間中國浮誇狂妄的大外宣說詞及其趁疫情攻城掠地作為等的反彈，現在西方世界對於中、俄的影子戰爭，看起來似乎是已經有相當察覺了。

影子戰爭是中俄將美國視為敵人的非典型戰爭作為

中俄對美國發動影子戰爭，往往只有一個意義，就是莫斯科或北京基本上將美國視為敵人。但這個把美國視為敵人的緣起與意涵是什麼，又有很多不同的解讀。

蘇聯崩解代表冷戰的正式結束，美國因此曾獨霸一方，也開始宣稱民主必勝論，當時福山《歷史之終局與最後一人》的樂觀說法反映了這個時代氛圍，即使是比較悲觀論的現實主義者，也主張世界進入美國單極獨霸狀態（The Unipolar Moment），美國具有史上最強的軍事力量，可以一己之力達成類似兩千年前羅馬和平的狀態（Pax-Americana）。而繼承只有一半前蘇聯力量的俄羅斯，一開始也無意與美爭霸，一方面是本身沒實力，另一方面是俄羅斯也沒有意願與美國爭霸。美國柯林頓政府積極支持當時的俄羅斯總統葉爾欽，而當時葉爾欽也確想要融入西方體系，還曾出現其總理蓋達的五百日激進經濟實驗，只是功虧一簣。

如果今天問俄羅斯的領導精英，大都會認為一九九〇至二〇〇〇對俄羅斯來說是個外交恥辱不斷，軍事軟弱不堪，政治上相對自由，同時在內政上也極為混亂與腐敗的時刻。出身情治系統的普丁在擔任總統後，全力透過擴張國家力量以改變這個狀況。雖然普丁的俄羅斯沒有回到共產主義，但戰鬥民族的民族主義卻在上漲，透過對蘇聯歷史的改寫，基本上俄羅斯意圖重新打造冷戰結束時其與前蘇聯加盟共和國的關係，將這些區域視為俄羅斯不容外國置喙的勢力範圍與安全邊界。在這個脈絡下，對前華約成員國西進的動向高度敏感，也因而對美國與歐盟的怨懟快速上升。

莫斯科在若干議題對美國採取針鋒相對的態度，與其日後在國際上對美國日益強大的敵意，國際觀察家對此出現不同的解讀。有人認為美國在一九九〇年代的北約東擴政策，以及二〇〇四至二〇〇六對發生在烏克蘭、吉爾吉斯、塔吉克等國顏色革命的鼓勵，使得莫斯科認為美國在冷戰結束後還是持續在弱化俄羅斯，也持續拒絕讓俄羅斯成為歐洲的一部分。因此俄羅斯對美國的敵意，實際上是美國在冷戰結束後對俄作為的自作自受。

也有人認為俄羅斯在冷戰結束後依舊不願融入歐洲體系，回身乞靈於其歐亞傳統（Eurasia），意即俄羅斯不是歐洲國家，而是個歐亞國家，這與過去三百年來彼得大帝的歐化思維不同。例如前總理Primakov就曾提出建立「俄印中亞洲戰略三角」以抗衡美國，等到印中矛盾強化，而且印度明顯向美國趨近後，也出現俄—中—伊朗新三角戰略合作形成的趨勢。針對不同版本的歐亞陸權軸心主張持續出現的現象，有人認為這是俄羅斯作為陸權國在面臨美英日歐等海洋勢力緊密合作時的自然反應。

雖然俄羅斯因實力衰退之故，一開始會把焦點放在俄羅斯周邊區域，但之後其關注點就會向其他地區擴張。因此這一派人認為不一定是美國的對俄作為導致俄羅斯對美國的敵意，而是俄羅斯自己選擇了歐亞傳統而不是歐化俄羅斯的傳統，作為其地緣認同與戰略選擇，這使得莫斯科與美國出現日益對立的態勢。

至於中國會把美國當成敵人的發展，對華府來說更是感到奇怪。美中在冷戰時是抗蘇盟友，但冷戰後期出現天安門屠殺事件讓美中關係出現大幅震盪。固然冷戰結束讓美中失去共同敵人，凸顯了美中政治價值的歧異，但會導致利益的巨大反差，對不少經驗美中合作的華府冷戰戰士來說，毋寧是很難接受的。因此，這與中國指控美國在冷戰結束後為了尋求新敵人的需要而鎖定中國，是剛好相反的。

此外，美國希望透過與中國的經濟交流，將中國整合進入全球體系，藉此促進中國的現代化與向國際主流認同，並最終帶來中國的民主化。但是中國可以接受現代化，可依然對民主化始終抱持警戒，認為這是在變相顛覆中共政權，這與俄羅斯冷戰結束後接受某種形式的選舉民主，反應非常不同。中國的改革始於一九八〇年代，使美國認為中國發動經改在先，在冷戰結束時，沉浸在一片樂觀氣氛的華府主流看法，更認為中國已經變成一個揚棄馬列主義，仰賴民族主義與經濟發展以建構中共統治正當性的政權，因此不但沒有發動世界革命的需要，也是個內向性與防衛性的政權。美國堅信經濟發展的後果必然會外溢為政治改革，早晚會使得中國出現改變。

雖然當時北京言論上不再提到馬列主義，但對上述看法卻認為這代表歐美意圖利用和平演變中國以使共黨垮台、如同一九八九年之後的東歐國家一般，自然對各種民主促變論高度敏感。

相對於莫斯科抱怨一九九〇年代美國對俄羅斯處處提防，美國可是對中國加入世界經濟體系舉雙手歡迎。除了在九〇年代對中政策發明所謂的交往促變戰略，當中國於二〇〇三年正式宣告和平崛起後，更接著說中國是個得益於這個國際建制，因此更沒有意願改變它，這便使得北京在二〇〇五年進一步升格為「負責任的利害關係者」（Responsible Stakeholder）。之後美國在二〇〇六年更與中國積極發展絕無僅有的雙邊全政府高級別對話（美中經濟戰略對話、以及美中戰略暨經濟對話）。二〇〇八年當金融海嘯重擊美國後，華府甚至有人高唱美中合組 G-2 以共管世界與亞太區域。與後冷戰對俄羅斯處處設防相比，美國對中國可說是雙手全力擁抱，即使早先有天安門事件，之後還有台海危機，但都沒改變美國對中國的看法。

如果認為俄羅斯對美國的敵意是來自美國在九〇年代種種無視俄羅斯感受之作為的自作自受，或者與俄羅斯本質是個跨歐亞的陸權國以及其歐亞認同等有關，那麼中國對美的敵意就只能是獨裁對民主的先天焦慮，以及崛起後中國有意重回亞洲霸主，逆轉西方優勝論，回歸兩百年前天朝秩序之想法。

一百年來美國雖未與中國為敵，但因為雙方政治體制與價值存在著基本差異，以及中國意圖回復兩百年前中華帝國主導東亞秩序的局面，而使得美國在此區域的存在成為妨礙中國崛起的問題，須將美國驅逐到夏威夷以東，北京也因此把區域其他國家與美國的合作，視為有意抑制中國崛起的潛在敵人，須予以分解。不管中國是否有意圖顛覆美國在此區域的存在感並將其擊潰的百年馬拉松計畫，直到二〇一七年十二月的「國家安全戰略」報告發表後，華府才開始正視中國的意圖，確認中國是有意改變現狀的強權，不再是維持現狀的「負責任利害關係者」，並嚴肅回應。

作者提到：「影子戰爭不是深藏於中俄情報機關的祕密計畫，影子戰爭背後的戰術和思維都藏在清楚看得到的地方。」這句話具體而微地點出現在所看到來自中俄的所謂影子戰爭，雖然是類似作用在灰色地帶，但不是侷限在中俄兩國情報部門的對外情報戰而已，而是個有清楚國家目的、有戰略指導，有準則引導作業預期、有專門訓練、有專屬資源的投放，有全政府的統合協調作為。這基本上是在非傳統戰場上展開戰爭的作為。既然這是戰爭，當然意味著把美國作為敵人。值得注意的是，作者並不認為這只是專門針對美國，他也認為其他在歐洲與亞太地區的民主國家，也是其目標。

西方世界如何看待中俄關係，是影響地緣戰略格局的關鍵

雖然西方世界對於中、俄的影子戰爭已經有了警覺，但如何處理它們、優先順序是什麼、中俄之間是否存在合作關係等議題，美歐有相當不同的看法。整體來說，美國發展的印太戰略針對中國的意味強烈，但對於俄羅斯則比較緩和，川普本人在選前就已經與普丁建立不錯的關係，美國戰略社區中較親近川普者，甚至也在思考「聯俄制中」的可能性。相對來說，歐盟國家對於俄羅斯的警戒心較高，不管這是基於二〇一四年俄羅斯對烏克蘭領土的瓜分或是內政干涉，或是與俄羅斯接壤的前東歐國家對於蘇聯支配時代的恐怖歷史記憶，但歐洲對中國的態度卻不太一樣，還不太將中國視為敵人。身為歐洲最大經濟體的德國，其民間甚至對於與中國發展更緊密經濟關係抱有期待，這份

期待隨著德國政府對美國總統川普的不信任感，甚至厭惡感升高，使得德國在「發展獨立外交」的口號下，把與中國的關係視為迂迴走出美、俄等所謂第三條路的重要基準。

總結而言，美國是印太國家，因此對中國在印太的侵略性作為頗有感觸，也更傾向視中國為改變現狀，意圖挑戰美國地位的亞洲大陸強權。歐洲因接壤俄羅斯，對於二〇一四年俄羅斯迅速併吞克里米亞島的記憶猶新，而中國距離較遠，因此沒有軍事威脅的感受，對中國的考慮就比較多元，會權衡各種商業利益。但當武漢肺炎發生後，看到中國令人咋舌的作為，不少歐洲國家也逐漸改變先前對中國比較友好與輕忽的態度。

因地緣關係而使得美國與歐洲對於中俄兩國的急迫性認知與應變態度，有不一樣的反應，美國目前顯然是以中國為首要目標，但是歐洲依舊高度憂慮俄羅斯的作為，部分歐盟會員國的公民甚至還因與俄羅斯的相關行動而出現死傷。此外，到底現在中俄的關係是如何，至今西方戰略社區的看法也相當分歧。

冷戰中後期，中俄關係不睦，美國打中國牌對抗蘇聯人盡皆知。中俄之間存在矛盾的看法，直到今天還在西方戰略社區有強烈的影響力，而認為中俄之間的矛盾大於合作。採這種看法者會提到幾個因素，包括遠東俄羅斯擔心本身會被中國人民淹沒，希望回復往昔蘇聯／沙俄榮光的俄羅斯，急切希望掌握前蘇聯領土為其勢力範圍，因此對中國崛起，特別是其在中亞勢力的擴張，感覺十分焦慮，中俄在中亞區域有利益矛盾，當二〇一三年中國發動「一帶一路」計畫時，這個矛盾更引發俄羅斯的焦慮，因其方向與俄羅斯在同年初發動的歐亞經濟聯盟（Eurasia Economic Union）的方向背道而馳。莫斯科過去也對中國的軍事發展感到芒刺在背，對於中國以「逆向工程」（reverse engineering）複製俄羅斯先進武器，還將其轉賣到其他國家以打擊俄羅斯的軍火工業一事怒不可遏。他們也認為俄羅斯仍不願看到原先共產主義的北京小老弟可以與莫斯科平起平坐。這些原因使得他們認定俄羅斯與中國因本質存在矛盾的關係，兩邊不太可能真心合作，而這也提供美國仿照當年打中國牌的方式，發展「聯俄制中」戰略的空間。現在中俄存在合作始自二〇一四年，是因為俄羅斯入侵克里米亞及介入分裂烏克蘭，引發歐盟與美國的聯合對付，導致莫斯科在亟需找到經濟緩衝之下而與中國越走越近。但他們認為這個中俄合作只是「同床異夢」無法持續。只要美國提供足夠的誘因，中俄必然拆夥。

抱持中俄存在合作關係且無法拆開的想法的戰略分析家，認為中俄合作不需要彼此高度互信，只要存在有共同的敵人就夠了。中俄彼此都知道最大的共同敵人是美國，雖然兩國都沒有單獨擊敗美國的力量，但彼此也都知道美國無法對付中俄聯手。更何況由於彼此的戰略地理，合作形同掌握內線優勢，可以從容對付美國沿著太平洋與大西洋兩岸所部署對中俄的兩洋包圍網。中國與美國在西太平洋的衝突，可以舒緩美國在歐洲對俄羅斯的戰略壓力，同樣的美俄在歐洲的對峙也會稀釋美國在印太區域的對中包圍能力。因此，中國會支持俄羅斯在歐洲與美國的對抗，而莫斯科則會積極向中國輸送戰鬥資源，以使中國可以有效遲滯美國在西太平洋的戰鬥能力。

這一派人也主張，中俄兩國在銳實力、政治影響戰、滲透戰、政治作戰等也存在彼此學習的實例。如國內研究中國滲透的專家沈伯洋教授曾表示，中國喜歡搞無特定對象的人海戰術以進行情報廣蒐，而俄羅斯更傾向聚焦在高價值目標並對其鎖定蒐集，彼此有不一樣的目標設定與操作文化。但根據捷克「中國分析」（Sinopsis）智庫創辦人與執行長Martin Hala的分析，中俄一開始雖然方法不一樣，但之後似乎出現在方法學上有交互滲透的狀況，顯示中俄兩國可能有互相學習，甚至彼此合作的跡象。

而過去台灣對中國購置俄羅斯高科技武器有高度警覺，包括基洛級潛艦、可發射日炙超音速巡弋飛彈的導彈潛艦、更高效的蘇愷戰機及涵蓋全台灣的S-400防空系統等，分析俄羅斯販賣中國武器的種類，可以判斷基本上是強化中國渡海攻台的能量，意即俄羅斯可能認為台海衝突對其潛在有益。這也與所謂俄羅斯可以從美中衝突得利的判斷方向一致。

當然現在無法確定中俄關係是同床異夢隨時準備拆夥，或者是雙方存在緊密的利益關聯，而使這個原先為了方便的結婚（marriage of convenience）變得更具實質意義，但中俄關係的實質確實牽動全球的戰略格局，也深深影響美歐的戰略判斷。

如果普丁或習近平下台，中俄對美國（或其他國家）的影子戰爭會結束嗎？

另一個值得思考的問題是，現在中俄對西方與其他民主世界發動的所謂影子戰爭，不少人認為主要與習近平及普丁有關。如果這兩位離開政壇，中俄與民主國家的矛盾，以及影子戰爭的頻率等，是否就會降低？

這牽涉到習近平與普丁是代表一個人或一個集團的問題。普丁出身的情治系統力量，在蘇聯解體後搖身一變成為最有紀律與最不受監督的集團，所謂蘇共的影響應該不大。普丁主要還是防守俄羅斯的眼前利益，雖有對其他國家發動令人髮指的作為，但對象都還是在懲治其認定的叛亂者或異議人士，並以此警告其他人批評俄羅斯不會有好下場。

但習近平是堅定的馬克思主義者，對西方民主採全面反對的態度，其中國夢不僅要富國強軍，還有意仿效當年天朝支配亞洲的姿態，讓中華民族的偉大復興也能同時對外推進中國的治理模式。而根據習近平對各級幹部強調中國有制度優勢，更應該要有制度自信，預告了其中華民族的偉大復興含意，不僅是中國的經濟富足與擁有一支現代化軍隊，還包括歷史上「四方來儀」朝拜上國，周邊夷狄仿效天朝的治理哲學與治國作業情境，能在二十一世紀重演。相信這也是近來美國會一再強調習近平是馬列主義信徒、有意對外推展其治理模式，美中關係不是「修昔底德陷阱」等說法。

雖然習近平面臨諸多政敵，但中國對外的銳實力操作在胡錦濤時代就已經出現。不管是對台的三戰、海外廣鋪孔子學院、買台灣比打台灣便宜、以降低稀土供應警告日本、以禁止香蕉進口對付菲律賓等等，都發生在胡錦濤任內。習近平固然做得比較不加掩飾與粗魯，但基本上方向與先前的中國領導者仍是一致的。

在此提出另外一個問題，如果這不是習近平或普丁的個人問題，那麼大家該如何處理與中、俄的關係呢？

中俄的影子戰爭與台灣的密切連繫

「本書要談的是，當西方的敵人發現不可能打贏熱戰，但卻有別的辦法可以獲勝時，他們會怎麼做。」

有一種說法認為會採取「影子戰爭」者，往往是自己實力不如人，因此才會訴諸這些手段。但目前看來，似乎中俄對於實力比他強的國家會發動，但對於實力不及他者也同樣會使用。作者在書中提到俄羅斯在二〇一四年以小綠人戰術對付烏克蘭、在二〇〇七年以全國性規模發動長時間的持續分散式阻斷服務攻擊（DDOS）對付愛沙尼亞，或是中國在南海對付東協聲索國的作為等，可以發現書中所提的影子戰爭，已經變成現在世界的新日常，不論大小國都遭受攻擊，無一倖免。影子戰爭不僅是打不贏熱戰的另類選擇，也是協助熱戰獲勝的重要輔助。

對台灣來說，不論是二〇〇〇年中共發動全球華人反獨促統大聯盟，或是二〇〇三年啟動的「法律戰、輿論戰、心理戰」三戰作為，或是在馬英九執政時期即對台系統積極全台走透透「入島、入戶、入心」，在太陽花運動後改變策略提出「三中一青」的系統性拉攏，之後針對青年工作提出「一代一線」，或是包括宮廟、大學等的十項優先重點工作等，這些都還未觸及二〇一八年時日益明顯在社群媒體對台假新聞的作戰。美國驚訝於二〇一六年俄羅斯對美國總統大選的干擾戰，但中國從二〇〇二年至今投入對台灣政治影響戰的資源與能量，相信華府看到後也只能瞠乎其後吧。台灣作為中國共產黨影子戰爭受害者數十年的經驗，對於西方國家在如何應對影子戰爭一事上，應該可以提供頗具價值的經驗談，而這也是過去幾年來包括歐美及部分印太國家急切希望與台灣交流的主要議題。

要分析中國駭客作為，大家都知道台灣有最清楚的中國駭客分析足／印跡，這是因為中國在開始駭其他國家前，會習慣先拿台灣試點，以便「完善化」其病毒能力或駭入方式。而理解中國的影子戰爭，台灣的經驗分享，或是與台灣的訊息交流，也能提供新的洞見與抓出新的脈絡。

舉例來說，中國對澳洲政治影響戰的華人操作方式，往往是利用已經存在的政治組織與可利用的僑團發動，進一步分析可以發現，這些所謂的僑團往往與二〇〇〇年後中國在海外四處建立的反獨促統大聯盟有關。

台灣早在二〇〇四年就針對中國在海外設立孔子學院的作為向各界提出警告，憂慮這個行動對校園言論自由可能帶來的影響，只是當時各國多將台灣的警告視為只是兩造的統獨爭議，而不清楚或不願面對中國在各國校園建立孔子學院後，會以此作為海外言論審查基地的可能發展。過去這些互動經驗對於之後如何認知與理解中國的影子戰爭作為，會很有幫助。即使現在中國經過與俄羅斯充分的經驗交流後大幅改進其操作方式，但中國不太可能移植搞個橫空出世的新作法，北京多會在既有的組織與脈絡上操作，否則中國無以運轉其龐大的國家機器，以及對此展開資源投注。

台灣經驗對於解讀中國影子戰爭的作為、判讀其意圖、預期之後的運作對象，以及對其國家的整體影響等，會有相當的幫助。但也要注意的是，中俄的作為基本上是利用民主體制的開放特性對其滲透破壞。冷戰時期因為防禦目標很清楚，即使蘇聯在西方埋伏不少間諜，但美國與西方國家已對此有一定程度的高度警戒，這會相當程度影響當時蘇聯成功的比率。

現在中俄可以在影子戰爭如此猖狂與肆無忌憚，更大的原因是西方國家尚未將其視為「敵人」，因此以一般民主開放體制的自我改正方式來面對。換句話說，整個西方民主國家對中俄的態度是以民主體制的一般性作為予以回應。西方世界在對抗恐怖主義上，都比對抗中俄發動的影子戰爭投入更多資源與戒心。

當然這麼做也不是沒有好處，因為這會迫使大家進一步思考如何對民主體制進行結構性的改革，以強化其對抗影子戰爭的能耐，而不是針對特定對象採用臨時／特別措施。但如果這種一般性措施是類似以社區維護治安取締小偷與流氓的警察行動，在以其對抗來自國外擁有無限資源，還有個專門設計來破壞民主體制的複合性軍團時，我們又該如何面對呢？

誠如作者所言，只要能確認威脅來源並予以正視，我們就可以在這場戰爭中獲勝。但更進一步，我們可能還需要確認威脅的性質與深度，同時也不能被傳統觀點束縛和牽引，才能務實找出具可操作性的策略。現在美國所邁出的步伐，就有很重要的意義。

第一章

影子戰爭的內幕：中俄混合戰

每當服務生走近餐桌，政府高幹就停止說話，等服務生離開後才又繼續說。過去他一直是我最難邀約見面的線民，我總是主動與他聯繫，但他大都拒絕我，甚至不回覆。然而，這次卻是他主動要求見面。他生性十分謹慎，我知道他有要事相告。他挑了一個古怪的地方吃午餐密談。米拉諾餐廳（Café Milano）有華盛頓高檔餐廳的浮誇特色：餐點貴過頭，員工對客人百依百順，酒單上全是高單價的酒，顧客中有許多華盛頓和國際權力的掮客。然而，我們來這裡談論的，卻可能是自冷戰以來俄羅斯最大膽、最可怕的外國行動。

線民告訴我，現在西方情報界十分篤定，那年春天稍早在英格蘭的薩里斯伯瑞（Salisbury）毒殺國家安全委員會前特務瑟傑．史柯里帕（Sergei Skripal）和他的女兒尤莉亞（Yulia），是普丁親自下令指揮的。這次謀殺行動的凶器是毒性強大的俄羅斯製神經毒劑「諾維喬克」（Novichok），這件事震驚了英國和歐洲，尤其是使用「諾維喬克」，格外令人擔憂。「諾維喬克」比美國史上毒性最強的神經毒劑「VX」還要致命好幾倍，「VX」已經被禁用好幾十年了。「諾維喬克」殺人的關鍵在於阻斷全身的神經訊號，讓肌肉不斷收縮，無法控制，中毒者會痛苦抽搐、嘔吐、口吐白沫，當目擊者在薩里斯伯瑞的公園長椅上發現史柯里帕父女時，他們就是呈現這樣的狀態。暗殺行動發生後幾個月，每位我遇到的歐洲官員談起這件事，總是說得怵目驚心，他們認為俄羅斯在北大西洋公約組織盟國的領土上執行暗殺行動，為俄羅斯的國外恐怖活動訂下駭人的新標準。

美國和西方情報機構立即推斷，對於這種行動，俄羅斯高層領導不可能不知情，在高官雲集的克里姆林宮，普丁是唯一握有生殺大權的高層領導。然而，俄羅斯總統直接下令暗殺英國國土上的人，會增加風險。線民告訴我，西方情報機關推斷，「極可能」是普丁直接下令。普丁看似要用刺殺史柯里帕的行動傳遞兩個大膽的訊息：一是要告訴英國和西方，俄羅斯不受國界限制，敢恣意在外國逞兇；二是告訴俄羅斯的異議人士和其他批評者，他們在任何地方都不安全。

線民湊近身子，告訴我一個更駭人聽聞的情報。英國調查人員斷定，那兩名執行暗殺行動的俄羅斯軍事情報特務夾帶大量「諾維喬克」進入英國，足以殺害數千人。

「數千人？」我又問了一次，以確定沒有聽錯。

「對，數千人。」他說得很篤定。

西方情報機關不相信俄羅斯暗殺小組意圖殺害數千名西方人。然而，夾帶如此巨量又極度危險的神經毒劑進入英國，此大膽之舉著實令西方領導人震驚。即使只攜帶少量「諾維喬克」，就十分危險了，任何人碰觸到都可能致命。兩位與史柯里帕父女非親非故的薩里斯伯瑞居民清楚證明了這一點。查理・羅利（Charlie Rowley）和彤・史德吉斯（Dawn Sturgess）無意間撿到一個小瓶子，裡頭裝著諾維喬克，偽裝成蓮娜麗姿香水，顯然是企圖暗殺史柯里帕父女的人丟棄的。史德吉斯把「諾維喬克」噴到手腕上，以為那是香水，身體立即出現不適，幾天後便死亡；羅利則是死裡逃生。不可思議的是，史柯里帕氏父女倆在醫院住了幾個星期後，也都存活下來。歹徒私運大量「諾維喬克」進入英國，顯然可能會造成更多傷亡。莫斯科似乎要表現得自己根本不在乎，還有最重要的，要證明自己完全不怕英國和西方的反應。這可是俄羅斯在西方發動的大規模毀滅性化學武器攻擊，是史無前例。還是有前例？

史柯里帕毒殺案確實駭人，但每個細節聽在我耳裡都十分熟悉。十二年前，我派駐倫敦，擔任《ABC新聞》的資深外國特派記者，曾經報導俄羅斯異議人士亞歷山大・李維南科（Alexander Litvinenko）的刺殺案。情節簡直就像剽竊約翰・勒卡雷（John le Carré）的小說一樣，兩名俄羅斯特務在茶杯裡放入放射性元素釙210，毒殺李維南科；釙210只要一丁點兒，毒性就相當強大，足以毒死好幾個人。由於釙210的放射性極強，後來英國調查人員才能追查出釙210進入英國以及在英國移動的完整路徑：從載有兩名特務到倫敦的俄羅斯噴射機上的26E和26F座位，到皮卡迪利圓環（Piccadilly）夏夫次伯瑞大道（Shaftesbury Avenue）上西方一流飯店（Best Western Hotel）他們所住宿的套房，以及他們觀賞球賽的兵工廠足球場，再到他們初次見到李維南科的何時壽司餐廳（Itsu），最後是梅費爾（Mayfair）千禧酒店（Millennium Hotel）的松園酒吧（Pine Bar），他們便是在那裡下毒的。

這次的目標和凶器不同於毒殺瑟傑・史柯里帕的行動，但暗殺模式如出一轍，也就是在國外暗殺克里姆林宮視為國家敵人的人，而這次是成功的。李維南科和史柯里帕都是聯邦安全局的前特務，聯邦安全局是國家安全委員會的後繼單位。李維南科因公開指控俄羅斯情報機關從事非法活動，而在一九九八年被聯邦安全局開除。他在書中提出最震撼的指控，說俄羅斯總統在一九九九年策動一連串致命的恐怖攻擊，攻擊莫斯科的公寓大樓，凶手並非克里姆林宮所譴責的車臣恐怖份子。目的是確保普丁在二〇〇〇年贏得選舉，並且讓俄羅斯二度發兵干預車臣變得師出有名。

二〇〇〇年，李維南科帶著妻兒從俄羅斯逃到英國，尋求政治庇護。一年後，他取得庇護，最後歸化為英國公民。他們住在西方國家的新家，最重要的還是在北大西洋公約組織盟國，他以為自己安全無虞，於是繼續揭發俄羅斯領導階層的罪行。他與布利斯・貝里佐斯基（Boris Berezovsky）聯手——貝里佐斯基也是住在倫敦的俄羅斯異議人士——大肆批評普丁。李維南科死前不久曾指控普丁，在二〇〇六年稍早下令謀殺新聞記者安娜・波利柯思嘉亞（Anna Politkovskaya）。最後，他與史柯里帕一樣，其實仍在聯邦安全局的魔掌之中。

二〇〇六年的暗殺行動著實膽大包天，李維南科遭到毒殺的千禧酒店，距離美國駐倫敦大使館只有半個街區。更駭人的是，凶器威力極度強大，當時驚魂未定的英國官員告訴我，那是英國首次發生的化學武器攻擊，簡直就像在倫敦街頭引爆髒彈。這次行動與毒殺史柯里帕行動一樣，俄羅斯特務讓數千人陷入險境。

「數千民眾，包括英國居民和海外觀光客，都可能遭放射毒性所傷害。」二〇一六年一名調查律師在英國官方毒殺案調查會議中說道。

攻擊事件發生後，英國當局對約莫八百人進行毒物汙染檢驗，結果發現有數十人的放射物質汙染量過高。像是李維南科的妻子和兒子，是因為直接與他接觸而受到汙染。放射物質從受到汙染的人和地點擴散出去，有如致命的病原體爆發感染。有些人間接與他的家人接觸，也被檢測出受到汙染。接著，間接與二手汙染者接觸的人也被檢測出放射物質。一手汙染二手，二手汙染三手，就這樣層層擴散，最後汙染的網路擴大到好幾百人。

在報導這件案子期間，我也成了潛在受害者。為了報導，我前往許多據推測可能是李維南科接觸釙210的地點，包括何時壽司餐廳和千禧酒店，《ABC新聞》安排我進行放射物質檢驗，檢驗的過程十分繁瑣，要喝下染色劑和大量的水，接著送交足夠的尿液樣本，檢驗是否遭到放射物質汙染。那幾天我和老婆實在是忐忑不安，當時我們才剛結婚幾個月。謝天謝地，最後樣本檢驗的結果呈現陰性。

然而，代表倫敦警察局的律師在英國調查會議提出結語時，仍然說這次行動是「在倫敦街頭進行核攻擊」。

「偷偷帶釙210到市中心，是罔顧人命的行徑。」理查・何威爾（Richard Horwell）聲明，「我們永遠無法知道，民眾接觸到釙會造成多大的危險，對倫敦市民又會造成怎樣的長期影響。」[1]

如果殺了人之後還想滅跡，就不該用釙 210 作為殺人凶器。一名在英國調查會議中作證的核專家，追查出釙 210 來自俄羅斯薩洛夫市（Sarov）一處核設施，在莫斯科南方幾百公里處。調查人員在兩名嫌犯到過的每個地方都能找到釙 210 的痕跡，放射物質宛如無法抹去的指紋，濃度最高的地方是千禧酒店松園酒吧的桌子，還有他們倒茶用的茶壺裡——李維南科以及凶嫌安德烈．魯戈福（Andrei Lugovoy）和迪米崔．柯夫通（Dmitry Kovtun）就是在那張桌子見面喝茶。

然而，儘管鐵證如山，英國還是耗費整整十年，才正式譴責俄羅斯犯下這起毒殺案。二〇一六年的一場公開調查會議提出了結論，但西方情報機關早在攻擊發生幾個星期內就提出相同的推測：俄羅斯指示兩名特務犯下李維南科的謀殺案，其中一人是前國家安全委員會保鏢，是用取自俄羅斯核反應爐的釙 210 毒殺他。調查會議發現，這次行動與毒殺史柯里帕的行動一樣，可能是普丁親自下令的。

主持調查會議的羅伯．歐文爵士（Sir Robert Owen）結論道：「我確定，在二〇〇六年十一月一日，魯戈福先生和柯夫通先生將釙 210 放進松園酒吧的茶壺裡。我也確定，他們那樣做是想毒害李維南科先生。」[2]

二〇〇六年，史柯里帕毒殺案驚動世界的十二年前，克里姆林宮就認為他們能在西方領土恣意殺人而不受制裁，結果確實大都是如此。英國遲來的反應是將四名俄羅斯外交官驅逐出境，李維南科已經整整死了十年。二〇一七年，國會根據《馬格尼茨基法案》（Magnitsky Act on Lugovoy）對魯戈福實施制裁，他是唯一一個被美國鎖定為制裁目標的俄羅斯人。對於二〇〇六年暗殺行動的懲罰經過審慎衡量，延宕許久，顯然不足以改變俄羅斯人的行為，說不定還為二〇一八年薩里斯伯瑞街頭重演暗殺事件打穩了底子。後來魯戈福獲選為俄羅斯下議院議員，至今仍在任職，這簡直是在傷口上撒鹽。

兩度聽從俄羅斯總統的命令在西方領土執行殺人行動，而這兩次行動相隔十二年，都使用危害數千人性命的武器。對俄羅斯而言，很難指出特定一次的攻擊是對美國和西方發動影子戰爭的開戰戰役。然而，過去十年來發生的事，顯示兩個令人不安且一致的跡象：一是俄羅斯侵略的行為不斷擴展，二是西方始終誤解俄羅斯的意圖。我們也發現中國採取相同的模式，發動自己的首攻戰役，這場對美國的影子戰爭可謂更加危及其存亡。

李維南科遭謀殺後幾個月，俄羅斯展開了一連串更大膽的攻擊行動，包括二〇〇七年對愛沙尼亞發動網路攻擊，及二〇〇八年入侵喬治亞。二〇一四年二月，俄羅斯入侵並且併吞烏克蘭的克里米亞，沒有發射一槍一砲就裂解了一個歐洲主權國家。不久後，俄羅斯在東烏克蘭發動戰爭，提供武裝給「義勇軍」去對抗烏克蘭軍隊，導致烏克蘭更加動盪不安。在網路上，從二〇一四年到二〇一五年，俄羅斯對美國國務院的電子郵件系統發動長期大規模的攻擊，美國國家安全局（National Security Agency）的官員後來才發現，這項行動是二〇一六年美國總統選舉網路攻擊的前導攻擊。二〇一六年俄羅斯干預美國選舉，空前地全面入侵、大肆破壞，經常被形容是偷襲美國的民主，稱為「政治偷襲珍珠港」，毫無預警就發動偷襲，自然打得美國國家安全界措不及防。其實在二〇一六年以前就出現許多警訊，顯示俄羅斯採取新的侵略策略，無所不用其極，軟硬實力兼施，暗中破壞美國。

中國是美國的另一個首要國際競爭對手，也採取類似的策略，或許比較含蓄，但咄咄逼人的程度不下於俄羅斯。到二〇〇〇年代中期，中國傾全國之力竊取美國的技術和國家機密，在公私部門都大有斬獲。二〇一四年，中國違反國際法和物理學定律，在南海打造全新的主權領土，在幾個東南亞鄰國都聲稱擁有主權的海域開始建造一連串的人造島嶼。中國也將軍事力量和軍事足跡從海裡擴張到太空，意圖相當明確，就是要超越美國；如果必要，甚至要在戰爭中打敗美國。

在美國政府和情報界，一開始這些尋釁手段並未被注意到，接著又被小覷。歐巴馬總統所領導的美國官員相信，中國保證不會在南海人造島嶼上部署軍備的承諾，但北京幾乎立即背棄承諾。歐巴馬後來又相信中國保證北京會遏止中國人透過網路竊取美國企業機密，這種惡行至今依舊猖獗。即使最後承認中國確實有這些侵略舉動，許多美國官員和政策專家仍繼續聲稱那只是短暫的，或者很簡單就能遏止。

對於俄羅斯，每位接任的美國領導人都固執己見，無視於前任領導人的失敗，而認為自己可以改善與俄羅斯的關係。就在俄羅斯入侵喬治亞短短幾個月後，歐巴馬政府就與俄羅斯展開注定失敗的

「重開機」。時任美國國務卿的希拉蕊在日內瓦送給俄羅斯對口官員外交部長拉夫羅夫（Sergei Lavrov）一個「重開機按鈕」的模型，這個畫面將長久留存，象徵西方長期錯誤解讀莫斯科。俄羅斯駭客入侵美國國務院的電子郵件網路，為所欲為幾個月後才被發現。之後，美國沒有一個情報機關預料到俄羅斯會併吞克里米亞。

幾乎一直到歐巴馬結束執政，歐巴馬政府都小看了克里姆林宮。二〇一四年在七大工業國高峰會，歐巴馬總統將俄羅斯貶低為「區域強國」，說俄羅斯擴張領土的野心「適用於十九世紀」。二〇一四年，他附和二〇一二年十月總統候選人辯論中鄙視羅姆尼（Mitt Romney）外交政策的優先順序，說道：「當你被問到，美國面臨最大的地緣政治威脅是什麼？你的回答是俄羅斯，而不是蓋達組織。你說俄羅斯，一九八〇年代和現在正呼籲要求撤回他們的外交政策，因為冷戰已經結束二十年了。」

現在回顧起來，不禁覺得羅姆尼的回答頗有先見之明。「就我看來，俄羅斯才是地緣政治上的大敵。」他說，「面對俄羅斯或普丁，我可不會抱持不切實際的樂觀態度。」

然而，二〇一六年，川普總統對莫斯科和普丁也抱持著不切實際的樂觀，比歐巴馬的輕忽猶過之而無不及。在二〇一六大選前的最後階段，美國政府屢屢忽視警訊，反應猶豫不決。從美國政府因應俄羅斯干預二〇一六總統大選的作為來看，美國政府可能不是因為被誤導而無作為，而是蓄意怠忽職守。

兩黨政府之所以反覆犯下這些錯誤，其核心原因是完全錯誤解讀中俄的目標和意圖，樂觀期盼中俄與美國企求的一樣，最後事實證明並非如此。

「我在一九九〇年代見過普丁，」二〇一五到二〇一七年擔任國防部長、一九九〇年代擔任國防部官員的艾希頓．卡特（Ashton Carter）說道，「當時我就很清楚，但我不會說國防部裡的每個人都很清楚，更不敢說戰略圈裡的人都清楚，普丁……的目標就是要重挫西方。想以積極的態度與他打交道，簡直是難如登天。」

卡特說美國政府對中國的主要看法如出一轍。

「在一九九〇年代，至少我們都以為中國會更加積極參與並強化主要由美國創建的安全系統，而從中獲益。」卡特說，「誰知道中國竟然改變方針，想要稱霸一方。」

美國不但完全誤判敵人的想法，也未發現中俄徹底改變了策略，為達目的不擇手段。其實美國的主要敵人已想方設法，在美國和西方發動全新的戰爭了。

如今領導美國國家安全機關高層官員終於承認，當初未看透、而現在這個迫在眉睫的國家安全威脅既深又廣，新的威脅已然成形。

「我們必須更認真研究他們的戰術，而我們當然不會用那種戰術。」二〇〇六到二〇〇九年擔任中央情報局局長的麥克．海登將軍（Michael Hayden）告訴我，「我懂空戰，也懂第二和第三梯隊攻擊，因為那些是我們所使用的戰術，但我們不會用『這個』。」

「這個」是指混合戰，簡言之，其戰略就是在攻擊敵人時，保持在傳統戰爭的門檻之下，軍事指揮官和戰略家稱之為「灰色地帶」，即使用各種軟硬實力戰術，譬如：對關鍵基礎設施進行網路攻擊；針對太空資產部署威脅；發動資訊戰，激起國內分裂；以非正式侵略的方式取得領土。這種作戰是在暗中進行的，因此稱為影子戰爭，而其所造成的結果與全面開戰一樣，具體而持久。

本書要談的是，當西方的敵人發現不可能打贏熱戰，但有別的辦法可以獲勝時，他們會怎麼做？美國和西方老是誤讀敵人正在做的事，以老舊的思維來看敵人的舉動。他們經常誤判中俄的動機、誤判他們的目標，也誤判了長期後果。其次，美國和西方認為自己最大的強項是開放社會、軍事創新、在地球與太空的科技優勢、長期掌控全球組織，中俄兩國正在暗中削弱這些強項，或者將之變成弱點。

美國需要新的國際衝突指南，因為舊的已不管用了。這種感覺就像中俄發動了一場新的冷戰，但美國卻完全沒注意到。這次的戰術是新的，而且不斷改變，但目標沒變。中俄想要在世界舞台上變得更強大，削弱西方及其盟國，還有他們所仰賴的體制，進而引發動盪。這兩個敵國也是在示範給其他國家看，讓伊朗和北韓開始步其後塵。中俄的攻擊目標不只有美國，凡是不幫他們的國家，都會被他們視為潛在的攻擊目標。

最後，美國會將這場影子戰爭視為首要外交政策問題，即使目前大部分的美國人對此仍一無所知。影子戰爭愈快成為政治辯論和國際會議的焦點，美國的未來就愈光明與安全。

影子戰爭並非深藏於中俄情報機關的祕密計畫，影子戰爭背後的戰術和思維都藏在清楚可見的地方。二〇一三年二月，俄羅斯聯邦軍參謀長吉拉西莫夫將軍（Valery Gerasimov）在時事通訊週刊《軍事產業快報》（*Military-Industrial Kurier*）發表文章，詳述俄羅斯的戰略，供世人參閱。

「在二十一世紀，我們看到一股趨勢，戰爭與和平狀態之間的界線漸趨模糊。」吉拉西莫夫在文章中如此寫道，文章標題為〈預見科學的價值〉（The Value of Science Is in the Foresight），看似平淡無奇，「再也沒有人宣戰，但戰爭早已開打，以世人陌生的模式進行著。」[3]

雖然表面上吉拉西莫夫像是在說，俄羅斯認為敵國正在推動現代戰爭，其實他的文章坦言不諱地清楚說明，俄羅斯對敵國發動戰爭的戰略主要是針對美國和西方。這篇文章成了基礎準則，現在西方情報官員經常稱之為「吉拉西莫夫指導原則」，包含軍事與非軍事的手段。

「『戰爭規則』改變了，」他寫道，「以非軍事的手段達成政治和戰略目標，變得更加重要，在許多實例中，非軍事手段確實比……武器更加有效。」[4]

對一位俄羅斯高階指揮官而言，吉拉西莫夫在公共論壇陳述俄羅斯的軍事策略，講得算是十分具體，明確指出俄羅斯翌年在克里米亞和東烏克蘭將採用的戰術，包括讓特種部隊佯裝成不是俄羅斯聯邦的軍人。

「公開使用武力，通常會假借維持和平和控管危機的名義，只有在特定階段才會使用，主要用於在衝突中取得最後的勝利。」吉拉西莫夫寫道。

這裡指的武力就是「小綠人」，他們出現克里米亞的街頭，佯稱是俄裔公民害怕遭到烏克蘭裔公民的攻擊，所以請求他們過來保護。而今海登將軍認為，吉拉西莫夫的這篇文章寫得直言不諱、清清楚楚，正是美國所忽視的最明顯警訊之一。

「這次的攻擊是從我們沒預料到的方向打在我們未發現的弱點上。」海登告訴我，「我之所以說沒預料到，是因為我們與吉拉西莫夫想的天差地遠，他都清楚寫了下來，但我們卻沒有讀到。」

中國為混合戰的指導原則，也就是在灰色地帶獲勝的策略，取了不同的名稱，叫作「不戰而勝」，或者是二〇一七年《美國國家安全戰略》（*US National Security Strategy*）所說的「持續競爭」，雙方既非完全和平，也不是全面開戰。南海的人造島嶼就是推動這項戰略的典範。與俄羅斯在克里米亞一樣，中國不需發射一槍一砲，就能在有爭議的海域取得主權領土。

然而，曾經與中國情報機關直接打交道的美國官員提出警告：北京在認為必要的時候，可是不怕爆發衝突和動用武力的。鮑伯．安德森（Bob Anderson）領導美國聯邦調查局反情報部門，直到二〇一五年，才發現並逮捕了數十名在美國境內活動的中國間諜。

「中國人心狠手辣，比起俄羅斯人有過之而無不及。」安德森告訴我，「他們殺人不眨眼，抄家滅族，在中國境內或國家領土內下手會比較隱密，必要時他們絕對會痛下毒手。」

「中國人是十分邪惡又絕頂聰明的文明人。」他補了這麼一句。

今日，中俄仰仗自己的成就壯膽，對一大票敵人發動或大或小的混合戰。前國防部長卡特認為俄羅斯正在整個歐俄邊境發動混合戰，包括北約盟國。

「其實在與歐洲相鄰的整個西岸一直持續進行著，」卡特說，「利用計謀，暗中破壞，威脅恫嚇，逼迫歐洲國家脫離歐盟，有時會採取實際行動，想盡辦法以彌天大謊來左右正在發生的事。」

在每個前線，「彌天大謊」都是這套戰略不可或缺的一部分。在入侵克里米亞和烏克蘭時，「彌天大謊」就是否認那些明顯是俄軍的人真的是俄軍。干預二〇一六年美國總統大選時，「彌天大謊」就是透過俄羅斯的新聞輸出平台和社群媒體，散布假新聞，製造對俄羅斯角色的疑慮，並且擴大報導那些附和疑慮的美國政治人物，包括川普總統本人。

「普丁是彌天大謊的專家，他矢口否認正在做的事，並且製造疑雲，至少讓俄羅斯人不相信他正在幹壞事。」卡特說。

俄羅斯干預美國總統大選時，有些美國人也相信彌天大謊，領頭羊是一名美國總統候選人，後來他當上了總統，經常隨聲附和俄羅斯的話，有時甚至一字不差。

「他們利用美國所製造的迷因來發動社群媒體攻擊，通常來自『另類右派』，偶爾來自總統。」海登將軍說。

中國也在執行自己的資訊戰，包括透過國營媒體不斷擴張的國際存在率。在二〇一六年尾，中國把中國中央電視台的國際部改組為中國環球電視網，中國環球電視網在美國的存在率與俄羅斯的

RT電視台一樣廣，但美國人比較不知道中國環球電視網是由中國政府扶持的。中國環球電視網的新聞經常由美國籍的記者和主播來報導。根據該台報導，中國的人造島並非強占土地，而是協議下的主權爭議；然而，美國根本沒有認可那些協議，在中國環球電視網的報導卻是很正確的。

影子戰爭已發展多年，直到九一一攻擊發生幾年後，美國專注於中東地區的另一個威脅和另一種戰爭時，中俄才首次開火。

「大約在第一次伊拉克戰爭爆發時，」卡特說，「中俄兩國就已出現這些戰略轉變，當時我們為了其他地方的事焦頭爛額逾十年。」

「那段時間顯然橫跨兩屆政府，我認為在那段期間，政府完全不願意面對現實，不肯承認在我們辛苦對抗敵人之際，又有兩個麻煩正在形成。我國軍隊為了解決眼前的麻煩，實在分身乏術，也就是在阿富汗和伊拉克打擊恐怖主義，敉平暴動。」卡特說。

現在，儘管遲了些，抵禦混合戰的對策，以及如何在灰色地帶衝突中獲勝，已成為美國軍事指揮官和情報官員的當務之急。從二〇一五年開始，北約發展了一套新的作戰計畫，讓歐洲能夠抵禦俄羅斯侵略，這套計畫首次承認混合作戰戰術，甚至加以活用。

「過去二十五年我們都沒有作戰計畫，」卡特說，「我們沒想過我們需要作戰計畫。」

這樣的想法尚未主導白宮，在歐巴馬和川普政府任職的國防與情報官員再三告訴我，如果不是由最高層來領導——以總統最為重要，美國沒有把握可以有效地抵禦這種新的戰術。

「我實在不明白，為何我國政府那麼關心北韓、伊朗以至於中國引人反感的舉動，我認為那些都是合法的議題。對俄羅斯卻默不作聲。」卡特說，「我沒辦法解釋。」

影子戰爭到來了，應該沒有人會感到意外。我們從軍事的角度來解釋，如果世界上只有一個超級強國，而其他崛起中或衰敗中的強國想要挑戰那個超級強國，自然就會產生混合戰。對中俄以及美國和西方其他敵國而言，唯有運用混合戰，才能對抗美國這種強國，否則根本無法對抗美國的軍力。換句話說，這些敵國認為，唯有在所謂的灰色地帶開戰，他們才有勝算。

約翰．史考利（John Scarlett）在二〇〇四到二〇〇九年擔任英國對外情報機關「軍情六處」的處長，在那之前他曾擔任軍情六處的莫斯科分部長。他從俄羅斯的觀點來解釋為何俄羅斯要發動混合戰，抑或其實是需要發動混合戰。

「要瞭解來龍去脈，並不難。」史考利告訴我，「簡而言之，俄羅斯覺得受辱，心生怨恨，氣憤美國做事完全不顧俄羅斯的利益，而且對美俄之間的實力差距非常清楚。」

「如果你想獲得同等對待，就得想辦法用別的方法表達。」他說，「混合戰讓弱小的國家能夠有效對抗強大的國家，有一種自然的不對稱性。」

儘管中俄採用類似的戰略，但卻是不同類型的敵人。中國是崛起中的強國，對於領土、經濟和軍事的野心日益強大，注定與世界第一強國發生衝突。北京認為自己正在與美國打長期戰，爭奪世界霸主的地位。

俄羅斯則是衰敗中的強國，單純以國內生產毛額來看，經濟力甚至小於美國的某些州，克里姆林宮明白，俄羅斯永遠無法與美國爭搶世界領導者的位子，比較偏向將這場競爭視為零和賽局，也就是美國輸代表俄羅斯贏，反之亦然。

「談到蘇聯，我們談的是瓦解。」史考利說，「談到中國，我們談的是快速改變、發展、進步，還有我們很清楚，其實中國的進步是外強中乾的。」

「可想而知，那樣發展，中國當然會從自掃門前雪轉變成在國際舞台上自信滿滿。」史考利繼續說，「我們可以看見中國某種程度的堅持和自信，從區域漸漸擴展到遍及世界。」

史考利相信，中俄終究會與美國爆發類似的衝突，而且是殊途同歸。

然而，中俄對美國發動的影子戰爭都是受到相同的力量所驅動，那些力量至關重要，而且不可能改變，其中的相似點可能會導致悲慘的結果。

第一個相似點是策略層面。挑戰美國在歐洲和亞洲的霸主地位，能實現中俄的野心，在各自的區域發揮更大的影響力。中俄都羨慕美國的門羅主義（Monroe Doctrine），也就是美國能對鄰近的美洲地區行使絕對的權力；因此中俄也亟欲建立中俄版本的門羅主義。

第二個共同的驅動力是政治層面。莫斯科和北京在國內都為了政權合法性的危機而苦惱，中俄領導人都不是人民選出來的，雖然實質掌控政權，卻無法名正言順地主張自己是合法取得政權。在現代，無論再怎麼努力審查和宣傳，都無法防止中俄人民發現美國人可以自己選擇領導人。因此，中俄要防止人民覺醒的反撲，最好的對策就是將美國的政治制度描繪成衰敗腐化，至少要強調比中俄的政治制度更加衰敗腐化。

第三個驅動力可以說是最強大的。中俄削弱美國的力量，其實都是想要匡正歷史錯誤，讓中俄恢復他們認為理所當然的世界強國地位。對俄羅斯而言，國家衰敗的肇因發生在最近：蘇聯解體，接著俄羅斯人感覺自己受制於歐洲和美國。對中國而言，國家衰敗的肇因則是在幾個世代前，始於中國在十九世紀一連串戰爭中喪權辱國，中國人認為，這最終導致中國的領土與經濟同樣受制於西方。

簡而言之，影子戰爭擁有熱戰的一切成分。

中俄領導人十分清楚彼此的歷史，中國共產黨的領導階層都必須研讀蘇聯解體的歷史，戈巴契夫（Mikhail Gorbachev）在北京與在莫斯科一樣，被罵得狗血淋頭。在美國，大家認為戈巴契夫幫忙避掉了第三次世界大戰。但在中俄就不一樣了，大家認為是他允許自己的國家四分五裂，並讓美國和西方撿拾碎片。

在今天，莫斯科和北京的軍事謀畫人員公開討論許多創新的方法，來削弱美國的軍事優勢和影響力，不僅在承平時期，戰時也必須如此。對他們而言，混合戰不只是不對稱，而且永遠不會停止。誠如吉拉西莫夫將軍語帶威脅的文字所述，俄羅斯的戰略是要建立「永久戰線，遍布敵國領土」。

俄羅斯干預美國二〇一六年的總統大選，就是將「永久戰線」延伸到美國政治程序。如今美國情報機關和國會調查人員發現，俄羅斯干預程度之廣，遠超乎他們原本所以為的。俄羅斯不僅入侵電子郵件系統，散播民主黨和希拉蕊陣營幹部的電子郵件和其他通訊，還操控大量網軍，散播假新聞，製造分裂，影響搖擺選區的數百萬選民。隨著二〇一八和二〇二〇年新選舉即將到來，俄羅斯採取了更令人恐慌的手段，威脅投票程序。

此時美國國防和情報官員公開談論，重蹈一九三〇年代的覆轍有多危險。也就是說，雖然觀察歐洲和亞洲敵國的挑釁舉動，卻小看了敵國的野心。由於害怕重蹈歷史覆轍，現在大家都大聲疾呼，必須起身對抗影子戰爭，或者正視未來幾年可能爆發範圍更廣的衝突。如果美國政府各個階層未全力抗戰，就可能出現令人憂心的結果，那就是美國將在影子戰爭中失去優勢，最終戰敗。

第二章

序幕：俄羅斯對愛沙尼亞發動的網路攻擊與資訊戰

愛沙尼亞這個波羅的海小國與俄羅斯接壤，危如累卵，人民喜歡自嘲是無聊的北歐民族。「鄰國老愛取笑我們反應遲鈍，不夠激情。」愛沙尼亞新聞記者傑納斯・李能伯格（Jaanus Lillenberg）告訴我。

二〇〇七年四月底，街頭暴力抗議撼動了愛沙尼亞首都塔林（Tallinn），混亂場面引發震驚。在四月裡幾個寒冷的雨天，塔林被暴力吞噬了。

「他們打破窗戶，攻擊停在路邊的汽車，丟擲石塊、瓶子之類的東西。」李能伯格說。他當時在愛沙尼亞晨間日報《郵差報》（*Postimees*）工作，報導科技新聞。「我國從未發生過那種事。」

看在塔林的居民眼裡，街頭上的景象簡直是個異世界，愛沙尼亞是犯罪率很低的國家，街道乾淨，愛沙尼亞人很熱情，只是熱中科技勝於抗議。群眾示威是乏味的事，街頭上的混亂場面看起來好像暗黑童話中的場景，其實更像「激情」的盟國和鄰國。

「我們在電視上看過那樣的場面，在巴黎、斯德哥爾摩或美國，但從未在愛沙尼亞看過。」李能伯格說，「這簡直就像來自北極的故事。」

鎮暴警察設法恢復秩序，但是始終無法控制群眾，近兩百人受傷，超過一千人遭到逮捕，在不到五十萬人的城市裡，這樣的數字著實驚人。

愛沙尼亞擁有悠久的歷史，但依舊是個年輕的國家：一個世代之前，在一九九一年才從解體的蘇聯重新獨立。愛沙尼亞、拉脫維亞和立陶宛脫離俄羅斯，令莫斯科十分氣憤，激起了失落帝國的痛苦回憶，在克里姆林宮，這道傷口仍繼續化膿發痛。街頭爆發鬥毆，目擊者注意到暴民嘴裡大喊著一個名字，那是一個國家。

「群眾大喊著：『俄羅西！俄羅西！』當然，那是指俄羅斯。」李能伯格說。

這場抗議肇因於愛沙尼亞政府決定遷移有幾十年歷史的蘇聯戰爭紀念塑像。那尊塑像叫「青銅戰士」，用來紀念二戰期間蘇聯為了對抗納粹軍隊而戰死的紅軍部隊。之前幾個星期，乃至於幾個月，俄羅斯和愛沙尼亞的國家主義者經常到那尊紀念塑像聚集，有時會演變成暴力示威。對俄羅斯人而言，那尊塑像象徵戰勝納粹和俄羅斯的輝煌過往；但對愛沙尼亞人而言，那尊塑像卻令人想起痛苦的回憶，愛沙尼亞併入蘇維埃社會主義共和國聯盟之後，遭受了數十年的壓迫。

塑像被搬離塔林之後，政府打算將它放在市中心外的一座國軍公墓，並且把埋在附近的蘇聯士兵的無名屍挖出來，重新依禮安葬。然而，許多在愛沙尼亞的俄裔公民和邊境對面的俄羅斯族人認為這個舉動是在侮辱俄羅斯遺產，更重要的是，他們認為愛沙尼亞是進一步宣示想要擺脫俄羅斯的影響。俄羅斯媒體火上加油，在社群媒體和新聞網站散播假新聞，說愛沙尼亞打算把紀念塑像徹底銷毀。[1]

愛沙尼亞的外交部長斯文・米瑟（Sven Mikser）當時是年輕的國會議員，他說當時國人同胞感到愈來愈畏懼。

「當時情況很嚴重，十幾輛車被翻倒。我的意思是說，發生那種事，大家都很緊張。」米瑟說。很少愛沙尼亞人相信暴民是自發的，大多數人懷疑是俄羅斯政府策動暴民的。

「一定是那樣。」李能伯格說，「不然絕對不會發生這種事。」

隨著時間過去，疑雲不斷擴大，街頭暴力雖變成單一條戰線，但攻擊規模更廣了。悄悄地，在網路空間，一支隱形的軍隊正在展開攻擊，預示著後來將對西歐和美國發動網路攻擊。一開始線索很混亂，很難拼湊起來。李能伯格及其團隊目睹網路攻擊一波接著一波發動，看起來像是無傷大雅的線上互動。但目標是什麼？報社的留言區被灌爆。

「我們被匿名留言灌爆。通常一天有八、九千則留言，接著突然又變成每十分鐘超過一萬則。」他說，「我心裡不禁納悶怎麼會這樣。」

不僅留言速度史無前例，李能伯格還注意到湧入的留言相當一致，十分古怪。他和同事清點一些反覆出現、一模一樣的留言，發現有好幾千則顯然是電腦機器人搞的鬼，不是讀者的留言。

「大約有三十則明顯不同的留言，」他說，「反覆出現，看起來不像是人操作的，因為真人輸入留言不可能那麼快。

「這是我們發現有問題的第一個跡象。」他說。

攻擊速度和規模都迅速增加。不到一個小時，湧入報社網站的留言數量再度暴增，增加十倍，每十分鐘出現十萬則。

剛上任兩個星期的國防部長賈克．亞維蘇（Jaak Aaviksoo）立刻注意到，各個公私部門的網站都和《郵差報》一樣遭到攻擊。他與愛沙尼亞每個人一樣，也是在科技的力量中接受教育。

「我查看不同的新聞入口網站，發現全都當機。我詢問發生了什麼事，屬下向我報告銀行和政府的網站都當機了。」亞維蘇說。

亞維蘇坐在辦公室裡，前任部長的傢俱或藝術品都還沒搬走。他懷疑是有人從外國策動這次攻擊。

「顯然網站當機不是天氣惡劣造成的，」他說，「是不肖之徒搞的鬼。」

愛沙尼亞應該是全球網路最發達的國家，這下子突然網路斷線，無法進入新聞或政府網站，完全無法知道發生了什麼事。當時電子銀行負責處理愛沙尼亞絕大多數的金融交易，也當機了。愛沙尼亞雖以古老首都的中世紀牆壁和鵝卵石街道聞名於世，但其實是個科技強國，不但是第一個允許線上投票的國家，也是催生 Skype 的地方。然而，現在全球網路最發達的國家卻遭到網路攻擊，陷入史上最嚴重的網路癱瘓。

這是一個國家資助攻擊他國的網路攻擊，愛沙尼亞成為第一個受害者，攻擊的形式是「分散式阻斷服務」。在當時，分散式阻斷服務攻擊並非新的招式，但這次突擊的規模前所未見。俄羅斯駭客劫持逾一百個國家的數萬台電腦，對愛沙尼亞各地的目標展開攻擊，但電腦的主人並不知道自己的電腦遭到劫持。

「你可以用大型購物商場來聯想。」李能伯格解釋道，「消費者進入商場，買了東西就離開。網頁伺服器也是同樣的情況，使用者進入網頁，要求取得東西，伺服器給了東西之後，使用者就離開。網頁流量就是這樣來的。」

「假設你的購物商場只能容納一萬或一萬五千人，現在卻出現兩百萬人擠在大門，完全不是要買東西，只是想堵住大門。這就是分散式阻斷服務攻擊。」李能伯格說。

正因為愛沙尼亞網路極度發達，才會那麼容易遭到攻擊。

「我們知道網路空間是關鍵基礎設施的一環，而且是不可或缺的。」米瑟說，「所以，我們必須保護這些系統，即使遭遇危機和攻擊，它們也能維持運作。」

然而，攻擊不只在一個戰線展開——街頭暴民攻擊之外，還有殭屍網路攻擊。這就是混合戰，這些祕密軍隊聯合，目標似乎是在癱瘓愛沙尼亞。國防部長亞維蘇研究過蘇聯軍隊的戰術，他看得出是俄羅斯鄰居操控的。

「規模空前的街頭暴民，完美協調、火力集中的網路空間攻擊。這是給愛沙尼亞的當頭棒喝。」亞維蘇告訴我，「當然，我們發現這些攻擊佯裝成自發的，但是其實並沒有那麼自發。完美協調、集中焦點、遍布全球，顯然是運用了大量資源才發動這些攻擊。」

那次是一個國家對另一個國家空前最大的網路攻擊，加上精心策動的街頭暴動，令人擔心會發生肢體暴力。由於愛沙尼亞是北約會員國，因此這不只是公然挑釁愛沙尼亞，也在挑釁美國和歐洲。二〇〇七年攻擊愛沙尼亞的是影子戰爭中的開戰突襲（opening salvo）。

有些愛沙尼亞人開始擔心，街頭暴動和網路攻擊是在為全面入侵的行動打基礎。愛沙尼亞人很清楚，鄰國對於失去東歐的附庸國感到憤恨不平，與俄羅斯接壤的波羅的海諸國，包括愛沙尼亞，格外令俄羅斯火大，因為它們是最早併入蘇聯，也是在蘇聯解體之後最早宣布獨立。

「發動分散式阻斷服務攻擊猛攻，目的差不多就是這樣，發動全面攻擊，暫時癱瘓一個國家的資訊。」李能伯格說。

愛沙尼亞的人民和烏克蘭、喬治亞及其他前蘇聯加盟國的人民一樣，長久以來都是俄羅斯宣傳行動鎖定的目標，支持獨立的人被指控是國家主義者和法西斯主義者，俄裔公民則被說成是需要俄羅斯協助的受害者。愛沙尼亞重新獨立將近十六年，蘇聯統治的記憶卻依然猶新，傷口仍刺痛著。

「我發現一件事。每個人都試著堅強，但每個人都是人，都是凡人，都有自己的擔憂。」李能伯格說，「大家都擔心自己和家人，我們都憂心如焚。」

「如果你熟悉俄羅斯的政策，就知道戰爭規模會逐步擴大。在某些點會出動戰車，在某些點會動用核子武器。但那是一條長的直線，從製造和散布假新聞開始，接著逐步擴大。」他補充道。

然而，擔驚受怕的不只有恐慌的民眾。國防部長亞維蘇打緊急電話給作戰指揮部，指揮部回報愛沙尼亞的領空或領土都未遭到入侵，包括防禦堅強、與俄羅斯接壤的東界。儘管如此，國防部還是進入戰爭狀態，只是敵人尚未確認。

「重點是，至少在心理層面上，俄羅斯造成了國家安全的威脅。」亞維蘇告訴我，「大部分的民眾都很害怕，忐忑不安。沒有人傷亡，沒有實質損失，但我們都清楚瞭解自己正遭受攻擊。」

「真正的戰鬥正在心理層面進行，在人們的耳朵之間，在心裡。」他說。

這是在攻擊一個國家及其國民的心理：混淆視聽，引發分裂，激發反彈，製造恐慌，散播對領導人的疑慮。

「如此一來，人民就會開始質疑政府有沒有在管事。」他補充道，「到底發生了什麼事？」

政府設法讓民眾冷靜下來，恢復秩序，對抗網路攻擊，結果是一連串還沒有答案的問題。一個身分不明的敵人正有計畫地讓他們的國家停擺，愛沙尼亞所遭遇的攻擊等同於網路封鎖，讓愛沙尼亞人完全無法取得公私部門的服務，如此一來就會很快切斷愛沙尼亞與外界的聯繫。一般民眾和政府官員都懷疑是俄羅斯人幹的，然而街頭暴民和網路機器人都沒穿制服。愛沙尼亞是在打仗嗎？若是，那麼敵人是誰？

國防部長亞維蘇認為，不一定要有敵人派軍隊入侵、發射飛彈，才叫做戰爭。

「就一般的理解，判定戰爭的根據並非執行攻擊的方式，而是其所造成的影響。如果出現巨大的實質損害，像是人員傷亡，」亞維蘇解釋，「如果造成這種程度的影響，即使是戰爭行為。」

「不論是飛彈攻擊或網路攻擊都一樣。」他補充道。

俄羅斯擁有第一世界國家的軍力，包括比美國還要多的核武器，但卻採取流氓國家和非國家行為者的手段，也就是以不對稱的手段攻擊小小的愛沙尼亞，愛沙尼亞的官員把二〇〇七年的網路攻擊與九一一攻擊相提並論。

「許多人說九一一攻擊是低技術、高殺傷力的攻擊，」米瑟說，「與這次這種網路攻擊類似，顯然敵人都是趁我們毫無防備和警戒時，利用我們沒有戒心時發動攻擊。」

愛沙尼亞的領導人一邊設法捍衛國家，一邊審慎思考這些問題。但這些不只是愛沙尼亞的問題，愛沙尼亞是北約會員國，根據公約規定，如果有會員國遭到武裝攻擊，所有的會員國都必須視為全體會員國遭到武裝攻擊，進而動員協防盟國。

《北大西洋公約》的第五條規定：「各締約國同意對於歐洲或北美之一個或數個締約國之武裝攻擊，應視為對締約國全體之攻擊。因此，締約國同意當此種武裝攻擊發生時，每個締約國……應單獨並會同其他締約國採取視為必要之行動，包括武力之使用，協助被攻擊之一國或數國，以恢復並維持北大西洋區域之安全。」[2]

愛沙尼亞被迫即時定義與解釋現代戰爭的法則。網路攻擊加上精心策動的街頭抗議，如果造成重大的人員傷亡和財物損失，是否會觸發北約反擊呢？有些人認為，非軍事行動必須造成相當於軍事行動的人員死亡，才符合第五條規定。要解答這個問題，可能需要重新定義新戰爭時代的新威脅。最後，愛沙尼亞並未請求北約盟國提供軍事協助。亞維蘇說他們只是隨時向盟國報告最新狀況。「我們的應對方式是告訴每個盟國我們遭到攻擊，分享我們的經驗，向盟友和鄰國提供相關資訊。」亞維蘇說。

愛沙尼亞本身也選擇不還擊。愛沙尼亞政府和國防機關把焦點放在對抗網路攻擊，還有恢復街頭平靜和網路運作。

「我們從來不會直接還擊。」他說，「但我認為在每一場衝突之中，我們都必須有能力遏止潛在的敵人，必須證明我們絕對有能力反擊，這是必要的，不能連證明自己絕對有能力反擊都放棄了。」

遭到攻擊五天後，愛沙尼亞採取大膽的做法：公開指控與譴責俄羅斯這個強大的鄰國是幕後的黑手。當時的愛沙尼亞外交部長烏馬斯．沛特（Urmas Paet）說愛沙尼亞發現了電子證據，直指克里姆林宮是幕後黑手。

「我們已經找到證據，證明愛沙尼亞政府機關網站和總統府網站遭到網路恐怖攻擊，是由真人操控真實電腦發動攻擊，網際網路協定位址來自俄羅斯政府機關，包括俄羅斯聯邦總統府。」沛特在二〇〇七年五月一日發表的官方聲明中如此說。[3]

沛特聲明網路攻擊是一種攻擊，不僅攻擊了愛沙尼亞，也攻擊整個歐洲。「因為俄羅斯攻擊愛沙尼亞，因此我們認為歐盟遭到俄羅斯攻擊。」沛特繼續說，「這些是虛擬真實的心理攻擊。」

沛特描述影子戰爭是虛擬真實的心理攻擊很貼切。愛沙尼亞的軍事策畫人員謹記此次經驗，積極動員，準備抵禦之後類似的攻擊，並且警告北約盟國，包括美國在內，可能會遭遇任何攻擊。

愛沙尼亞把焦點放在防禦和復原。在《郵差報》，傑納斯・李能伯格和同事展開了規模小但靈活的網路後衛行動，當時電子郵件網路當機，推特和臉書的傳訊功能又尚未廣泛使用，於是他們開始使用簡單的網路工具傳遞簡訊，謀畫策略。

「首先，我們先限制每個網際網路協定位址能留言的數量。」他回憶道，「接著我們用短短幾個小時，就建立了快速又靈活的過濾系統。」

李能伯格注意到殭屍網路灌爆的留言裡有一些關鍵辭句，於是他們開發了這套系統，過濾掉包含那些關鍵辭句的留言，像是「法西斯份子」或是「黨衛軍」。機器人，和今日俄羅斯的推特網軍一樣，會在陰謀論上面加油添醋，包括愛沙尼亞政府打算銷毀蘇聯戰爭紀念物的假消息。雖然電腦系統正遭到攻擊，他與他的團隊仍舊立即撰寫這些新過濾程式的程式碼。這次行動全體總動員，而且完全靠經驗與直覺。

「有個同仁，」李能伯格回憶道，「他是軟體開發人員，儘管感冒，他還是半夜三點打電話告訴我：『太好了！程式可以用了！』」

他們的系統大幅減少了網路流量。

「最後那一套系統十分有效。」李能伯格笑吟吟地告訴我。

李能伯格和他的團隊開發了另一個讓機器人不知所措的工具。李能伯格推斷發動攻擊的是俄語母語者，不是愛沙尼亞母語者（結果他的推斷是正確的），因此想出一個辦法，就是要求進入網站的訪客接受簡單的測驗。

「我們不想採用已經公開的測驗，因為會被破解。」他解釋道，「於是我們自己寫了一份測驗，題目十分愚蠢，但是至少在網路上找不到。」

「有三個圖案。」他說，「比方說，剪刀、手錶和飛機，然後用愛沙尼亞文寫的題目會要求：『請勾選飛機』。如果訪客，其實就是機器人啦，不懂愛沙尼亞文，就會不知道該點哪個圖案。」

雖然這不像布萊切利園（Bletchley Park）破解「恩尼格瑪」密碼機那麼難，但是這個簡單的修復工具卻有效阻撓了機器人，以後網路安全專家也會用這種修復工具來抵禦類似的分散式阻斷服務攻擊。

「我們花了些時間才控制住情況，花了四十八到五十個小時。」他說，「我們釐清問題之後，便派人去解決，希望能有結果。」

在這波曠日持久的網路攻擊中，李能伯格的修復工具只是一場小戰鬥裡的小勝利，這波針對愛沙尼亞的低技術、高衝擊攻擊持續了數個星期，最後愛沙尼亞的領導人別無選擇，只能下重手阻止攻擊：封鎖所有國際網路，導致網路最發達的愛沙尼亞短暫與世界斷了連結。

「外界完全無法取得愛沙尼亞的消息，事實上，我認為這也是這波攻擊想要達成的目的。」傑納斯．李能伯格說，「如果有個地方完全封鎖起來，消息進不去也出不來，你就可以在那裡為所欲為，可以展開軍事行動，也可以發動資訊行動。」

回顧俄羅斯二〇〇七年對愛沙尼亞發動的網路攻擊，我們會發現，這波攻擊的要素成了數年後類似攻擊的特徵，不只有對喬治亞等前蘇聯附庸國的攻擊，還有後來對西方國家的攻擊，包括美國。

首先，俄羅斯總是採用攻擊範圍廣但是傷害相對鈍弱的網路武器，這次是採用分散式阻斷服務攻擊，目的是要塞爆並且切斷網路，規模前所未見，劫持超過一百個國家的數萬台電腦。然而，俄羅斯所使用的工具一點都不精密。

再者，雖然俄羅斯沒有宣戰，但是顯而易見，俄羅斯就是攻擊的幕後黑手。第一，網路攻擊與肉搏戰鬥同時展開，也就是親俄抗議行動，愛沙尼亞官員認為那是俄羅斯當局協助策動的。此外，儘管殭屍網路確實是從數十個國家發動攻擊，但是仍舊留下了電子指紋，包括與俄羅斯網際網路協定位址扯上關係，還有程式碼都是用俄文寫的。

更廣泛而言，俄羅斯暴露了影子戰爭這個重大計畫不可或缺的要素：破壞世人對整體西方制度的信心，藉此削弱西方。

「俄羅斯有自己的戰略利益，根據定義，俄羅斯的戰略利益與西方同盟國的戰略遠景完全相反。」米瑟說，「因此俄羅斯一直使用各種方法分裂西方，製造混亂，從根本上破壞社會與人民對民主程序的信任。」

如今，超過十年之後，二〇〇七年仍舊是愛沙尼亞及其領導人的關鍵時刻，如同九一一攻擊改變了美國情報界對恐怖主義的態度，俄羅斯史無前例的網路攻擊引發愛沙尼亞全面重新思考如何盡量改善網路弱點。

「這是有史以來第一次有人遭到這種攻擊。」愛沙尼亞總統柯絲娣・卡吉萊德（Kersti Kaljulaid）告訴我，「俄羅斯之所以能發動這樣的攻擊，是因為愛沙尼亞是數位國家，當時如果是打別的國家，就不能那樣打，所以那自然是具有重要歷史意義的時刻。」

才四十六歲的卡吉萊德是愛沙尼亞最年輕的總統，有四個孩子，不論是私底下或在公開場合，她總是展現愛沙尼亞人正經八百的態度，勇敢面對愈來愈好鬥的強大鄰國。她和我見過的許多愛沙尼亞官員和平民一樣，說她毫不畏懼，意志堅決，信念堅定。從二〇〇七年起，愛沙尼亞採取許多措施，投入大量心力，全力捍衛國家，在在都明顯可見那股堅決的意志力。愛沙尼亞已經變成「網路貝魯特」，始終被影子戰爭包圍，隨時都可能會被吞噬，但卻仍舊成功存活下來，甚至欣欣向榮。

阻斷服務攻擊，就像二〇〇七年癱瘓愛沙尼亞的那次攻擊，現在司空見慣了，但對於愛沙尼亞的防禦大都起不了作用。

卡吉萊德總統自信滿滿地告訴我，分散式阻斷服務攻擊變得「像雨一樣」。「沒有人會注意到這些雨水滴到我們的系統上。」她補充說。

當然，對科技而言，十年就像一輩子那樣長，俄羅斯、中國、北韓和其他的網路行為者都已經調整與提升網路戰力，戰力強化之後，網路攻擊自然也變得更加猛烈。

「這顯示出科技和防禦均有長足發展，還有網路侵略行為也變得更為肆無忌憚。」她說。

然而，雖然網路攻擊愈來愈複雜，愛沙尼亞的防禦能力也隨之提升，從記錄就可以看出這一點。愛沙尼亞著實了不起，過去幾年遭遇過兩次破壞力最強的網路攻擊，卻沒有造成重大的損失。一次是二〇一七年「想哭」（Wanna Cry）勒索軟體攻擊，美國咬定是北韓策動的。另一次是二〇一八年全球網路基礎設施攻擊行動，美國認定主謀是俄羅斯。

「這兩次攻擊其實沒有對愛沙尼亞造成損害，單純因為我國國民比其他國家更注重網路衛生，我們很重視在數位領域的安全。」卡吉萊德總統說，「其實我相信我們較少遭遇網路阻撓攻擊行動，是因為愛沙尼亞社會的網路衛生程度較高，大概比較難攻擊。」

值得注意的是，卡吉萊德說，俄羅斯發現愛沙尼亞的網路防禦牢不可破之後，就不再嘗試攻擊愛沙尼亞。

「我們一直在準備……抵禦這種攻擊，結果我們還沒有遭到任何攻擊。」她說。

愛沙尼亞的領導人強調，要不是舉國都體認到這股威脅，全力抵禦，就沒辦法成功遏止敵人攻擊。「我有責任向全國人民解釋，人人都必須承擔自己的責任。」卡吉萊德強調，「確實，科技絕對不會保護人。」

我遇到的每個愛沙尼亞官員都極力宣揚重視「網路衛生」才是睿智的。但有個諷刺的地方，即使是過去十年最具破壞力的網路攻擊，包括二〇一六年俄羅斯干預美國選舉，攻擊者都是使用相對粗糙的工具，只要使用者犯下簡單的錯誤就能得逞。像是成功襲擊希拉蕊陣營的釣魚攻擊，只需要競選總幹事主動點選一個連結就能得逞。愛沙尼亞人受過教育，甚至可以說遭到恫嚇，絕對不會犯相同的錯誤。

「網路衛生、網路衛生、網路衛生。」卡吉萊德總統說了三遍，「我們教導國民注重網路衛生，那是不可或缺的。」

他們的網路教育從學校開始做起，由所謂的網路警察來教導學童避開在網路上遇到的陌生行為者，就像在遊樂場遇到陌生人一樣，要小心警戒。誠如卡吉萊德所言，科技無法保護使用者不遭受網路威脅，使用者必須學習保護自己。

從領取公共補助津貼到銀行業務，再到投票，愛沙尼亞人大小事都利用網路處理，有鑒於此，愛沙尼亞成功抵禦網路攻擊，著實了不起。即使俄羅斯後來干預歐洲各國和美國的選舉，愛沙尼亞對於採用網路投票系統仍未動搖。網路投票風險非常大，只要網路遭到入侵，就會破壞大家對愛沙尼亞的選舉和金融系統的信心。因此，處理各種網路業務都必須使用數位簽章。

「我國人民知道，如果沒有數位簽章，就不安全。」卡吉萊德說，「如果有人寄資料給你，附上數位簽章和數位身分，你就可以確定安全無虞，同時也可以確定簽名時是有加密的。所以，網路安全是存在的。我國人民也知道，其餘的東西都是不安全的。」

然而，愛沙尼亞政府可不光只是指望百姓小心警覺。愛沙尼亞採取積極防禦措施，不只要防範下一次襲擊，也要確保任何一次攻擊都沒辦法像俄羅斯二〇〇七年那樣癱瘓國家。其中一項措施就是建立所謂的數據大使館。

數據大使館設置於愛沙尼亞境外，存放大量伺服器，受到嚴密保護，儲存巨量的愛沙尼亞政府備份資料，包括政府通訊資訊、選民資料、財務與健康記錄。目的是要把愛沙尼亞政府的全部資料備份起來，儲存在外國，如此一來，萬一國內遭到網路攻擊而癱瘓，政府仍舊可以取得資料。愛沙尼亞政府在二〇一七年六月宣布計畫時，懷抱希望地說：「愛沙尼亞的試驗計畫或許可以再度成為全球的範例。」[4]二〇一八年愛沙尼亞在盧森堡開設第一處數據大使館。

「根據愛沙尼亞和合作國家的雙方協議，數據大使館享有一般大使館所有的權利。」卡吉萊德總統解釋道，「因此，數據大使館與其他所有的大使館一樣，依法而論是我國的領土，只有我們能進入並准許別人進入。」

愛沙尼亞的私部門公司也向外國請求協助。

比方說，新聞輸出平台與外國夥伴合作，在外國的伺服器存放愛沙尼亞新聞網站的完整備份資料。愛沙尼亞公共廣播電台（Estonian Public Radio）就是其中之一，為安全起見，就不說出備份資料存放在哪個國家。

「地點我不能說。但現在確實有一些大型媒體公司，把新聞網站的完整備份資料存放在外國。」現在任職於愛沙尼亞公共廣播電台的李能伯格這樣說。

在二〇〇七年網路攻擊中身經百戰的李能伯格，以軍事術語來描述這些數位外國基地。「所以，如果敵人發射新型巡弋飛彈，擊中新聞大樓，也不會有影響，因為在外國的另一棟大樓還可以繼續運作。」他說。

在持續對抗俄羅斯的網路衝突中，在前線作戰的是私部門。事實上，愛沙尼亞政府仰賴私人公司作為民兵。

「我們還發現一件事，對抗這些威脅所需要的專業大都必須是在私部門。」前國防部長亞維蘇說，「因此政府和私部門必須盡量密切合作。」

為了強調公私部門合作十分重要，並且凸顯愛沙尼亞公民在網路防禦中的角色不可或缺，愛沙尼亞成立了愛沙尼亞防衛聯盟「網路部隊」（Estonian Defence League's "Cyber Unit"）。成員都是志工，擁有不可或缺的資訊技術和網路安全技能，以及法律和經濟等領域的專業知識，定期接受訓練，當遭遇危機時，可以協助對抗凶猛的網路攻擊。網路部隊也讓政府能夠向私部門商借永遠不會到公部門擔任全職職員的人才。[5]

母組織愛沙尼亞防衛聯盟是一支義勇軍，成立於一九一八年，一九九一年協助愛沙尼亞脫離解體的蘇聯，重新獨立。愛沙尼亞人說，成立防衛聯盟的靈感來自美國獨立戰爭期間的「一分鐘民兵」（Minutemen）。現在，防衛聯盟的武裝民兵部隊會定期接受訓練，協助抵禦傳統攻擊。網路部隊的成員則是「科技」義勇軍，負責在網路戰場上作戰，當國家遭到攻擊時，就可以徵召這支由私部門義勇軍組成的後備部隊來捍衛國家。愛沙尼亞的北約盟國正以這支網路部隊作為典範，研究如何為自己的國家成立網路部隊。[6]

儘管在二〇〇七年成功抵禦攻擊，但愛沙尼亞領導人仍舊強調，影子戰爭遠遠擴及到網路空間之外，比較難以防禦的是，俄羅斯透過別的手段攻擊，尤其是攻擊西方選舉的那種資訊戰。

「我認為這比傳統網路攻擊危險多了，因為傳統網路攻擊使用技術系統和良好的網路衛生，就能化解。」卡吉萊德總統告訴我，「我們必須全力抵禦，我們必須告訴人民，目前遭遇的就是影子戰爭。」

「俄羅斯併吞克里米亞和侵略東烏克蘭之後，就大肆策動混合戰。」米瑟說，「其實自從我國重新獨立以來，就一直感受到這種混合壓力。」

「施加政治壓力，發動心理戰，甚至還運用經濟政策，企圖干預我國內政，這些混合壓力始終都存在。」他說。

卡吉萊德說，在影子戰爭的時代，西方必須整體看待俄羅斯的攻擊，不能個別看，而且要從整體的角度來對抗。

「俄羅斯的所有行動，不論是網路行動或實際行動，首先占領喬治亞部分領土，接著入侵烏克蘭，再來測試我國網路防禦，攻擊民主國家。」她說，「這些舉動的目的都是要顛覆我們以規則作為準據的制度，所以我們必須整體視之，將其視為一個完整的程序。」

西方盟國必須團結，並且願意大聲疾呼應該懲罰俄羅斯的行為。卡吉萊德援引了一個極具影響力的例子說，法國總統馬克宏（Emmanuel Macron）在巴黎愛麗舍宮的台階上，直接向俄羅斯總統普丁抗議俄羅斯干預法國總統選舉。

「馬克宏總統就在普丁總統身邊說：『你出手干預我國的民主選舉。』」她回憶道，「這些事百姓看得見，這些是大事，可以引人矚目。」

即使西方提出這樣的警告了，俄羅斯仍舊對西方發動更加凶猛的攻擊，開啟影子戰爭的新戰線。二〇一八年三月俄羅斯在英格蘭薩里斯伯瑞的街頭企圖毒殺前俄羅斯間諜瑟傑·史柯里帕和他的女兒尤莉亞，讓許多歐洲外交官與官員格外驚慌。凶器是俄羅斯製造的神經毒劑「諾維喬克」，警方認為它被塗抹在史柯里帕父女的公寓門把上。三個月後，一對英國情侶，彤·史德吉斯和查理·羅利，與史柯里帕父女毫無瓜葛，卻被相同的神經毒劑所毒害，警方認為他們是因為碰觸到被毒劑汙染的容器才中毒的。史德吉斯後來死亡。

「這是在北約國家的領土上執行的攻擊行動，在北約是史無前例的。」卡吉萊德告訴我，「我想問，接下來會發生什麼事？我們必須時時刻刻思考之後會發生的事，然後準備應變。」

二〇〇七年俄羅斯對愛沙尼亞發動網路攻擊，給美國和西方兩下當頭棒喝。第一，這次攻擊證明了即使是相對粗糙的網路武器，也足以癱瘓整個國家。俄羅斯對愛沙尼亞發動的「分散式阻斷服務」攻擊，成本很低，十分簡單，而且許多小國和非國家組織很容易複製採用這種攻擊手法。第二，二〇〇七年的攻擊證明了俄羅斯試圖用網路武器攻擊西方國家，製造前所未見的分裂與破壞。網路攻擊搭配精心策畫的地面影響行動，也就是策動抗議和散播假資訊，俄羅斯在敵國境內製造恐慌和分裂，其實這裡早就暗示著，俄羅斯以後會對西歐和美國發動分裂戰。

美國和西方盟國大都忽視了二〇〇七年的棒喝，也因此忽視了警訊，而未警覺之後十年裡會發生什麼事。儘管警訊變得愈來愈清楚，愈來愈危險，他們依然故我，繼續忽視警訊。從頭到尾，美國和西方的領導人和政策制定者都固執於錯誤的見解，以為俄羅斯領導人要的與西方要的大同小異：建立大都是友好的關係，遵循西方所建立與定義的國際秩序，以規則為依據。這包括謹守協議，全力減少軍事衝突造成的危險，允許進行部分軍事合作。這種錯誤的期望變成對俄羅斯的部分守舊看法，接下來發生的事證明了那其實只是一廂情願的想法。

第三章
竊取機密：以中國間諜蘇斌為例

在美國友人和聯絡人眼裡，史帝芬．蘇（Stephen Su）是親切的生意人，喜愛交友。「大家都喜歡他。」美國聯邦調查局反情報部門前主任鮑伯．安德森告訴我，「大家都以為他不是壞蛋，我知道這話聽起來很蠢，但人就是人，人心難測啊！」

史帝芬．蘇也在祖國中國使用蘇斌這個中文名字，經常到美國和加拿大，拓展航太產業的生意。他的公司叫羅德科技（Lode-Tech），在大公司林立的領域中，只是個小競爭者，主要在製造飛機纜線線束，這種產品在軍事飛機產業的低技術端銷售很穩固。然而，約莫五年間，從二〇〇九到二〇一四年，蘇斌小心審慎地廣建人脈，在美國和加拿大大型國防承包商裡都有關係密切的生意聯絡人，取得了一些極度敏感的美國軍事合約。安德森說，蘇斌刻意結識能取得那些技術的人或認識那些人的人，並「取得他們的信任」。

蘇斌的聯絡人都說他是完美的合作夥伴，做生意不光想著自己獲利，也顧及讓美國和加拿大的合作夥伴賺錢。雖然他滿腦子做生意，但是個好夥伴。那些年裡，他到過西雅圖、溫哥華和洛杉磯的幾家頂級餐廳，吃過數十頓昂貴的大餐配美酒。

「他就是那樣慢慢地與人接近。」安德森回憶道，「一開始單純稱兄道弟，熟了之後就開始問：『你在忙什麼？在做什麼？哇！那真是有趣！』接著他經常這樣說：『嗯，其實我想到了好法子，可以用這個賺錢。』或者說：『我有個好點子，可以和你合作，再找一些我認識的人，他們對這種消息很感興趣。』」

蘇斌最感興趣的消息就是三架美軍最先進的軍機，洛克希德馬丁的F-35和F-22隱形戰機和波音的C-17全球霸王運輸機。生產者是美國五角大廈兩家最大的軍事承包商，而兩家都與數十家小型供應商購買數千種零件，那條供應鏈提供許多門路給蘇斌。每當有合夥人擔心起他要挖的資訊，他總會四兩撥千斤地辯解。

「蘇斌老是說：『我又不是要你給我整架F-35，我只是要其中一個系統，賣給朋友或有興趣的客戶，這出得了什麼大事嗎？』」安德森說，「他就這樣竊取一個個系統。」

聯絡人並不曉得，其實蘇斌不是獨自在搞，他有兩個同夥，三人組成跨國團隊，蘇斌在北美，兩個同夥在中國大陸，聯邦調查局在二〇一四年的犯罪記錄中，只將他的兩名同夥列為「未起訴共犯一」和「未起訴共犯二」。根據聯邦調查局的調查，蘇斌會先尋找目標公司，找出重要電腦檔案的位置，接著洩漏給在中國的同夥，同夥再透過網路，入侵目標公司的電腦系統，竊取檔案。接著這三人再把偷來的檔案拿到中國賣給有興趣的人，也就是國營軍事產業公司。犯罪記錄指出，他們那樣做，不只是聽從中國政府的命令，也是「為了謀取個人利益」。這樁諜報勾當不只是為了國家，也是為了他們的銀行帳戶。[1]

後來聯邦調查局取得電子郵件，顯示他們的犯案伎倆簡單又有效。這三人第一次湊在一起是在二〇〇九年夏天，蘇斌第一次發電子郵件給共犯，指出美國境內的潛在目標。在日期標註二〇〇九年八月六日的電子郵件裡，蘇斌附上一個以密碼保護的 Excel 檔案，其中羅列約莫八十名工程師和其他員工的電子郵件地址、電話號碼和職務，他們都是負責研究一項新的軍事計畫。蘇斌的諜報技巧很差，甚至可以說是愚蠢，八月六日的電子郵件竟然在主旨寫了「我的手機號碼」，聯邦調查局後來發現，那是在暗示共犯，保護 Excel 檔案的密碼就是蘇斌的手機號碼。[2]

四個月後，二〇〇九年十二月十四日，蘇斌又寄了類似的電子郵件，這次的主旨寫「目標」，列出其他四名主管的姓名和職務，其中包括總裁和副總裁，這家公司是在製造美國軍事產業所使用的武器控制系統和電子作戰系統。後來聯邦調查局分析之後確定，那些先前電子郵件所列出的人員，正是蘇斌團隊後來竊取資料的目標公司。[3]

駭客的下一步類似二〇一六年美國總統大選時俄羅斯駭客滲透民主黨的手法，駭客發送所謂的釣魚電子郵件給目標公司的員工。聯邦調查局解釋：「那些釣魚郵件刻意做成看起來像同事或合法的生意聯絡人寄的。」當收件人點擊郵件上的連結，或打開附件，受害者的電腦就會與中國境內由駭客控制的另一部電腦建立「外向連線」。接著駭客就會把惡意軟體植入受害者的電腦，從遠端操控那台電腦，更令人憂心的是，駭客還會入侵公司的整個網路。[4]

蘇斌及其團隊採取小心謹慎的措施，隱藏網路入侵的源頭。因此，駭客透過分布於全球幾個不同國家的一連串伺服器，入侵目標公司。這些伺服器被稱為「跳點」，當駭客被發現時，可以隱藏駭客的身分與位置。

在聯邦調查局查獲的二〇一三年內部報告裡，他們如此寫道：「為了避免出現外交與法律上的併發症，監視工作和情報搜集在中國境外進行，搜集到的資料先由情報官透過在中國境外的預定暫時伺服器或在第三國家的跳板機發送，最後會送達鄰近地區／區域或香港或澳門的工作站。」[5]

竊取行動的最後一個步驟，也就是最後「跳」回去給中國大陸境內的客戶，完全不透過電腦網路。蘇斌及其同夥在香港和澳門設立了他們口中所說的「機器室」，有人會親手從「機器室」把竊取的情報拿走，帶入中國境內。

「情報務必要親自拿取，送到中國。」他們在二〇一三年的一封電子郵件中這樣寫。[6]

結果，蘇斌一夥人恣意入侵波音的網路長達三年之久才被發現，在那段期間，他們聲稱竊取了大約六十三萬份數位檔案，光是C-17的資料，他們就竊取了六十五GB，數量驚人。此外，他們還竊取了數萬份F-22和F-35的檔案。[7]

蘇斌團隊成功竊取大量的資料，但他們只是龐大中國駭客軍隊中的一支小隊，中國駭客的任務是要竊取美國最敏感的政府與私部門的機密。過去二十年來，中國建造了大量用於進行網路諜報活動的基礎設施，美國貿易代表署（Office of the US Trade Representative）估計，美國每年損失高達六千億美元的智慧財產收入。美國貿易代表署認為中國是「全球侵犯智慧財產最嚴重的國家」，美國大部分的智慧財產損失可能都是中國造成的。

竊取美國機密是影子戰爭中最陰險的戰線，不斷嚴重破壞國家安全，而且就發生在眾目睽睽之下。在我擔任美國駐北京大使館參謀主任期間，美國公司即使知道機密遭到竊取，卻經常拒絕向政府求援，甚至不願指證網路遭到入侵，因為害怕中國合作夥伴漸行漸遠，而徹底遭到中國市場封鎖。其實中國的策略就是仰賴與製造這種恐懼。

一名美國資深執法官員對我說，中國諜報機關就像「絛蟲」，依靠數萬美國機關和個人來獲取養分，竊取美國最貴重的資產，也就是創新巧思。北京的目標是要超越美國，成為世界最強大、科技最先進的超級強權。中國領導人寧願採用和平的手段達成目標，倘若爆發戰爭，他們必須能夠在戰場上與敵人抗衡。

這可不只是推測，這是中國最高領導階層的話中之意。習近平打算在二〇三五年之前讓中國成為創新的先鋒，不僅如此，還要在二〇五〇年之前成為領導世界的強權。中國領導階層想要實現這些崇高的目標，顯然認為過程中必須採用蛙跳策略（譯註：蛙跳策略是指發展中國家跳過較舊的科技，直接引入較新的科技），甚至是網路諜報。

「中國的目的是要爭世界霸主的地位，倘若必須發生衝突——不幸的是，很可能會發生衝突——中國要單挑，它自認為能與美國打平，甚至打敗美國，這就是過去三、四十年中國的野心。」安德森解釋道。

網路諜報看似影子戰爭裡比較溫和、不血腥的戰線，但安德森說，中國的安全機關在網路空間與在其他戰場一樣，都毫不留情地攻擊。

「中國人心狠手辣，比起俄羅斯人有過之無不及。」安德森說完這句停頓一下，確定我有在聽，「他們殺人不眨眼，抄家滅族，在中國境內或國家領土內，下手會比較隱密，必要的時候，他們絕對會痛下殺手。」

鮑伯·安德森從執法機關跳槽到反情報機關，他原本負責打擊美國境內的「惡棍」。一開始他是德拉瓦州的州警，負責打擊各種犯罪，從違規駕駛、販毒到殺人，無所不包。一九九五年他到聯邦調查局任職，加入華盛頓特區東南部的緝毒組，當時首都華盛頓的毒品與暴力犯罪率之高，在全國數一數二。

「當時買賣古柯鹼、快克、冰毒、海洛因的情況猖獗。」安德森回憶道，「華盛頓在當時是美國的謀殺首都。」

他待過特警部隊和人質救援組，步步高陞，二〇〇一年被拔擢為聯邦調查局反情報部門主任。他在街頭打擊犯罪的經驗簡直就是國際諜報領域的絕佳訓練。安德森回憶道，外國特務與他在華盛頓街頭追捕的毒販一樣凶狠危險，俄羅斯對手又格外棘手。

「天哪，他們恨死我們了。」安德森說，「他們恨死我們了，因為我們是美國人，他們才不管黑人或白人，男人或女人。他們恨我們，只因為我們是美國人。」

安德森告訴我，他與一名俄羅斯對外情報局高官談判交換間諜的故事。那是史上頭一遭聯邦調查局反情報部門在美國境內與俄羅斯對手談判。

「他帶了兩個助手，顯然是俄羅斯軍事情報機關『格魯烏』的兩名要員，一身全副武裝，簡直像準備在我們談判的餐廳裡把人的脖子扭斷似的。」他說，「簡直就像間諜小說裡的人物。」

在間諜交換談判中坐在他對面的七十二歲俄羅斯官員，與俄羅斯總統普丁一樣，是經驗老道的前國家安全委員會特務。

「這傢伙殺過的自己人搞不好更多。他坐在桌子對面盯著我直瞧，我看得出來，他完全不在乎我是聯邦調查局幹員。」安德森告訴我，「他就是恨我，因為我是美國人。」

這股恨意始終不變，但他在反情報職務上，發現諜報活動的本質改變了，網路工具的出現與發展徹底改變了諜報活動。

「我抓到了一狗票間諜，開始察覺間諜的行動方式變了。」安德森說，「間諜不再用老方法到橋下交換情報，現在情報全都存在隨身碟裡，或者存在雲端，當時大家根本不知道我在說什麼。」

安德森訴說自己的間諜故事時，像個老鳥警察般，說得神態自若，帶著一絲耀武揚威。各位絕對想像不到，對他而言，華盛頓特區的毒販與中國的網路竊賊十分相似，為了取得想要的東西，拐騙燒殺，樣樣都來。安德森憑藉著在街頭辦案的經歷，勝任首要調查員，調查美國史上破壞力最嚴重的網路攻擊，包括愛德華．史諾登（Edward Snowden）洩漏美國國家安全局大量機密、北韓駭客攻擊索尼影業、中國駭客滲透美國人事管理局（US Office of Personnel Management）。駭客入侵人事管理局，洩漏了現在或曾經擁有安全許可證的數百萬政府雇員的個人資料，我後來才發現，其中也包括我自己。

「我們發現有六百名駭客藏匿在一百二十三個國家。」安德森說，「發現這樁行動之後，當你立即開始——至少我是——調查犯罪背景，會發現他們和販毒集團一樣，不再使用現金，改用虛擬貨幣。我不知道他們如何只花一個小時就可以透過五十五個國家把錢洗乾淨。我的意思是，這要怎麼追查？」

像蘇斌那樣的間諜到底有多少人，實在很難確定，安德森估計，隨時都有數十個像他那樣的團隊在美國行動。安德森說，他們背後還有更多在中國的駭客在搞鬼，有些是中國安全機關雇用的全職駭客，有些是兼職的。中國稱之為網路「國家服務」計畫，專門找受過高等教育的中國青年加入。

「在美國幹那種事是要坐牢的。但是中國有數萬名青年，他們就像美國麻省理工學院或史丹佛大學的菁英，對美國進行網路攻擊。」安德森說，「中國政府付錢給他們幹那種事，這在中國是家常便飯。」

「中國吸收駭客十分嚴謹，有條件限制，就像美國情報界徵才，條件十分嚴格。」安德森說。他們的目標也是野心勃勃。在二〇一一年的一封電子郵件裡，蘇斌誇口說，他們竊取的資料「能讓我們快速趕上美國的水平」——「輕鬆站在巨人的肩膀上」[8]。

蘇斌和同夥為了追求崇高的目標，一絲不苟地保存記錄，渴望向中國政府裡的客戶證明自己多麼有用，同時也想賺更多錢。因此，他們在一連串的電子郵件裡，拚命拉抬自己的身價，提供詳盡的犯罪記錄，積極推銷偷來的檔案。畢竟幹他們這行不只是偷機密資料而已，還要想辦法用最好的價格賣出去。因此，他們會定期寄發電子郵件，報告最新工作狀況，寫得好像推銷信似的，拚命自賣自誇。

二〇一一年七月七日，大約入侵波音的安全網路一年後，蘇斌的「未起訴共犯一」用電子郵件寄了一份報告給上司「未起訴共犯二」，主旨是「過去的成就」，列出一長串向美國國防承包商偷來的資料。他們聲稱掌控了一家承包商的伺服器，竊取了二十GB的技術資料。不只竊取C-17、F-22和F-35軍機的檔案，他們還誇談「偵察」到一款美製無人機的檔案。

「我們已經取得大量資料以及目標要員的信箱。」七月七日的電子郵件寫道，「我們也取得了供應商的客戶管理系統密碼，並且掌控了那家公司的客戶資料。」

其他「過去的成就」還有來自非美國的目標。「經過長期偵察與滲透，我們已經掌控了……印度和俄羅斯聯合開發飛彈的網站。」蘇斌的其中一名中國共犯寫道。他援引從台灣竊取的軍事技術，還有竊取自中國境內「民主運動」和「西藏獨立運動」的政治資料。凡是他們認為中國政府想要知道並願意付錢買的資料，都是他們竊取的焦點目標。[9]

然而，顯然美國是他們的首要目標。二〇一二年二月二十七日，一名中國共犯寄了一封電子郵件，主旨為「完整名單」。附件列出約莫三十二項他們鎖定的美國軍事計畫，以及他們自稱從每項計畫所竊取的技術資料數量。

根據聯邦調查局二〇一四年犯罪記錄，「F-22」旁邊寫著「220M」這個數字，代表兩百二十MB的資料。其餘三十一個目標計畫旁邊的數字，有些後面是接「G」，有一名聯邦調查局專家判定那是指資料的GB數。一GB等於一千MB，或相當於五千本書的資料。[10]

那些是十分重要的資料，關乎美國一些最先進與最機密的軍事計畫。後來聯邦調查局的分析證實，遭竊的檔案目錄、技術圖表和其他專利資料，「與聯邦調查局向美國公司或美國政府機關取得的正本」吻合。[11]

二〇一二年和二〇一三年十分忙碌，蘇斌及其同夥聲稱連連得手，不斷向中國客戶報告最新偷竊進展。

二〇一三年二月十三日，蘇斌的一名同夥又寫信向上司解釋：「對美國的焦點主要是軍事技術，但也觸及其他領域；對台灣則聚焦於在軍事演習和軍事建築。」「最近幾年，」他繼續誇耀，「我們不斷努力，透過多重管道，每個人都取得了一連串軍事產業技術資料，包括 F-35、C-17……還有台灣的軍事演習、作戰行動計畫、戰略目標、諜報活動等。」[12] 二〇一三年八月，蘇斌的團隊寄出十分全面的報告，說明他們在美國的駭客行動。一如平常，竭盡所能自賣自誇。

「我們安全順利完成了客戶委託的任務。」他們寫道，「對我國國防科學研究發展做出重要貢獻，各方一致給予我們好評。」[13]

這三個駭客鉅細靡遺談論他們的網路偷竊行動。在一封電子郵件裡，他們揭露首次滲透波音內部網路的日期是二〇一〇年一月。他們說要入侵波音的「祕密網路」相當困難，因為「有大量反入侵安全設備」的保護，大約有十八個分離的網路領域和一萬台電腦。

他們採取特別的預防措施，避免被發現，包括只在美國上班時間行動。他們還說，他們「反覆在波音內部網路到處亂跳，讓別人更難發現他們正在偵察」。他們還說，他們利用至少三個不同國家的「跳點」：「我們一定會找一個與美國交惡的國家。」也就是說，他們會挑一個不會與美國分享情報的國家，避免該國向美國當局揭發他們的行動。

他們竊取的資料既多又廣。二〇一二年五月三日有一封電子郵件，附件似乎揭露了 F-35 的完整試飛計畫。六十三萬份遭竊的C-17檔案，幾乎涵蓋了C-17的每個設計層面。「設計圖包含了飛機的前段、中段、後段、機翼、水平尾翼、方向舵、引擎派龍，描繪組裝圖、零件和備用零件。有些圖還有標示尺寸和裕度，並且詳細描繪各種管線、電纜線和設備安裝方法。」未起訴共犯一寫道，「除此之外，還有飛行測試文件。」

換句話說，他們偷竊的資料，幾乎可以用來打造一架能飛的飛機了。他們的結論一樣誇誇其談：「這項偵察工作，由於準備充分，規劃嚴密，讓我們獲得了豐富的經驗，有助於未來的工作。我們有信心……完成新的任務。」[14]

由於他們過分強調自己的豐功偉業，聯邦調查局在犯罪紀錄裡認為：「他們誇大其辭，其實他們的行動並沒有那麼成功，也沒那麼廣大。」

然而，很多他們聲稱竊取到的檔案，與聯邦調查局調查時請目標公司提供的檔案正本完全吻合，而且美國情報官員經常冷嘲熱諷，說中國的Y-20運輸機看起來與波音的C-17一模一樣，中國的J-31戰鬥機與F-35看起來幾乎難以分辨。

蘇斌的團隊透過人工偷竊搭配入侵網路，長期順利取得大量資料，驅使他們犯案的動機是金錢和國家。鮑伯・安德森說這兩個目標並非毫不相干，其實是相輔相成的。

「對中國人而言，這兩個動機總是相輔相成的。」安德森告訴我，「中國人想要賺錢，我幫你賺錢，你幫我賺錢。同時，他們也非常清楚國家要他們取得的東西。

「但有個細微的差異，就是他們都想要獲得報償。」安德森繼續說，「不一定是要政府給報償，也可以是另外達成有油水可以撈的後門交易。」

根據美國執法機關的觀察，美國另一個網路大敵俄羅斯就沒有這樣的情況。

「把資料賣給俄羅斯，再想辦法賣給別人，這種事絕對不會發生。」安德森說，「對外情報局、聯邦安全局、格魯烏（分別是俄羅斯的外國、國內與軍事情報機關）絕對不會發生這種事，沒有俄羅斯人會這樣做。」

「對中國而言，這幾乎是做生意的方法。」安德森結論道。

電子郵件的內容證明了蘇斌和同夥滿腦子離不開錢，許多內容都在發牢騷，甚至顯得小家子氣。在二〇一〇年的一封電子郵件裡，三人說為了「擴張團隊和基礎設施」，他們收到的資金完全不夠，超支了兩百二十萬人民幣。他們說實際支出大於那個數字的三倍，是六百八十萬人民幣，將近一百萬美元，他們得向銀行借錢支付差額。他們說就是因為預算不足，他們才被迫「放棄良機」，無法取得C-17的資料。

三個人經常詢問何時才能拿到報酬。二〇一〇年三月三十日，一名人在中國的駭客寄電子郵件給蘇斌，問他「有沒有什麼好消息」，這八成是在問客戶有沒有付錢吧。六天後，四月五日，他又寄電子郵件給蘇斌，主旨欄只寫了「……」。

為了引誘客戶快點付錢，他提議讓買家看看C-17資料的樣本，好激起買家的興趣。同日，蘇斌寄電子郵件回覆，拒絕這樣做，向同夥解釋說：「要是收了C-17樣本資料的錢，後續的鉅額費用就不容易收到手。」

他好言安撫同夥，也批評了中國政府官僚：「不過，這請款可真是曠日費時啊。」

然而，蘇斌自己也有牢騷要發。二〇一〇年三月，他寫信向同夥抱怨買C-17資料的國營飛機製造商：「這資料是這家中國飛機公司需要的。他們太小氣了！」

就安德森看來，偷資料的中國人並沒有因為對報酬的不滿而怠惰下來，國家主義仍舊是強大的刺激因子，激勵了許多中國公民為國家貢獻心力，不論是正規的政府特務或是兼職的義工。

「中國的國內外情報機關『國家安全部』和中國共產黨認為國內每個人民都是情報搜集者，中國這個大家庭裡的每個人都是情報搜集者。」安德森說，「人民就是中國的優勢。」

安德森說這是中國獨有的優勢。

「這甚至不同於俄羅斯的國外情報機關『對外情報局』和國內情報機關『聯邦安全局』，也不同於南韓的情報機關『國家情報院』，也不同於英國的外國情報機關『祕密情報局』，又稱『軍情六處』。」他繼續說，「我認為這是中國在這方面擁有的優勢。」

蘇斌是他那一代最具破壞力的中國間諜之一，他的間諜生涯在二〇一四年夏天結束。他在加拿大遭到逮捕，逮捕狀是美國簽發的。就在五年前，他首次傳達指令給在中國的共犯，詳細說明美國境內的網路入侵目標。司法部發布聲明，宣布起訴他，說他「夥同兩名在中國的未起訴共犯，滲透電腦系統，竊取軍事計畫的機密資料，包括C-17運輸機、F-22噴射戰機和F-35噴射戰機的資料。」[16]

兩年後，二〇一六年二月，蘇斌答應被移送美國，在美國加州地方法院法官克莉絲蒂娜・施奈德（Christina Snyder）面前俯首認罪。司法部聲明，在認罪協議中，「蘇斌坦承與在中國的兩名共犯，從二〇〇八年十月到二〇一四年三月，非法入侵美國境內受到保護的電腦網路，包括加州橘郡波音公司的電腦，竊取機密軍事資料，並將資料從美國非法傳送到中國。」[17]

蘇斌也坦承企圖利用竊取資料獲得金錢利益。二〇一六年七月，他被判服刑四十六個月並支付一萬美元罰金。

時任司法部副部長的約翰・卡林（John P. Carlin）宣布蘇斌認罪時說：「這份認罪協議是要嚴正警告不肖之徒，偷竊美國與美國企業的財產，將會付出重大的代價，我們絕對會將罪犯繩之以法。國家安全處（National Security Division）將持續全力消除網路威脅，捍衛國家安全。我們將持續全力追捕企圖破壞我國安全的歹徒。」

「網路安全是優先要務，不只對聯邦調查局，對整個美國政府都是如此。」時任聯邦調查局網路部門（Cyber Division）副主任的詹姆斯・崔納（James Trainor）補充道，「只要我們團結一心，就能發揮最大的力量，今天歹徒俯首認罪就證明了這一點。敵人的能力不斷發展，我們必須保持警戒，對抗網路威脅。」[18]

這些聲明很大膽，不僅表明了美國嚴肅看待這種網路竊盜行為，也希望向敵人清楚表明美國的嚴肅態度。向外國駭客提出控訴，即使是美國沒辦法逮捕的，這是美國對付網路攻擊的對策之一，也就是點出罪犯的姓名，讓他們感到難堪。「這樣能嚇阻不肖之徒。」美國執法官員經常這樣說。但根據美國對中國網路諜報伎倆的瞭解，譴責被揭發的駭客，除了讓中國難堪，讓中國以後更難搜集情報之外，其實並未改變北京的行徑。

「我們永遠抓不到那些人。」安德森說，「中國人會反過來向我們挑釁：『第一，我們不會承認任何事。第二，我們才不在乎。我們根本就不承認經濟間諜法規，我們不承認這種法規。』」

蘇斌在二〇一四年被起訴，是聯邦調查局的勝利，也是網路警察辦案技巧高明的典範。儘管蘇斌一夥人全力掩藏電子蹤跡，但聯邦調查局分析人員仍舊成功追查到他們在全球各地的電子蹤跡，從許多國家的許多「跳點」往回追出一個為人親切、熱愛交友的中國生意人。

與許多諜報案件一樣，在蘇斌一夥人被發現與逮捕之前，就有跡象顯示，有歹徒鎖定波音和美國其他的國防承包商，進行諜報行動。鮑伯．安德森記得在他被逮捕前的幾個月，就收到情報指出可能有違法勾當。

「許多網路案件與諜報案件一樣，你都會聽到傳言或情報說有人在幹壞事。」安德森說。

然而，在這個案子裡，花了好幾年才找出那個「人」，過程中讓中國的軍事科技躍進了好幾年。而今天，中國有兩架噴射機，看起來與F-35和C-17幾乎一模一樣。

安德森和其他人紛紛提出警告，蘇斌一夥人只是中國巨大網路間諜網的一個節點而已。

「有很多像他一樣的間諜。我認為大家必須明白，他不是唯一的間諜，而且不會因為我們起訴一個人，或一百個人，諜報活動就會停止。」安德森警告道，「他們完全不會慢下來。」

「我認為有數百個這種人，甚至可能是數千人，在美國或者是盟國，因為現在是全球化的商業環境。」他補充道。

更令人憂心的是，聯邦調查局網路部門所知道的網路入侵案件，像是蘇斌及其同夥所犯的案件，頂多只有百分之十。他們實在無力應付，經常居於下風。

影子戰爭的戰場不斷改變，美國只要抓到一個或幾個間諜，就又會有新的間諜帶著新武器加入戰場。科技日新月異，中國網路入侵戰術也不斷推陳出新。蘇斌一夥人採用的犯罪手法十分成功，派一個間諜到美國實際尋找目標，供在中國的駭客進行攻擊，但這種手法也已經過時。中國的網路技術已經進步到北京不需要再實際派人到美國了，中國愈來愈有能力在安全的中國境內，從遠端搜尋目標，然後發動網路入侵。

「我認為中國不需要像五年前那樣派人就近搜尋目標，因為現在網路發達，有不同的方法可以進入公司嚴格禁止進入的網域，中國入侵網路的技術高超，比以前更不容易被發現。

「中國厲害的地方在於不斷改變諜報技術。」他補充道。

這意味聯邦調查局從蘇斌案學到的經驗，可能無助於抓到下一個蘇斌，下一個要抓的竊賊是不同的，犯罪手法也不一樣。

「現在要抓蘇斌那樣的人是抓不到的，現在就已經有很多間諜，這就是關鍵：現在的間諜是抓不到的。」

對美國軍方而言，蘇斌一夥人竊取資料究竟造成多少損害，仍無法徹底釐清。中國從那時候起就開始使用類似的飛機，功能也相仿。然而，美國軍事官員告訴我，經常語帶嘲弄，說中國的 J-31 戰鬥機和 Y-20 運輸機頂多只能算是廉價的贗品。

鮑伯・安德森就沒那麼樂觀了。他不是軍事指揮官，整個職業生涯都在執法機關任職。然而，他知道內幕。我問他，蘇斌一夥人偷了多少機密資料是與美國那幾架最先進的軍事飛機有關的，他的回答著實令人不安。

關於 C-17，他只說：「很多，」關於 F-35，他說得稍微詳細：「多到我認為問題十分嚴重。」

在五年之間，中國只用了三名間諜，就讓三架以上最先進的軍機與美國縮小差距，美國可是花了十年以上開發那三架軍機，花了數百億美元設計和製造。而且中國那樣做，可不只是為了追趕美國的科技，同時也是為了萬一爆發戰爭，能與美國相抗衡，雙方的軍事指揮官都認為中美未來終須一戰。

安德森和其他我訪問過的情報與執法官員談到中國都說，雖然痛恨中國的間諜，但也不得不佩服那些敵人。

「如果你瞭解他們的所作所為，就會不禁佩服他們。」安德森說，「你或許不喜歡他們，不認同他們的作為，但你最好別小瞧他們，否則你每次都會被他們騙得團團轉，因為他們對本行真的很在行。」「他們把我們視為最重要的敵人，他們……會想方設法超越我們，偷拐矇騙，不擇手段。」安德森告訴我，「我認為大家沒有看透這一點。」

蘇斌竊取了美國最先進的幾架軍機的機密資料，這個十分成功的陰謀給了美國兩記當頭棒喝。第一，中國幾十年來一直不擇手段竊取美國政府與私部門的機密資料和智慧財產。對中國而言，這種由國家資助的偷竊行為並非犯罪，而是政策。估計每年害美國損失數百億美元，就這點而言，這可以說是現代史上金額最龐大的竊案。對中國而言，這個竊盜行動的目標不只是要迎頭趕上美國，還要後來居上。北京中南海政府毫不隱藏這個意圖，並非祕密，中國官員經常在演說與官方出版品中公開討論。

第二，許多美國兩黨執政的政府都全力反覆對抗這種攻擊，同時警告北京罷手，但終究無法改變中國的行為，包括前總統歐巴馬都親口警告習近平、美國司法部起訴中國軍方人員，以及川普總統對中國進口貨物課徵數千億美元的關稅。此外，類似西方對於俄羅斯的態度，美國領導人和政策制定者錯誤地堅持認為中國要的與西方一樣，也就是接受以規則為準據的國際秩序。錯上加錯的是，美國政府和企業領導人大膽聲明，讓中國加入國際協約和組織，像是世界貿易組織，假以時日行為將會改變。事實上，中國加入國際組織，可能不僅不會遏止中國竊取美國最重要的資產「智慧財產」，反而會助長其惡行。西方至今仍舊在這個教訓中學習如何改進。

第四章
俄羅斯特種部隊「小綠人」

二〇一四年七月十七日正午過後不久，亞歷山大．何格（Alexander Hug）在烏克蘭基輔的辦公室，首次接獲墜機的報告。身為歐洲安全與合作組織（Organization for Security and Co-operation in Europe）烏克蘭特別監察團（Special Monitoring Mission to Ukraine）的團長，他負責領導一項經常令人沮喪的危險任務，就是記錄烏克蘭軍隊與親俄分離主義份子之間的血腥熱戰，親俄分離主義份子是由俄羅斯提供武裝與資金，聽其指揮。他與團隊監視著瞬息萬變的前線，努力想促成對話，還有最困難的，記錄不斷增加的平民傷亡人數。唯有噴射機墜毀時，他們才會注意到天空的活動。

在那個炎熱七月午後的幾個星期前，何格的團隊發現軍機墜落的媒體報導變得更加頻繁。烏克蘭維持規模相當大的現代化空軍，一度掌控戰場的空域。然而，隨著俄羅斯援助的戰鬥機損失漸增，莫斯科開始提供肩射防空飛彈，又稱可攜式防空系統。這個決定將立即產生毀滅性的影響。

一個多月前，在六月十四日，俄羅斯援助的軍隊擊落一架正要前往東部城市盧甘斯克（Luhansk）

的烏克蘭 IL-76 軍用運輸噴射機，機上四十九人全數罹難。隔天，飛機殘骸和屍首散布在新甘尼夫卡（Novohannivka）這個小鎮外郊的農田，分離主義軍隊的一名指揮官喜孜孜地宣稱飛機是他們擊落的。在一部發布於 YouTube 的影片中，維拉瑞．波羅托夫（Valery Bolotov）說：「關於那架 IL-76 的事，我無法說得更詳細了，但我再說一遍，那是我們的民兵打下來的，也就是盧甘斯克人民共和國的空軍。」他的軍隊所使用的肩射火箭彈是俄羅斯製造與提供的。由於那架運輸機即將降落，因此飛行於肩射武器容易擊中的高度。

然而在更近期，何格注意到新聞報導飛機在更高的地方被擊落，遠超出可攜式防空系統的射程。七月十四日，才三天前，另一架烏克蘭軍用運輸機 Antonov-26，在盧甘斯克被擊落，飛行高度是六千兩百到六千五百公尺，將近兩萬英尺。[1] 兩天後，七月十六日，一架烏克蘭蘇愷 Su-25 戰鬥噴射機在六千兩百五十公尺處被擊落。[2] 要擊落飛那麼高的飛機，必須使用威力更強大的地對空飛彈系統，射程必須遠大於肩射武器，必須能打到民航機在歐洲的巡航高度。

「當時，有幾份報告說有飛機被擊落，包括前一天，因此我們當然會注意。」何格回憶道，「但一會兒後，首次有消息傳來，說這次被擊落的可能是民航機。」

時至今日，何格仍舊記得那天下午在基輔的辦公室，他在海報架掛圖上最先寫下的筆記。四年後他唸給我聽：「波音 777-200」、「阿姆斯特丹飛往吉隆坡」、「最後聯絡時間十六點三十分」、「大約三百名乘客」。

「這些是我最先寫下來的資料。」何格告訴我，他一邊回想，聲音愈來愈小。這些也是最早的警訊，顯示他和他的團隊所面臨的是他們還沒完全準備應付的。

四年後，回憶顯然仍舊刺痛著何格。何格雖然人高馬大，說話卻溫和，他負責記錄現代歐洲的血腥戰爭，他沉著的舉止似乎與他目睹的一切呈現強烈對比。身為三個孩子的父親，何格說他在記錄人類在這場戰爭中付出的代價時，心裡始終惦念著自己的孩子。這場衝突的受害者同樣令他難以釋懷，感覺甚至更強烈，更令他痛心。

歐洲安全與合作組織源自冷戰，但在冷戰過後的歐洲似乎過時了。歐洲安全與合作組織是美國總統尼克森和蘇聯共產黨總書記布里茲涅夫（Leonid Brezhnev）在一九七三年創立的，一度負責監督一九七〇年代和八〇年代知名的核武協議。[3]然而，一九九一年蘇聯解體之後，歐洲安全與合作組織的重要性與功能逐漸消失，轉而負責抱負比較沒那麼遠大的任務，像是在一九九〇年代中期監督戰後的科索沃和波士尼亞。在過去，這個組織曾經負責維持超級強權之間的和平，如今這個崇高的使命似乎成為過眼雲煙。然而，在二〇一四年，俄羅斯侵略克里米亞和東烏克蘭，突然讓這個組織重新成為國際矚目的焦點。

七月十七日，馬來西亞航空MH17班機飛離阿姆斯特丹的史基浦機場（Schiphol Airport），要前往馬來西亞的吉隆坡。在荷蘭時間下午十二點三十一分，格林威治標準時間上午十點三十一分，飛機上有兩百八十三名乘客和十五名機組人員。[4]那架波音777飛行達到巡航高度三萬三千英尺之後，往東南飛越德國、波蘭和烏克蘭，天空澄明，飛行平順，乘客的窗戶外是遼闊的東歐平原。

就在MH17即將飛離阿姆斯特丹時，在東烏克蘭的馬凱耶夫卡（Makeevka），有一個居民拍到一張照片，一輛卡車載著一枚俄製山毛櫸地對空飛彈（BUK-TELAR）穿越這座城市。馬凱耶夫卡就在MH17的飛行路徑上，MH17約莫三個小時之後就會經過這裡。

二〇一四年夏天，馬來西亞航空飽受質疑，因為有一架波音777離奇失蹤。那架飛機正是眾所周知的MH370班機，四個月前從吉隆坡飛往北京，在途中失蹤。國際投入大量人力搜尋，仍舊完全無法尋獲飛機的蹤跡，失蹤原因至今仍舊成謎。荷蘭人柯潘（Cor Pan）與大多數的同機乘客一樣，在阿姆斯特丹等候搭乘MH17時，在臉書上貼了這架飛機的照片，開玩笑說：「如果飛機失蹤了，飛機就長這樣。」

飛行兩小時又四十八分鐘之後，在荷蘭時間下午三點十九分五十六秒，格林威治標準時間十三點十九分五十六秒，MH17飛到東烏克蘭，接近俄羅斯邊境，當地的航空交通管制單位准許機組人員繼續飛進俄羅斯領空。MH17的機組人員回報收到。[5]

根據荷蘭安全委員會（Dutch Safety Board）的調查報告，四秒鐘之後，也就是荷蘭時間下午三點二十分整，格林威治標準時間十三點二十分整，航空交通管制單位再度用無線電向飛機駕駛艙傳達進一步指示，但沒收到回覆。管制塔又嘗試與機組人員通聯四次，每次都問道：「馬來西亞一七，是否收到？」同樣都沒有收到回覆。

在歐洲的管制員憂心忡忡，發無線電向邊境另一邊的俄羅斯管制員詢問：「羅斯托夫，應答機是否有收到馬來西亞一七的訊號嗎？」

由於無法與駕駛艙通聯，航空交通管制單位想要知道飛機的應答機訊號是否還有被偵測到。羅斯托夫回答：「沒有，目標似乎開始解體。」[6]

後來在失事現場找到的駕駛艙通話記錄器顯示，在格林威治標準時間十三點二十分〇三秒，錄音突然停止，也就是最後一次傳訊經過七秒鐘之後。此外，根據荷蘭的調查報告，傳訊快結束之前，有偵測到持續二點三毫秒的高能量音波，經過聲音分析之後發現，聲音是從飛機外面傳來的，從駕駛艙的左上方。

格拉波沃（Grabovo）是位於東烏克蘭的村莊，在馬凱耶夫卡東北方三十英里處。最後傳訊結束幾分鐘之後，住在格拉波沃與附近的居民紛紛開始在社群媒體上分享飛機殘骸的影片和照片。目擊者說看到天空先是出現一處爆炸，化為一團巨大的火球，接著一片片燃燒的殘骸墜落地面。

當社群媒體的報導傳回基輔之後，何格赫然發現事故地點正是當時武裝衝突的中心地帶，距離首都基輔非常遠，車程將近五百英里。他指示團隊打點行裝，準備一早就出發。

烏克蘭的道路老舊不平，如果搭車前往，得花上一整天，到時墜機就超過二十四小時了，何格擔心遺體和關鍵證據可能會被居民移動，更憂心會被親俄的地面軍隊移動或破壞。然而，他最關心的是調查團隊的安全，他們必須在砲火連天的戰區查明這場致命墜機的真相。

何格找到當地的一家直升機租賃公司願意載他們過去，分文不收。此時墜機的消息已傳遍全國，最近幾個月，流血事件在烏克蘭頻頻發生，百姓也紛紛伸出援手。

歐洲安全與合作組織監察團不是維和部隊，成員都沒有攜帶武器。他們是心存善念的官僚，想要保持坦誠的視角，去觀察這場深陷於謊言與欺騙的衝突。倘若連噴射客機以時速六百英里在六英里高的空中飛行都有危險，那麼直升機在幾百英尺高慢速飛行，自然是很容易遭到攻擊的目標。這趟旅行將令人如坐針氈。

「我相信這些飛行員知道自己在做什麼，當時衝突瞬息萬變，難免有風險。」他輕描淡寫，不露聲色。

七月十八日一大清早，他們在伊久畝（Izium）這個小鎮南方的一片曠野安全降落，接著搭乘歐洲安全與合作組織基輔總部安排的裝甲車，向南前往墜機地點。在剩下的這段車程途中，他們看見遠處冒著一團濃煙。他們離墜機地點很近了，可以看到飛機殘骸還在燃燒，然而就在此時，他們遭遇了意外的阻礙。

他們遇到的士兵穿著迷彩服，未佩戴階級章，何格立刻想起了四個月前出現在克里米亞街頭的「小綠人」。他們說俄語，攜帶俄羅斯武器，但是俄羅斯政府卻說他們只是憂國憂民的國民，「自願」前去保護在克里米亞的俄裔人民。與其說這是在掩飾，倒不如說是在鬼扯嘲諷。從口音和武器來判斷，顯然他們遭遇到的那些士兵是外國人。後來何格親自與被逮捕的分離主義戰士面談，他們坦承自己隸屬於俄羅斯正規軍隊，被莫斯科派到烏克蘭。但當時沒有旗幟和名牌，誰能證明這些士兵從哪裡來的？

此時，在東烏克蘭又有一群「小綠人」出現。在墜機地點，那支部隊的領導人是個身材壯碩的俄羅斯人，穿著迷彩服和迷彩帽，在歐洲安全與合作組織團隊前方擺出引人矚目的姿勢。

「他站在路中間，拿著一把機槍，不是一般的 AK-47，是機槍。我們沿著一條與墜機地點平行的道路走了兩、三百公尺，他就不讓我們繼續走。」何格回憶道。

「一看就知道他喝醉了，我聞得到他的呼吸有酒味。」何格補充道，「我認為他喝醉了。」

何格及其團隊陷入古怪的僵局，距離他們要前去記錄事故的墜機地點只有咫尺之遙，但卻無法自由執行任務。歐洲安全與合作組織監察團受到阻攔，不能越雷池一步，當地的緊急事故處理人員、俄羅斯軍人，甚至還有少數幾個新聞記者，可以在墜機地點自由走動。屍體、屍塊和還在悶燒的飛機殘骸散落遍地。這裡非常可能是國際犯罪現場，但是無人當一回事。

「那個地方仍舊亂七八糟，徹底失序。」何格說，「武裝人員、新聞記者和平民仍舊在飛機殘骸附近走來走去。」

這個「混亂的事故現場」就在俄羅斯和烏克蘭軍隊交戰的前線之間，在這之前的幾個星期，雙方傷亡人數不斷攀升。儘管現在戰場上遍地都是飛機殘骸，雙方仍舊都不願卸下防備，現場既緊張又危險，何格聽得到遠處傳來重型火砲的轟炸聲。每當何格的團隊成員試圖走近飛機殘骸，負責指揮的那名武裝人員就會對空發射步槍。

「我們想要繼續往前走，但是那裡的武裝人員卻朝我們頭頂上方開槍，嚇退我們，清楚表明不准我們再往前走。」他說。

當地居民在街上、庭院和屋頂上都有發現屍體，也拍照給何格及其團隊看。在那個首日，何格就看到至少二十一具遺體，天氣悶熱，有些遺體已經出現腐爛的初期徵狀。此時正好是盛夏，氣溫飆高到超過華氏一百度，也就是超過攝氏三十八度。

「雖然屍體做了記號，但被丟在烈日下曝曬。」何格回憶道，「一個穿著制服的救援小組在現場，他們告訴我和同事，他們的任務是幫屍體做記號，不是搬運屍體。」

何格再三追問，最後還是沒有人能說出究竟是誰負責搬運屍體。當地居民飽受驚嚇。

「居民全都情緒激動，有些人哭了起來，也有些人伸出援手。」何格說，「百姓陷入雙重困境，一來要應付這場墜機事故，二來要躲避槍林彈雨。」

那天稍後，俄羅斯指揮官准許何格的團隊進入墜機現場兩百碼，但那是底限了。支付鉅額通行費自然是在所難免。他們看見一部分的機尾和其他殘骸，包括乘客座椅和行李箱。居民出於對罹難者的尊敬，開始堆疊行李，短短七十五分鐘後，就被槍指著強迫離開。

何格銜命前來不是要判定墜機原因的，然而，打從一開始，他就發現或許能揭露真相的細節。飛機外殼，尤其是在駕駛艙附近，千瘡百孔。何格注意到孔洞的鋸齒狀邊緣是往內凹，表示有高速飛行的彈丸從外面射進飛機裡，他在軍隊服役過，看得出孔洞是爆炸武器炸出來的。「我看見不同的部位有孔洞，根據我的軍事背景，我看出那是砲彈破片打出來的。」何格回憶道，「我也看出砲彈是高速飛行的。」

持這種懷疑的人不只有何格。墜機當天，在超過五千英里之外，有另一組調查人員也著手調查MH17為何失蹤。就在MH17與航空交通管制單位失去聯絡的那一刻，美國的監視衛星捕捉到東歐天空中出現一處閃光。在阿拉巴馬州亨茨維爾（Huntsville）的國防情報局（Defense Intelligence Agency）導彈與太空情報中心（Missile and Space Intelligence Center），美國情報分析人員編了一組人馬去查看衛星資料，想查明出現那個閃光的原因。我是第一個獲准進入導彈與太空情報中心技術分析室的記者，我在那裡遇見了在那個七月早晨執勤的調查組成員，技術人員說他們負責戰區的「犯罪現場調查」。

「這裡負責鑑識工作，類似犯罪現場調查，用DNA和指紋拼湊出足以讓人信服的故事。」導彈與太空情報中心的首席科學家蘭迪．瓊斯（Randy Jones）說，「那些東西就像拼圖的拼片，拼湊起來就能看出發生了什麼事。所以這個房間就是拼圖的所在。」

對導彈與太空情報中心的分析人員而言，這副拼圖的拼片得從大量的衛星和雷達資料中尋找。阿拉巴馬州韓刺維爾的飛彈科技歷史十分悠久，有許多傳奇故事。這座城市用史上威力最強大的火箭來作為裝飾，用這些高聳的火箭樣本來紀念美國的核子和太空計畫。從一九四〇年代開始，這裡就是美國飛彈計畫的基地，現在仍有幾家德國餐廳，是納粹德國流亡人士留下來的。帶領他們的是華納．馮．布朗（Wernher von Braun），布朗在二戰之後協助推動美國的火箭和飛彈計畫。

核子時代突然降臨美國與全球，國防情報局的飛彈情報單位變成聚焦於尋找與追蹤敵人打來的飛彈及發射飛彈。現在國防情報局所控管的是整個衛星群，在兩萬兩千英里左右的高空繞著地球運行，搭配陸基雷達系統，成為美國的核子攻擊預警系統，可以偵測到全球各地向美國本土發射飛彈所產生的爆炸。

國防情報局的分析人員必須精通各種外國飛彈系統，才能分辨敵人與盟友發射的飛彈。在亨茨維爾的後院，他們擺放了一些極度惡名昭彰的外國飛彈，那些是在國際武器市場上買到的，或是用別的方法向敵人取得的；到底是怎麼取得的，他們是不會說的。我曾經爬上飛毛腿飛彈的發射車，波斯灣戰爭期間，海珊就是用飛毛腿攻擊以色列和科威特。當時我按下按鈕，那個將近四十英尺長的龐然巨物就升起來。然而，飛毛腿飛彈已經是好幾十歲的科技了。

隨著俄羅斯、中國、北韓和伊朗不斷開發飛彈計畫和專門技術，國防情報局也不斷提升追蹤飛彈的能力，分析人員向我保證他們已經完成研究，做好萬全準備，能化解各種想像得到的飛彈威脅，包括俄羅斯的 SA-11，也就是山毛櫸地對空飛彈系統。

「從數據中歸納出的規則，我不僅能判斷那是何種武器系統，還可判斷它過去、現在與未來的用途。」瓊斯說得明顯得意洋洋。

在七月的那個日子，他們接下了陌生的新任務：查明 MH17 噴射客機在歐洲墜機的原因與凶手。情報分析人員要解答的問題很簡單：飛機失聯當下是否出現爆炸？爆炸來自飛機裡面或外面？如果是裡面，可能是恐怖攻擊，如果是外面，可能是飛彈攻擊。此外，如果爆炸來自飛機外面，是否有衛星證據可以證明爆炸不久前有飛彈發射？

機緣湊巧，當天來了訪客，一群情報界的代表來訪，他們正好專精這種分析。「我們原本請他們分析過去一年來敵人的威嚇活動。」瓊斯說，「結果剛好可以幫我們破案。」國防情報局的團隊一聽到墜機的報導之後，就立刻展開行動，一個小時內，他們就編成一組情報分析人員，負責調查 MH17 墜機事故。一個半小時內，調查小組就彙整了所有相關的衛星和雷達資料。他們運用衛星和雷達資料，找出準確的時間點，就能建構出符合地對空飛彈的飛行軌跡。「在一個半小時內，我們就確定飛機是被飛彈擊落的。」瓊斯後來告訴我，「是被地對空飛彈擊落的。我們很清楚是哪一種，但我們還是得做些作業。」

最重要的是，他們的分析找出了飛彈發射地點，是佩爾沃邁斯基（Pervomaisky）附近一處農田，當時親俄的軍隊掌控了那個地方。

親俄的分離主義份子再度誇耀自己就是凶手，幫大家消除疑義。墜機三十分鐘之後，一名分離主義指揮官就在社群媒體上張貼一段影片，國務卿約翰・凱瑞（John Kerry）在七月二十日接受《福斯新聞》採訪時提到那段影片。[7]

「我們知道，所謂的頓內茨人民共和國國防部長史崔柯夫（Igor Strelkov）先生在社群媒體上發布文章，誇耀他們打下了一架軍用運輸機。」凱瑞說，「後來他們發現那是民航機時，就趕緊把文章從社群媒體撤下來。」

史崔柯夫在分離主義份子之間頗有名氣，而且與許多分離主義份子一樣，曾經在俄羅斯軍隊中服役。文章是在當地時間下午五點五十分發布到史崔柯夫的俄羅斯版臉書個人網頁上，大約是MH17消失半小時之後，文章中附的影片類似目擊MH17墜機的影片。史崔柯夫在貼文中寫道：「在多列士（Torez）地區，有一架AN-26軍用運輸機被擊中，在『進步』（Progress）礦區附近。我們警告過他們了，別飛進『我們的領空』。這支影片可以證明又有一架『飛機掉下來』。飛機掉到垃圾堆後面，沒打到住宅區。[8]

「愛好和平的居民沒有受傷。」他說。

根據美國情報官員，史崔柯夫在社群媒體貼的文章經過證實屬實，美國和西方情報機關有攔截到分離主義份子的其他通訊資料。證據指出親俄的分離主義份子犯了駭人的錯誤，把歐洲上空的噴射客機誤認為烏克蘭軍機，也就是Antonov-26（簡稱AN-26），三天前他們打下一架AN-26。在國防情報局，大家都認為證據十分確鑿。

現場的飛機殘骸影像也證明了他們的推測正確，分析人員在照片中看到的飛機殘骸與SA-11山毛櫸飛彈的爆炸模式吻合。

「是這樣的，我們先看這裡的破片圖樣、破片密度、破片穿孔，再比對飛機上的情況。」瓊斯解釋，「接著用模型模擬 SA-11 如何飛行，我們推測彈頭是在距離飛機大約二十英尺處爆炸，在駕駛艙的左上方。」

SA-11 會在目標前方和上方附近爆炸，讓破片爆炸能產生最大的破壞力。飛彈從地面發射，在飛行員的視野之外，飛行速度快到肉眼看不見，噴射客機毫無預警就被炸毀。

「那天下午，我們就提出報告，說我們推測 MH17 是被 SA-11 擊落的，飛彈發射地點在東烏克蘭分離主義份子組織的地盤。」瓊斯告訴我。

那天晚上，美國情報機關把他們的推測報告呈交到白宮，向歐巴馬總統報告，俄羅斯援助的分離主義份子用俄羅斯提供的威力強大的飛彈，擊落了一架飛越歐洲的商務客機，兩百九十八名乘客和機組人員全數死亡。

「也就是說，事發當天，墜機不到十二小時，我們就提出了高可信度的推測報告。」瓊斯告訴我，「在情報界，高可信度相當重要，代表有相當令人信服的證據。」

「那天實在令人心情五味雜陳。發現自己的工作有了嶄新的意義，情況緊急，必須快速查明真相。但傷亡人數那麼多，令人徹底驚醒。」瓊斯告訴我。

在二十四小時內，美國情報機關就確定了 MH17 墜機的原因和凶手：親俄分離主義份子發射的俄製飛彈。美國政府裡的官員和政策專家都知道那份評估報告，然而，有些人仍舊提出告誡，表示懷疑。

MH17墜毀當天，皮雅特（Geoffrey Pyatt）大使擔任美國駐烏克蘭的最高外交官將近一年。皮雅特擔任駐外領事二十五年，曾經派駐宏都拉斯和印度，也在維也納幾個國際組織任職，包括國際原子能總署（International Atomic Energy Agency），其中最艱難的職務，有時甚至會有危險，就是到與俄羅斯交戰的國家擔任大使。

MH17墜機的隔天，皮雅特與華盛頓的歐巴馬政府官員召開視訊會議，起了爭執。

「那是我在烏克蘭任職期間最難過的一天。」皮雅特大使說，「我記得一位在華盛頓的同僚說過類似『我們得十分謹慎，別妄下定論』這樣的話。」

這句話令皮雅特大使忍無可忍。

「當時我不小心說了重話，我記得我說得非常清楚：『你的意思是我們不知道發生什麼事嗎？我告訴你，我們清楚得很。我們知道俄羅斯是元凶，烏克蘭在那個地區沒有威力那麼強大的飛彈，無論如何，是克里姆林宮害死了三百條人命。』」

MH17墜毀最後會造成美國與歐洲對俄羅斯徹底改觀。

「此舉刺激歐洲人團結贊同我們遊說了好幾個星期的嚴厲的制裁行動。」皮雅特說。

然而，非得那麼多人死於歐洲空難，才能逼得歐洲人下重手回擊，再次證明了美國和西方低估了俄羅斯，小覷其狼子野心。俄羅斯老早就全力投入影子戰爭，美國和歐洲領導人遲遲沒發現。直到MH17的兩百九十八名乘客和機組人員喪命，西方才恍然大悟自己大錯特錯，積極採取比較果斷的行動。

其實早在約莫十個月之前，俄羅斯就清楚表明對烏克蘭的盤算了。二〇一三年九月，一群經過遴選的權力掮客齊聚於克里米亞的雅爾達，在金碧輝煌的里瓦幾亞宮（Livadia Palace）開會。里瓦幾亞宮擁有豐富的歷史，可不僅限於宮裡的新古典主義與摩爾式建築。大約七十年前，羅斯福、史達林和邱吉爾同樣在這裡聚首，決定歐洲在二戰之後的命運，並且勾畫未來幾十年西方和蘇聯之間的分界線和權力平衡。[9]

二〇一三年這場會議是由烏克蘭鉅富維克多．平丘克（Victor Pinchuk）出資籌辦，與會人員名單同樣令人印象深刻，都是世界領導人和商界權力掮客：美國前總統柯林頓夫婦、英國前首相東尼．布萊爾（Tony Blair）、美國前中情局局長大衛．彼得雷烏斯（David Petraeus）、美國新墨西哥州前州長比爾．理查森（Bill Richardson）、時任烏克蘭總統維克多．亞努科維奇（Viktor Yanukovych）、亞努科維奇的繼任者彼得．波洛申科（Petro Poroshenko）、德國前總理格哈特．施洛德（GerhardSchröder）、國際貨幣基金組織前總裁多米尼克．史特勞斯—卡恩（Dominique Strauss-Kahn），以及普丁的親信顧問瑟傑．葛拉傑夫（Sergei Glazyev），他將會在會議中發表最令人難忘的演說。[10]

雖然談話主題不是要決定西方世界的命運，但對歐洲有重大的影響。當時烏克蘭正與歐盟協商簽署自由貿易和政治合作協議，卻遭到鄰國俄羅斯強烈反對。然而，大多數人都樂觀看待，很少人認為俄羅斯會出手阻撓，他們認為，畢竟烏克蘭與歐盟整合，對烏克蘭和俄羅斯的經濟都有益。

最重要的是，美國外交官都小心翼翼，不敢談論烏克蘭可能會加入北大西洋公約組織，此舉對俄羅斯國家安全利益的影響更加直接。其實，美國外交官悄悄勸告烏克蘭外交官，別冒險踰越界線，做出克里姆林宮肯定會視為挑釁的舉動。

然而，葛拉傑夫把話講得更白直。他清楚表明，烏克蘭與歐洲的任何合作行為都是錯的，並且駁斥認為烏克蘭與歐洲合作是有益的言論是「天方夜譚」。

「以後烏克蘭必然會違約，到時候誰要承擔這個代價？歐洲要負責嗎？」他問。

他繼續大放厥辭，出言威脅烏克蘭的領導人，惹來眾人的訕笑。

「我們不想採取任何勒索手段。」他警告說，「但就法律而言，如果烏克蘭政府簽署這份協議，與歐盟合作，就會違反與俄羅斯締結的策略合作與友好協約。」11

當時美國大使久飛．皮雅特才剛到烏克蘭走馬上任。

「他說話咄咄逼人到了極點。他根本就是對烏克蘭人說，如果你們執意這樣幹，與歐盟合作，如果你們要與歐盟簽署自由貿易協議，如果你們要拉近與歐盟的關係，我們會讓你們痛苦萬分，烏克蘭政府和人民將大難臨頭。」皮雅特說。

根據皮雅特的回憶，當時許多與會人士都不理會俄羅斯人的威脅，不論是歐洲各國政府，或是烏克蘭人本身，都強烈希望烏克蘭能加強與歐洲整合。

「我認為沒有人認真看待那些警告。」皮雅特說，「我認為這反映出我們和歐洲人的策略誤判。」

並非每個與會人士都那麼樂觀。皮雅特記得自己曾私底下與一名歐洲外交官碰面，他似乎能理解烏克蘭向西方靠攏惹怒俄羅斯的程度。有趣的是，那位外交官是歐盟的官員，負責增加歐盟的會員國數量，也就是所謂的擴展委員（Commissioner for Enlargement），名叫史戴方．富樂（Štefan Fule）。

「我就像這樣，與富樂在一張桌子旁坐下來，那只是非正式的簡單對談，我第一次見到他，但他卻講得義憤填膺，基本上是說：『美國人到底在哪裡？難道你不知道現在很難去劃定歐洲未來的邊界嗎？我們需要美國幫忙啊。』」

未聽出葛拉傑夫那番話背後氣焰囂張的旨意，再次證明了美國和西方又沒發現克里姆林宮對烏克蘭圖謀不軌的警訊。之後的幾個月，美國和歐洲的外交官和政策制定者一廂情願地認為俄羅斯外交官與他們心思相同，其實普丁和他麾下的將士正在玩截然不同的把戲。

早在二〇一三年雅爾達會議的好幾年前，俄羅斯就已經提出警告。許多研究俄羅斯的專家現在紛紛指出俄羅斯總統普丁六年前，也就是二〇〇七年二月，在慕尼黑安全會議（Munich Security Conference）發表的演說，當時普丁嚴詞痛批美國外交政策，震驚了當時與會的人士，包括美國國防部長羅伯．蓋茲（Robert Gates），以及即將成為總統候選人的參議員約翰．馬侃（John McCain）。

「當然，最重要的是，美國在各方面都踰越了國界。」他說。[12]

普丁大肆抨擊美國在國外的軍事行動，包括指稱伊拉克戰爭是「不合法」的。這番演說預示美國布希政府將結束與俄羅斯建立更加友好的合作關係。

「這是非常危險的。再也沒有人覺得安全，因為無人可以躲在國際法後面。」他說，「我們正目睹美國肆無忌憚使用軍隊處理國際事務。為什麼一找到機會就轟炸掃射？」[13]

他不只譴責美國在外國的軍事行動，也質疑國際限武條約的用處，儘管那些條約奠定了基礎，幾十年來維持了超級強權之間的和平，包括一九八八年美俄禁止使用中程彈道飛彈的協議。他會這麼火大，是因為最近美國決定在歐洲部署反飛彈防禦系統，對抗伊朗不斷擴大的核武和飛彈威脅。

「我不想懷疑任何人挑釁。」普丁批評道，「不過，如果反飛彈防禦系統不瞄準我們，我們的新飛彈就不會對著你們。」

普丁在二〇〇七年的演說聽起來簡直就像俄羅斯新外交政策的行動計畫，將重新定義俄羅斯與西方往後十年的關係。其實，慕尼黑安全會議過後兩個月，俄羅斯就發出預警，二〇〇七年四月開始對愛沙尼亞發動猛烈的網路攻擊。然而，連續幾任美國總統和國務卿會繼續試圖改善華盛頓和莫斯科的關係，也就是「重開機」，效果微乎其微。兩年後，歐巴馬政府由國務卿希拉蕊帶領，在日內瓦與俄羅斯國防部長拉夫羅夫一起公開按下著名的「重開機按鈕」。川普不論是在競選或擔任總統時，都頻頻強調要與俄羅斯建立「友好關係」，包括二〇一八年七月在赫爾辛基與普丁總統舉辦高峰會，即使俄羅斯增強了攻擊力道。事實證明，二〇一三年進入二〇一四年這段時間格外關鍵，是情況惡化的轉捩點。

二〇一三年底，俄羅斯開始在烏克蘭把威脅轉換成比較激烈的行動，證明西方始終錯誤解讀莫斯科，以及莫斯科也經常偏執地錯誤解讀西方。

雅爾達會議的兩個月後，在二〇一三年十一月，烏克蘭政府準備簽署《歐盟與烏克蘭聯合協議》（European Union-Ukraine Association Agreement），大多數烏克蘭人都期盼拉近與歐洲的關係，但莫斯科就不這樣認為了。克里姆林宮對普丁的親密盟友烏克蘭總統維克多．亞努科維奇施壓之後，烏克蘭不會簽署協議的跡象便開始出現。十一月二十一日，內閣發布命令，暫停準備工作，烏克蘭人民群情激憤。到了那天晚上，第一批抗議群眾開始出現在基輔的「獨立廣場」，大多數人稱之為「Maidan」，那是烏克蘭文，「廣場」的意思。

在第一夜，群眾並不多，但到了十一月二十四日，人數就暴增了。這是第一次大規模親歐盟示威運動，被稱為「獨立廣場革命」（the Maidan），以群眾聚集的廣場為名，吸引了大約五萬到十萬人參與。他們的要求很強硬：不再只是簽署《聯合協議》，現在還要烏克蘭的親俄政府辭職，以及解散國會。四天後，在立陶宛的歐盟高峰會，烏克蘭政府正式拒絕簽署《合作協議》，抗議者更加憤怒，表明會待在獨立廣場，在廣場上搭帳篷。到了十一月三十日，有一群核心團體，約莫兩百到一千名抗議人士，一天二十四小時都待在廣場。[14]

這是示威群眾和烏克蘭政府的轉捩點。根據後來烏克蘭檢察總長辦公室（Prosecutor General's Office）公布的報告，烏克蘭的國家安全機關與內政部的高官決定在那天晚上強制驅離抗議群眾。[15]「亞努科維奇要是聰明的話，就應該讓示威運動自己退散。」皮雅特大使說，「因為天氣愈來愈冷，過一陣子，抗議群眾應該就會自己退散。」

十一月三十日清晨，根據「人權觀察」（Human Rights Watch）後來提出的報告，「鎮暴警察突然衝過去，沒有警告就開始用警棍毆打抗議人士，把他們強硬拖走，驅離獨立廣場。」[16]驅離行動只維持二十分鐘，「人權觀察」重新檢視影片，發現「鎮暴警察衝向抗議群眾，用警棍毆打群眾，對跌倒的人又踹又打」。也有報告指出有人使用催淚瓦斯和閃光彈。根據後來國際顧問小組（International Advisory Panel）的報告，大約六十到九十一人受傷。

鎮壓行動適得其反。十一月三十日早上稍後，在獨立廣場的群眾增加超過一倍，變成五十萬到一百萬人之間，抗議行動組織者也變得更加激憤。十二月一日下午，知名的烏克蘭新聞記者特提雅娜·車諾沃（Tetiana Chornovol）帶著五十到六十個抗議人士，闖入並占據基輔市政府，作為總部。那天下午稍後，烏克蘭的特別安全警察部隊「金雕特警隊」（Berkut）發動反擊，雙方爆發衝突，數百名抗議人士和大約五十名警員受傷。

示威運動和平展開，如今卻演變成警察與抗議人士幾乎天天爆發衝突。之後的幾天裡，雖然警察的手段變得更加凶狠，但群眾卻反而有增無減。十二月八日，又出現一場抗議，吸引了數十萬民眾。[17]

烏克蘭政府官員及其俄羅斯盟友愈來愈耐不住性子。二〇一三年十二月十七日，亞努科維奇總統前往莫斯科與普丁總統會晤，亞努科維奇請求普丁協助，兩人同意一項聯合行動計畫。之後的幾天，鎮壓行動不斷惡化，在一個星期內，執法人員包括警察、金雕特警隊和所謂的內衛部隊，人數倍增到超過一萬人。第一個遭到不知名人士毆打致死的抗議人士出現了，抗議行動領袖記者車諾沃也被打到住院。然而，示威人士並未因此退卻，反而前往亞努科維奇總統的官邸門口抗議。

一月時，烏克蘭的立法機關通過了後來被稱為《德古拉法》（Draconian Laws）的法案，加強對公共示威與其他犯罪行為的刑罰，包括戴面具。更糟的是，警察開始朝抗議人士發射橡膠子彈和葡萄彈，有抗議人士遭到毆打與綁架，一月又有三個人遭到殺害。基輔的警察和執法人員數量增加了兩倍，高達三萬人。[18]

在華盛頓，大家愈來愈擔心會發生類似天安門事件的屠殺，事實上，俄羅斯內部確實在討論要採用這樣的手段來鎮壓。後來調查發現，俄羅斯似乎真的擬訂了軍事計畫，打算派戰車進入廣場，並且用直升機運載特種部隊，利用垂降攻入聯合大樓，直搗抗議人士的總部。

「俄羅斯的計畫中，有一段任務說明讓我覺得格外像俄羅斯人的作風，就是『一定要找出反對派政治人物亞采尼克（Yatsenyuk）、克里契科（Klitschko）和提揚伯克（Tyahnbok），全都殺掉』。」皮雅特回憶道，「斬草除根，以防春風吹又生。」

克里姆林宮打算屠殺示威人士和烏克蘭的獨立派政治領袖。

克里姆林宮變得風聲鶴唳，草木皆兵。普丁認為抗議人士及其領袖的一舉一動，都是華盛頓出手干預。打從一開始，俄羅斯就懷疑是美國所策劃的抗議行動，不僅歸咎於整個歐巴馬政府，甚至認為希拉蕊尤其罪大惡極。這樣的想法後來導致普丁個人對美國國務卿希拉蕊滿懷敵意，進而在二〇一六年干預美國總統大選，協助希拉蕊的對手。

在二月的第一個星期，抗議行動愈演愈烈，克里姆林宮似乎找到了美國插手干預的證據。美國助理國務卿維多利亞．紐蘭（Victoria Nuland）和美國大使皮雅特的電話錄音出現在 YouTube 上。還不清楚到底是誰攔截這通電話，但普遍懷疑是俄羅斯情報機關幹的。

根據錄音，紐蘭和皮雅特在討論協助烏克蘭反對派的事情，比方說，兩人一度討論到要阻止克里契科加入新政府，克里契科是三大反對派領袖的其中一個。

紐蘭說：「好。我認為克里契科不應該加入政府，我認為沒必要，我認為那樣不妥。」

皮雅特回答：「沒錯，我也認為……他不應該加入政府，應該讓他在野，推動政治任務。我認為照目前情況發展，我們應該要設法讓溫和的民主派團結在一起。」

後來，紐蘭用粗話批評歐盟冷眼旁觀，那句話成了歐洲各國的新聞頭版標題。她說明幸好聯合國要幫忙了，接著說：「我想去湊合這事是好事，並有聯合國幫忙搞定這件事，你也知道，操他的歐盟。」[19]

二〇一七年六月，紐蘭試著在公共電視台的節目《前線》（*Frontline*）解釋這番評論：「幾個星期以來，我們一直想辦法請歐盟居中牽線，促成協商，但是歐盟卻選擇明哲保身。於是，我們只好另請高明，也就是聯合國。那通電話的重點是大使告訴我：『太好了，我們終於有所突破了。亞努科維奇要邀請反對派擔任幾個職務，但是我們需要仲裁人，需要仲裁力量來促成協商。你認為歐盟會幫忙嗎？』我回答說：『哼，操他的歐盟。我們需要找聯合國幫忙，我們沒時間了，歐盟花了三個星期，竟然做出這樣的決定。』」[20]

「這才是那通電話的重點。」紐蘭告訴公共電視台，「重點不是我臭罵歐盟。我們在討論迫切的策略決策，想辦法讓群眾離開街頭，讓政府和平解決問題。」

不論如何，那通電話外流令美國十分尷尬，更重要的是，造成普丁對整個美國更加偏執怨恨，對希拉蕊尤其恨之入骨，因而隔年開始對美國總統大選展開野心勃勃的攻擊。

在獨立廣場，抗議行動變得血腥。二月十八日，至少有八名抗議人士被殺，超過一千人受傷。隔天亞努科維奇總統與抗議人士談判破局，烏克蘭國家安全局（Security Service of Ukraine）下令展開「反恐怖份子行動」，一勞永逸地驅除獨立廣場的群眾。

後來國際顧問小組的報告記錄了之後的駭人手段：「一支烏克蘭特警隊『金雕部隊』……挺進學府街（Instytutska Street），攜帶狙擊步槍和卡拉什尼科夫步槍，朝民眾射擊，特別是從設置在赫雷夏蒂克地鐵站（Khreshchatyk）附近的路障開槍。

「二月二十日上午八點二十到十點之間，」報告指出，「有四十九人遭到槍殺。」烏克蘭衛生部（Ministry of Health）的報告指出，從二〇一三年十一月到二〇一四年二月，「共有一百零六人死於烏克蘭境內」，其中至少有七十八人是死於獨立廣場裡面與附近。四十名新聞記者被打到重傷。有抗議人士失蹤，人數無法確定，確切人數仍有待商榷。還有十三名執法人員在衝突中身亡。[21]

死亡人數實在太駭人聽聞，連亞努科維奇也無法承受。二月二十一日，他與反對派領袖簽署協議，恢復二〇〇四年的烏克蘭《憲法》，賦予國會更多權力，成立新的聯合政府，把烏克蘭下屆總統選舉提前到二〇一四年十二月。那天晚上，維克多．亞努科維奇逃離基輔。

接下來幾天，亞努科維奇成了垮台的總統，無家可歸，行蹤成謎，他在烏克蘭？或是在俄羅斯？他會回來嗎？美國駐基輔大使館，乃至於整個美國政府，也成了這場動亂的受害者，找不到烏克蘭總統，找不到一個歐洲大國的領袖。

「最初幾天我們真的找不到亞努科維奇。」皮雅特回憶道，「他就像《威利在哪裡》裡頭的威利，找都找不到。」

亞努科維奇一開始搭飛機到東烏克蘭的哈爾科夫（Kharkiv），以為可以在那裡集結支持者，結果大失所望，支持者少得可憐。他下令射殺在獨立廣場的和平示威人士，消息傳了開來，即使在東部，民眾也討厭他。他也失去了最親近的親信：烏克蘭的寡頭們。

「他身邊的寡頭們都鳥獸散了。他們說，他們為了這個傢伙，把股票都賣了，結果卻發現他是個賠錢貨。」皮雅特說。

這對烏克蘭總統亞努科維奇簡直就像死亡之吻，難逃災禍。他賠掉了在烏克蘭的政治和經濟股票，更重要的是，連在俄羅斯的也輸光了。普丁無法忍受蠢蛋。如果有人得為鎮壓示威活動失敗承擔罪責，那絕對不會是俄羅斯總統普丁。

在烏克蘭國內，民選總統逃跑之後的那些日子宛如神話一般，儘管短暫，但是人民確實體驗到了許多人夢寐以求的西式民主。

「我告訴烏克蘭人，這就像你們的短暫快樂週末。」皮雅特大使說，「因為確實是那樣。看到基輔那些日子的氛圍，著實令人驚嘆。因為雖然到處仍舊煙硝味瀰漫，但是卻也處處可以看見蠟燭與鮮花，我從來沒有看過那麼多花，那是祖母、遺孀和孩子們放的。」

「當時的景象肯定就像蓋茨堡之役結束後的景象。」他繼續說，「這次血腥鎮壓令人民無比震驚，悲慟萬分。然而，每個人都說感受到一股生死與共的團結力量，追求成功的決心誓死不變。」

然而，烏克蘭突然變成沒有政府的國家。

「我看向我家外頭，發現我家前面的警察警戒哨所裡空蕩蕩的。」

皮雅特擔心同仁的安全，包括數十名美國人及其家眷，於是請求彼得・波洛申科協助確保他們安全，巧克力大亨波洛申科是反對派的領袖。

「我說：『嗨，我只是要告訴您，我們實在不知道現在是誰當家作主，但我的首要責任是確保美國財產與我的同仁安全，可否請您幫我聯絡現在主事的人。』

「『沒有警察，警察全都不見了！』」

亞努科維奇繼續逃往俄羅斯，路途遙遠，一波三折，他的黨羽也紛紛奔走逃亡，哈爾科夫機場的安全攝影機拍到一名亞努科維奇的親信在走廊上奔跑，跑向一架私人飛機，帶著塞得沉甸甸的曲棍球袋。

「我們並不知道裡頭裝的是金條或任何東西，他非常快速地跑過機場，把整個金屬探測門扯得倒下來。

「我認為，那一幕代表亞努科維奇的黨羽完蛋了，因為那實在是狼狽不堪。」皮雅特說，「他們落荒而逃，而且他們之所以落荒而逃，是因為發現整個紙牌屋都垮了。」

這是烏克蘭民眾第一次窺視這個鍍金紙牌屋的內部，與美國大使的官邸一樣，總統官邸周圍的安全哨所也都突然變得空無一人，任由數百名烏克蘭民眾帶著智慧型手機進去參觀。

「民眾走進去發現他豢養的駱馬和他收藏的名車，還有他自己的高爾夫球場，全都是民脂民膏。」皮雅特說。

拍攝總統官邸內部的影片立刻在烏克蘭各地爆紅，不久後更傳遍全球。這些畫面讓我不禁回想起二〇〇三年美國入侵伊拉克之後，伊拉克民眾湧入海珊的皇宮。但有個地方不一樣，雖然看到了亞努科維奇掠奪國家財富的證據，烏克蘭民眾卻沒有大肆掠奪或破壞。

「真正不可思議的是，人民從頭到尾都沒有報復。」皮雅特說，「沒有暴怒。」

在克里姆林宮裡，憤怒顯而易見，偏執更是達到極點。俄羅斯總統普丁在索契，督導他極為重視的冬季奧林匹克運動會；索契原本是個不起眼的滑雪勝地，在克里米亞的東南方，相距約莫三百英里海岸線。他花了大約五百一十億美元舉辦冬季奧運，是原本預算的四倍，是上一屆溫哥華冬季奧運花費的將近八倍，他希望索契能成為俄羅斯國富民強的國際象徵。現在，他懷疑烏克蘭的這場政變是美國中央情報局精心策劃的，刻意挑選在這個時候，企圖破壞他的奧運比賽。

「我記得有些報導指出他很火大，因為他認為這是美國故意要羞辱他。」皮雅特回憶道。

普丁惱羞成怒，將造成持久又嚴重的後果。美國自己也有政治活動逼近，也就是二〇一六年選舉，領先的候選人是普丁發洩怨恨的目標。然而，他比較迫切要對付的目標離家近多了。

「顯然，當時有人提出早就存在的計畫，說：『我們要展開侵略行動。我們要讓那些混帳瞧瞧。』」皮雅特說，「我們要入侵克里米亞。」

二〇一四年二月底，烏克蘭一樁接著一樁地發生事情，速度異常地快，由此可知俄羅斯正在執行影子戰爭，一覽無遺。這一連串的連鎖反應速度驚人，咄咄逼人，從獨立廣場到克里米亞，再到東烏克蘭，很快就會進入歐洲的天空。

二月二十二日，亞努科維奇逃離烏克蘭，把克里姆林宮視為衛星國的烏克蘭丟給抗議過後出現的親西方政府，普丁認為這次抗議是美國精心策劃的政變。

二月二十三日，俄羅斯舉辦索契奧運的閉幕典禮，普丁盤算要用這場斥資鉅額的活動來向世界展示更加強大的新俄羅斯。

二月二十五日，第一批後來被稱為「小綠人」的部隊出現在克里米亞。

又一次，美國政府和許多美國國外政策機關又被打得措手不及。

「當時我們的政策全都聚焦於協助烏克蘭恢復穩定，重新建構民主，奠定法治程序。」皮雅特大使說，「他們需要新的選舉。他們需要建立合法的新政治秩序。經歷獨立廣場的暴力之後，他們需要療傷。

「美國政府裡沒有人——沒有人——料到俄羅斯的反應竟然如此廣大，大動干戈。」皮雅特說，「我們沒有發揮想像力，因為我們一廂情願地鏡像投射。」

美國情報機關當時告訴我，他們的情報推估報告有預料到俄羅斯可能會採取軍事行動。

國家情報總監（Director of National Intelligence）詹姆斯・克拉伯（James Clapper）的發言人匈・特納（Shawn Turner）三月五日發布聲明，說情報界提早一個星期就警告政府，克里米亞是「俄羅斯與烏克蘭軍事衝突的爆發點」。

特納說推估報告有分析俄羅斯「可能用來發兵入侵的軍事資產，以及已經在烏克蘭境內可以用於其他用途的軍事資產。報告清楚說明，俄羅斯軍隊可能正在備戰，準備在克里米亞展開緊急應變行動。報告亦指出，俄羅斯執行這類行動，可能不會有太多額外的警訊。」他補充道。[22]

英國軍情六處前處長約翰．史考利也質疑西方情報機關在克里米亞怠忽職守，但是理由倒是不一樣。普丁是否真的早就計劃派那些「小綠人」進入克里米亞，他強烈懷疑，他認為普丁在說謊。「我傾向認為他可能是最後一刻才決定出兵的。」史考利說，「俄羅斯也忙著應付烏克蘭突然爆發的危機。」

就他看來，獨立廣場抗議僵持那麼久，莫斯科扶植多年的亞努科維奇總統和親俄政府迅速垮台，在在都讓俄羅斯措手不及。

「事後回顧，每個人都認為這是有預謀的。實際上，局勢發展經常是一天一天隨機應變，甚至是見招拆招。」史考利說，「我認為，關於入侵克里米亞和處理烏克蘭危機，俄羅斯的很多決定都是隨機應變的。」

就連華盛頓也是隨機應變地拍板決定，有時真的做了決定。在國務院和白宮裡，官員們還在商議該如何定義俄羅斯正在做的事，以及俄羅斯是否真的違反國際法。

「官員們與律師們激烈爭論，根據關於黑海艦隊的協議，哪些事是可以做的，還有我們是否應該公開譴責俄羅斯人違反協議規定。」皮雅特回憶道。

戰場上爆發戰事的速度立即超過了美國政府裡官員商議的速度，這始終是影子戰爭的一大特色。

然而政府裡許多研究俄羅斯的專家卻持續堅稱，普丁只會暫時占領克里米亞。

「許多研究俄羅斯的專家說他絕對不會併吞克里米亞，他絕對不會那樣做。」皮雅特說，「那樣做太過挑釁了。他會派軍隊進入，製造動亂並下馬威，但他不會放肆到真的更改俄羅斯聯邦的邊界。」

其實，普丁準備更改俄羅斯和歐洲的邊界，打破二戰結束後維持秩序的根本原則：歐洲強權不能也不得動用武力更改主權國家的邊界。

三月十八日，第一批俄軍入侵克里米亞不到一個月後，普丁在克里姆林宮發表演說，大膽挑釁，正式宣布要併吞克里米亞。

「在人民心目中，克里米亞始終是俄羅斯的一部分，無法分離。」普丁說，「這個堅定的信念是奠基於真相與正義，代代相傳，歷久彌堅，風雨不改。」

他用這段話作為演說的結語：「今天，順應民意，我向聯邦議會（Federal Assembly）提出請求，修訂憲法，在俄羅斯聯邦內新增兩個聯邦主體，克里米亞共和國和塞瓦斯托波爾市（Sevastopol）。請議會核准協議，准許克里米亞和塞瓦斯托波爾加入俄羅斯聯邦。協議我已經讀過，等待簽署。」

他對下議院說：「我相信各位一定會支持我。」[23]

「那就是普丁主義，赤裸裸地呈現修正主義議事風格。」皮雅特說，「他的行事作風就像電影《緊急追捕令》裡的骯髒哈利，一副『你能拿我怎樣』的模樣。他動用軍事力量將政治生米煮成熟飯，然後挑釁我們所有人有種就站出來。」

美國和歐洲似乎沒聽見普丁的弦外之意。美國和歐洲官員表態支持抗議人士和烏克蘭羽翼初長的新政府，但是沒有明確策劃對抗莫斯科併吞克里米亞。四月美國國務卿凱瑞到獨立廣場探視期間，皮雅特大使就看出美國毫無盤算。

「當時仍舊到處都是灰燼，煙味瀰漫。」皮雅特回憶道，「我們坐的大型凱迪拉克停下來之後，凱瑞下車，所有人開始鼓掌，高呼『美國！』」

皮雅特當時聽到旁邊有幾名俄裔老婦人在私語：「這個人是誰？」其中一人回答：「我不確定他是誰，但他是美國人，肯定是好人。」

這樣的場面皮雅特或國務院都沒料到，也不樂見。克里姆林宮深信不疑，在獨立廣場的民眾抗議是美國政府搞的鬼，俄羅斯外交部長拉夫羅夫公開說這場抗議是「政變」，歸咎於美國人扶持的烏克蘭「法西斯份子」。

國務卿凱瑞走回轎車途中，透過大使館的口譯員問一名抗議人士，為什麼他要忍受寒冷與暴力堅持留在獨立廣場。

那名抗議人士的回答，至今仍令皮雅特言猶在耳。「他說：『因為我想要活在正常的國家。』」皮雅特說。

凱瑞的造訪傳遍基輔，也傳到了莫斯科。然而，美國的政策反應卻仍舊謹慎小心，猶豫不決。

「凱瑞還在講『俄羅斯不能越界』。」皮雅特說，「俄羅斯都已經占領克里米亞了。」

在歐巴馬政府，討論的焦點是，要如何為莫斯科提供外交「出口匝道」，來解除危機，最後讓俄羅斯能用保全面子的方式退出克里米亞。

「今日對付俄羅斯，我們所面臨的根本難題是，我們是在與一個不相信雙贏的政府打交道。」皮雅特說。

「小綠人」其實是俄羅斯正規軍，只是拿掉名牌和部隊徽章而已。俄羅斯不只派「小綠人」入侵烏克蘭，還執行了影子戰爭的另一項戰術，現在這個手段眾所周知，那就是對真相發動歐威爾式攻擊。

「散布騷動，散布疑雲。」皮雅特說，「我認為這反映出俄羅斯新的資訊戰策略最邪惡的一面：認同藉由操控資訊，就可以產生政治和外交影響力。

「俄羅斯的目標不是要爭贏辯論，」皮雅特強調，「而是要打贏戰爭。」

正當美國和歐洲對於該如何處理克里米亞的事還猶豫不決，俄羅斯就開始執行下一個侵略行動。在東北方，就在東烏克蘭與俄羅斯交界的地區，莫斯科採用類似兩個月前入侵克里米亞的模式。四月，就在俄羅斯正式併吞克里米亞時，烏克蘭軍隊和親俄分離主義份子在頓巴斯（Donbass）地區，爆發武裝衝突，是誰在替分離主義份子撐腰，毫無疑問。

接著，在八月，俄羅斯聲稱俄裔烏克蘭人又遭到攻擊，公然發兵進入烏克蘭。入侵克里米亞六個月後，俄羅斯展開二度入侵主權國家烏克蘭的領土，二度侵犯歐洲主權國家的邊界。

這次一樣，美國官員仍舊在爭論，俄羅斯發兵入侵東烏克蘭，俄羅斯軍隊和俄羅斯情報機關參與多深。

「我們激動熱烈地全力分析烏克蘭到底發生了什麼事。」皮雅特大使回憶道。

美國情報機關沒預料到俄羅斯的行動，再度遭到猛烈抨擊。然而，烏克蘭的官員和百姓開始擔心遠遠更加可怕的事情：俄羅斯會併吞整個烏克蘭，二戰結束後蘇聯併吞烏克蘭的歷史可能會重演。

「在四月和五月那段期間，大使館當地的職員曾找我談，拿著最後一架直升機從屋頂飛離西貢的照片給我看，說：『大使先生，如果你們美國人離開，我們會發生什麼事？』」

就像愛沙尼亞人一樣，害怕二〇〇七年的網路攻擊預示了之後會有入侵行動，烏克蘭人也擔心在克里米亞和東烏克蘭由俄羅斯撐腰的軍事行動只是俄羅斯占領行動的第一步。

「他們真的非常擔心。」皮雅特說，「烏克蘭人對於被併吞的感覺記憶猶新。」

烏克蘭軍隊在前往基輔途中，開始在幹道設置戰車陷阱，並且在內格羅河（Negro River）的東側構築防禦陣地，作為首都的最後一道防線。當時的烏克蘭總理亞采尼克把皮雅特請到一旁，提出迫切的警告。

「我記得有一天在接近半夜的時候，我與亞采尼克總理深談。他告訴我：『你們美國人必須瞭解，如果我們輸了，如果普丁贏了，如果俄軍殺到基輔，我關心的每個人和我的家人都會被殺或關進監牢。」

「『我們經歷過這種事。納粹占領，納粹被趕走之後，史達林回來，我們都經歷過。』」亞采尼克告訴皮雅特。

烏克蘭總理擔心自己會被俄羅斯入侵者殺害之際，美國和西方的官員卻還在爭論該如何應付。歐洲各國意見分歧最嚴重，英國和法國主張強硬回擊俄羅斯，德國與莫斯科的商業與外交關係最為密切，因此極力呼籲大家要忍耐。

有些歐洲外交官認為，只有美國領導階層可以讓西方團結起來對抗俄羅斯的侵略行動。

皮雅特記得有一次緊急會見一位波蘭外交官兼老朋友。

「他說：『拜託，老久，你得繼續呼籲領導階層，因為如果美國不出面領頭，歐洲也不會站出來，這樣歐洲就沒辦法團結了。』」皮雅特回憶道。

然而，美國領導階層在那年夏天並沒有具體行動。美國和歐洲盟友大都仍舊爭論不休，而俄軍卻一方面加強掌控克里米亞，另一方面在東烏克蘭強奪更多領土。

直到一架噴射客機從歐洲上空墜落，麻木不仁的美國和歐洲領袖們才被嚇醒，這項罪行實在太過駭人，俄羅斯人犯案的證據實在太過明確。

從二〇一四年七月十八日抵達墜機現場的那一刻起，亞歷山大．何格及其來自歐洲安全與合作組織的團隊發現自己身處前線，負責查明真相。連續三個月，他們天天回到這裡，逐漸哄騙俄羅斯的「小綠人」，討價還價，想辦法更加深入延伸數英里的墜機地點。他們不是墜機調查人員，他的團隊裡沒有人探視過任何墜機現場，但他們是唯一能推斷出真相的正式觀察人員，調查這樁看似愈來愈像滔天大罪的事故。

墜機現場宛如人間煉獄，每個死者的掉落過程和運氣不盡相同，有些屍體支離破碎，或燒得面目全非，有些則掉到地上，看似完好無損。

「我試著想像那架飛機上所發生的事。」他說，現場的畫面仍舊歷歷在目，「目睹屍體、殘骸和燒毀的地區，我不禁想，死者在死前是什麼狀況？他們當時在做什麼？他們在睡覺嗎？他們有任何感覺嗎？他們有感覺到墜機嗎？」

何格走在主要的殘骸區時，看見一排座椅，呈現完全垂直的狀態，有幾名乘客還繫著安全帶坐在椅子上。

「有幾具屍體，我們看不見任何明顯的傷處，看起來完好無傷。」他說，「他們臉上沒有痛苦的表情，或許現在由於情緒的關係，腦海裡的畫面模糊了，但至少當時我是那樣覺得。」

MH17班機上滿載著到亞洲度假的家庭，小孩的比例特別高，機上有兩百九十八名乘客和機組人員，其中有八十個小孩。何格自己也有三個孩子，現場景象令他痛苦萬分。

「最令我痛心的是孩子，孩子的模樣總是天真無邪。」他說，「我經常回想起這些時刻，就像回放那樣，在腦海中播放，總是會伴隨出現可怕的畫面：每當回想起那些畫面，都會同時看見我自己的孩子。」

在這大屠殺的現場，即使是小動作也有特別的意義。何格只要在現場，就一定會打著領帶。他認為應該要尊敬罹難者，因此想要盡可能以身示範。

「我覺得自己有責任維護墜機現場的莊嚴，讓它看起來正常些，因為我們知道全世界——還有死者的家屬——都在看。」他說，「我們覺得那是我們的職責。」

當地居民特別喜歡撿小孩的東西，有一堆填充動物娃娃堆到好幾英尺高，還有學校課本、背包和吸管杯。有一個新聞記者撿到幾本護照交給何格。

「他找到了一疊護照，他想要進入我們的車子裡與我談談。」何格回憶道，「他把護照交給我，說：『一定要把這些護照歸還給需要它們的人。』說完他的淚水就決堤了。」

到了十月十三日，MH17 墜毀將近三個月之後，他們協助找回了大部分的罹難者和私人物品，交給荷蘭主管當局。歐洲安全與合作組織和其他團隊仍舊繼續協助尋找遺體和飛機殘骸，直到十一月。

在空難中失去最多國民的國家派代表組成 MH17 聯合調查小組（Joint Investigation Team），包括澳洲、比利時、馬來西亞和荷蘭，外加烏克蘭。二〇一六年九月，調查人員向罹難者家屬提出墜機報告，聯合調查小組以起訴發動攻擊的凶手為焦點，聲明「有無法辯駁的證據」指出，擊落飛機的是一枚俄羅斯提供的飛彈，發射地點在親俄分離主義份子所掌控的地盤。[24]

儘管美國在二十四小時內就提出結論，推斷是俄羅斯飛彈擊落MH17的，但是美國的歐洲盟友卻想要進行獨立調查，查明真相，由損失最多國民的荷蘭帶頭領導。

荷蘭調查人員證實，把飛機炸得墜毀的爆炸是發生在機身之外，美國國防情報局的分析人員在攻擊事件發生數個小時之後就提出相同的結論。

他們接著又證實，當時該地區沒有其他飛機可以發射那枚致命的飛彈。聯合調查小組的報告提出結論，說烏克蘭和俄羅斯都有「充足的雷達資料」顯示，「墜機之時，附近沒有其他飛機能擊落MH17。」

荷蘭調查人員打算提出高水準的調查結果，讓就連俄羅斯也沒辦法辯駁。他們就像警探在尋找凶殺證據一樣，必須證實武器、飛機和罹難者之間有明確的關聯。他們就像在國際觀眾面前玩一場高風險的尋找線索遊戲。

山毛櫸飛彈與大部分的地對空飛彈一樣，不會直接擊中目標，只會在目標前方爆炸，爆炸衝擊波和超音速噴射的飛彈破片能把空中的飛機炸得支離破碎，墜落下來。

聯合調查小組在一些罹難者的遺體裡找到了最確鑿的證據，報告直言不諱：「對駕駛艙機組人員解剖驗屍時，發現有些許破片是屬於9M38系列山毛櫸飛彈的彈頭。」

聯合調查小組的報告繼續指出：「其中一個破片的表面有些許駕駛艙的玻璃，與波音777專用的玻璃同款。」

聯合調查小組又在駕駛艙裡找到進一步的證據。「在駕駛艙的其中一個窗框發現一片金屬，經確認是9M38系列山毛櫸飛彈的一部分。該金屬片彎曲插入窗框，顯然是以強大的力道射入窗框。」報告這樣寫道。

荷蘭調查人員引用證人證詞、照片、影片和攔截到的對話，完成了其他調查團體辦不到的事：也就是查明山毛櫸飛彈系統的完整路徑，包括從俄羅斯進入烏克蘭，運送到最後的發射地點佩爾沃邁斯基鎮，發射致命的飛彈之後，飛彈運輸車又開回俄羅斯領土。

「七月十四日夜間，」報告指出，「護彈部隊越過邊界進入俄羅斯聯邦的領土。」[25]最後，致命的飛彈發射車和操作人員在烏克蘭領土只待了不到二十四小時。

MH17辦到了俄羅斯併吞克里米亞和入侵東烏克蘭辦不到的事：讓歐洲領袖團結起來，一致認為俄羅斯發兵侵略烏克蘭實在太過分了，更廣義而言，可以說是侵略歐洲，如果不逼俄羅斯付出適度的代價，俄羅斯將會更加無法無天。決定怎樣的代價才足以嚇阻俄羅斯，始終是西方領導人的難題。

美國和西方表現不及格的地方在於反應的速度和強度，西方盟國意見分歧，首先是對於俄羅斯的責任，接著是對於俄羅斯的意圖，接著是對於嚇阻進一步侵略的最佳對策。美國領導人很慢才看清實際情況，對於克里姆林宮會鋌而走險到什麼程度，意見分歧。最後，即使美國和盟國終於對俄羅斯的罪責達成共識，也沒有出手處罰和嚇阻俄羅斯，其實，他們至今仍舊在爭論該如何回應，而美國總統帶頭呼籲盟國應該安撫俄羅斯。

在二〇一四年和現今，皮雅特大使都明確表達失望之情，而且對於自家政府的反應感到遺憾。「要是當時果斷實施制裁，要是我們能說服歐洲人嚴肅以對，實施制裁，到底會發生什麼事，我永遠無法知道。」皮雅特告訴我。

從一開始就缺少一個元素，那就是美國的明確領導。

「我抵達基輔時，」皮雅特說，「上級給我的指示是：由歐洲發號施令。」

皮雅特經常回想起在獨立廣場的一名烏克蘭抗議人士，他與國務卿凱瑞面對面說話。「那個人告訴國務卿凱瑞，我想要活在正常的國家，遵守法律規範，享有言論自由和媒體自由。」他說，「普丁打硬實力牌打到這種程度，西方必須由美國來發號施令。」

到二〇一八年底，俄羅斯入侵造成烏克蘭超過一萬人死亡，從東邊的「共和國」之戰，到併吞克里米亞，再到鎮壓在獨立廣場和平抗議的民眾，最後是MH17的兩百九十八名乘客和機組人員，在歐洲上空被擊落。

在二〇一四年的七大工業國高峰會，歐巴馬總統把俄羅斯貶低為「區域強國」，說俄羅斯擴張領土的野心「適用於十九世紀」。

「俄羅斯認為自己必須展開武力侵略，赤裸裸違反國際法，意味著俄羅斯失勢了，而不是得勢。」歐巴馬說。

他在二〇一四年說的話，附和二〇一二年十月總統候選人辯論中他批評羅姆尼外交政策的優先順序：「當你被問到，美國面臨的最大地緣政治威脅是什麼，你的回答是俄羅斯，而不是蓋達組織。你說俄羅斯和一九八〇年代，現在正呼籲要求撤回他們的外交政策，因為冷戰已經結束二十年了。」

現在回顧不禁覺得羅姆尼的回答頗有先見之明。「就我看來，俄羅斯才是地緣政治上的大敵。」他說，「面對俄羅斯或普丁先生，我可不會抱持不切實際的樂觀態度。」

然而，俄羅斯十九世紀的戰術目前是打敗了西方二十一世紀的政治和外交圈。

在美國和西方，有些專精俄羅斯事務的分析人員和政策制定者認為，是西方過度影響俄羅斯的「近鄰」，才刺激俄羅斯到烏克蘭搶地盤。言下之意就是，其實是因為西方管過了頭，俄羅斯才會侵略烏克蘭。

我問皮雅特大使對這樣的論點有何看法，他告訴我，他只有兩個字想說：「屁話。」

「這讓我回想起二〇一三年在雅爾達會議，我與歐盟擴展委員史戴方・富樂說的話，我說不是美國或歐洲人干涉俄羅斯的策略空間，要不要別人幫忙，必須由百姓自己來決定。」

「把這事怪到美國頭上的人搞不清楚是非對錯，看不清事實，這些人——這些歐洲人民——是有自由意志的，美國政府裡可從來沒有人逼迫過他們。」

軍情六處前處長約翰・史考利發現一處較細微的疏失，就是沒發現俄羅斯對於烏克蘭向西方靠攏有多麼驚恐不安，而且會不惜發兵掠地，阻止烏克蘭向西方靠攏。

「我認為必須瞭解烏克蘭對於俄羅斯決定事情的輕重緩急和價值有何影響。」史考利解釋道，「我們真的必須瞭解這一點。這個情況十分特殊，不論是討論、提出質疑或許下承諾，我們都得小心翼翼，承擔責任。」

史考利認為，美國和歐洲處理烏克蘭加入歐盟以及接踵而來的獨立廣場抗議，再次證明西方沒有去瞭解敵人的想法。事實是，對於烏克蘭未來該怎麼走才對，西方和俄羅斯的見解完全相反。

「我們認為，烏克蘭應該成為獨立國家，脫離俄羅斯，無庸置疑，我們強烈捍衛這樣的想法。但我不認為在莫斯科大部分的人會這樣想，我確定他們絕對不認同。」史考利說，「烏克蘭要與俄羅斯分道揚鑣成為所有議題的核心，激起了超級強權蘇聯解體之後就存在的情緒。」

俄羅斯併吞克里米亞和侵略東烏克蘭，史考利並沒有怪到美國和歐洲頭上。史考利倒是認為西方無法承擔錯誤解讀普丁、錯誤解讀他的利益，還有他為了捍衛利益願意不擇手段到什麼程度這部分的罪責，都明顯是情報疏失。

「你可以辯駁說我們沒有做錯事，但我們確實未徹底瞭解我們的舉措有何意義，乃至於有何弦外之音。」史考利說，「我們必須記取教訓，必須更加深切瞭解敵人的心思，這也是解決方法之一。」

「我們必須捫心自問，我們真的充分瞭解嗎？」他說。

MH17 失事將近一年後，在二〇一五年四月，何格意外再次巧遇在墜機現場初次遭遇的那名武裝指揮官。

「我不認得他了，因為他沒有喝醉，看起來精壯多了。」何格回憶道，「但他認得我，是他主動來與我相認。」

這次巧遇發生在名為施洛奇尼（Shyrokyne）的小村莊，在烏克蘭南部亞速海（Sea of Azov）沿岸。烏克蘭戰火持續，這裡是新的戰線，烏克蘭軍隊和俄羅斯援助的軍隊在這個地方僵持了六個月。

「那次互動氛圍很緊繃，因為那個村莊被火砲炸毀了。」何格說。他的老朋友卻試圖裝得若無其事。

「他說：『亞歷山大，你在這裡做什麼？這裡又沒有波音客機。』」何格告訴我，「我才認出他是誰。」

何格看到他還活著，十分驚訝。MH17 事故過後，何格和歐洲安全與合作組織向指揮官的上級投訴，軍方罕見讓步，將他調離。

「我以為他會混不下去。他從墜機現場消失。」何格說，「我們以為他被調走了，甚至聽說他被調去挖壕溝。」

過了將近一年之後，他竟然在這裡，在影子戰爭的另一條戰線。

「他沒戴迷彩帽了，改戴紅色貝雷帽，但仍沒有佩戴階級章，而且顯然還在做與幾年前一樣的工作。」何格說。

那個火爆的軍官就像俄羅斯一樣，還在烏克蘭，沒打算要離開。

二〇一四年俄羅斯併吞克里米亞和入侵東烏克蘭，還給了美國和西方其他赤裸裸的教訓。第一，證明了克里姆林宮不只有意圖也有能力，用武力重新劃定歐洲的邊界，而且敢在北約的家門口那樣做。俄羅斯的侵略行徑比二〇〇八年入侵喬治亞更加肆無忌憚，是因為烏克蘭位於歐洲邊界之內，而且與四個美國的公約盟國接壤，也就是北約成員國羅馬尼亞、匈牙利、斯洛伐克和波蘭。同時，莫斯科清楚挑明，絕不會讓北約或歐盟擴張到俄羅斯視為「近鄰」的領土。

第二，早就屢屢有警訊出現，揭露俄羅斯的意圖，包括「小綠人」現身克里米亞街頭的好幾年前，普丁總統和其他官員就明白威脅要動用軍力影響烏克蘭，美國和西方卻總是沒察覺或忽視。西方誤以為俄羅斯願意遵守西方的遊戲規則，即使俄羅斯戰車都開進了一個歐洲主權國家的邊境，西方仍舊固執如此誤謬的見解。如今，入侵行動已過了好幾年，克里米亞和東烏克蘭的大部分地區仍舊為俄羅斯所掌控，這些「實際情況」清楚顯示，美國對俄羅斯領導人和機關團體實施經濟制裁的政策，雖然讓俄羅斯付出了代價，但卻不足以嚇阻或改變其行為。現在烏克蘭境內新的實際局勢引發了一個與影子戰爭息息相關的問題，更加令人忐忑不安：如果俄羅斯在歐洲掠奪土地，美國和西方不會動武反制，那麼俄羅斯會不會對愛沙尼亞等北約盟國如法炮製？這個問題和威脅仍舊無解。

第五章
不會沉沒的航空母艦：中國的海上野心

在菲律賓的克拉克空軍基地（Clark Air Base），跑道上的 P-8A 海神反潛巡邏機與停在附近的 737 商務客機，乍看之下實在難以分辨。P-8 是以波音 737-800 的骨架打造而成的，看起來不像軍用飛機，反而比較像租賃噴射機。近看的話，軍事特徵就變得比較清楚了。機身外側有許多凸起的天線、雷達天線罩和攝影鏡頭轉台。機腹裡有許多艙室，用於拋投音響探測浮標和水雷。機翼下側有魚叉飛彈的莢艙，這趟飛行沒有裝彈。在飛機裡，我感覺彷彿進入中央情報局的空中監聽站。海神反潛巡邏機滿載先進的情報搜集設備，十幾名機組人員在機身中央，坐在一排排的螢幕前。儘管外觀看似商務客機，海神反潛巡邏機可是現代戰爭的武器，海軍最先進的反潛巡邏機。

有線電視新聞網CNN的同事珍妮佛・里佐（Jennifer Rizzo）、查爾斯・米勒（Charles Miller）和我，是第一批獲准登上要去執行任務的 P-8。當時是二〇一五年五月，美國與中國關係日趨緊張，因為美國發現中國在南海以空前的速度加快造島活動。在飛機上，我參加機組人員的「三角洲簡報」，那是起飛前最後一次會議，由飛機指揮官麥特．辛普森（Matt Simpson）少校說明任務計畫。P-8從克拉克起飛，向西飛行約莫四百六十英里，橫越南海，前往三個礁的領空，分別是永暑礁、渚碧礁和美濟礁。不久前這三個礁還只是不適合人居住的礁岩，退潮時僅稍微露出水面而已，然而，從二〇一二年起，中國迅速將其改造為人造島嶼，美國擔心會變成永久的軍事設施——「不會沉沒的航空母艦」。這三個礁距離中國海岸線大約六百英里，有六個鄰國都主張擁有這片水域，包括菲律賓。菲律賓是美國的盟國，美國必須協助菲律賓抵禦一切軍事侵略。

二〇一三年十一月P-8開始服役，幾個星期後就被部署到亞洲，首要任務是盯緊在亞洲地區擴張軍事行動的北京。菲律賓的克拉克空軍基地鄰近南海，是重要的集結待命點。從上個世紀交替之際開始，美軍就一直駐守於克拉克，在二戰、越戰及後來的冷戰都執行了許多飛行任務。然而，在一九九〇年代初期，隨著冷戰結束，美國國內反對美軍駐紮克拉克的聲浪日趨增強，最後華盛頓和馬尼拉簽署協議，改由菲律賓軍隊駐守克拉克，最後一架美軍戰鬥機在一九九〇年飛離。[1] 然而，二十五年後，美國軍機又回來了，而且機組人員任務繁忙。

海神反潛巡邏機很快就從克拉克起飛，沒有在跑道上緩慢滑行，而是直接快速把引擎加速到最高轉速，短短幾秒鐘，我們就升到空中，藍綠色的南海立刻映入眼簾。P-8的機組人員由十幾名海軍飛行員組成，飛行在澄澈的天空時，機組人員邀請我進入駕駛艙參觀與聆聽。現代軍機的駕駛艙，科技著實令人驚嘆，我坐在駕駛員和副駕駛員後面的備用座位，觀看駕駛員透過顯影在擋風玻璃上的綠色十字瞄準線，追蹤這架噴射機的飛行路線。這讓開飛機看起來就像打電玩一樣簡單：只要讓十字保持在圓圈中央就好了。然而，當我們看見駕駛員的雙手操控著操控桿，就會驚覺其實開飛機並沒有那麼簡單，她不斷微調，讓飛機保持水平飛行。飛機即將要進入諸國爭奪的領空。

飛行四十五分鐘之後，第一個目標出現了：渚碧礁。渚碧礁原本的形狀是細細的橢圓形，很像一個大型登山安全鉤環，由沙子和岩石組成，圍繞著一個深水潟湖，那只是一塊沒有用的地，相當僻靜，偶爾可以供漁船避難。現在卻活動繁忙，潟湖裡有二十幾艘中國挖泥船，把巨量沙子從海底抽到礁岩表面，讓渚碧礁慢慢逐漸擴大穩固。中國正在從什麼都沒有開始建造一座島。

挖泥船造島的規模和速度令人瞠目結舌。在兩年內，中國把渚碧礁以及永暑礁和美濟礁這兩個鄰礁擴大了兩千英畝，相當於超過一千五百個足球場。那是工程奇蹟，建造在水深三百英尺的水域上。

「我們天天都在看這個。」麥克・帕克（Mike Parker）上尉面露微笑告訴我。帕克上尉是VP-45海上巡邏隊的指揮官，又稱鵜鶘中隊，原本駐紮在佛羅里達州的傑克遜維爾（Jacksonville），後來又移防到日本的厚木，由六架新的P-8編成。

「我猜他們連週末都沒休息。」他說。

機組人員把P-8的高解析度攝影機對準下方的工程現場，透過近照來評估工程進度。挖泥船的泥泵吸起海底的沙子，接著像巨型消防水管一樣，把沙子噴到礁岩表面。他們的工作十分有效率：在表面建造新地，同時在下面挖深港。

我們離開渚碧礁的領空之後，很快抵達永暑礁了，相距只有幾分鐘的飛行時間，中國在這裡造的地最廣。這裡的地造好了，中國正在打造完備的海空基地。

在P-8的高解析度影片攝影機上，我們可以發現預警雷達設施、軍營、管制塔和機庫，機庫十分堅固，能抵禦空中轟炸。機場跑道長得可以停放中國全部的戰鬥機和轟炸機。新島嶼周圍停滿中國軍艦，形成一道周邊防禦。

「海面上明顯有很多船來來去去。」坐在副駕駛座上的麥特．紐曼（Matt Newman）少校告訴我，「中國軍艦，還有中國海岸防衛艦。它們有配備對空搜索雷達，所以它們很可能正在追蹤我們。」

中國挖泥船繼續挖深水港，「不會沉沒的航空母艦」幾乎要完成了。

中國曾經再三承諾不會將這些島嶼軍事化，然而，即使從一萬五千英尺的高空也看得出來，那些承諾都成空了。即使島上興建工程繼續推動，就像《星際大戰六部曲：絕地大反攻》（*Return of the Jedi*）裡尚未完工的死星，這些島嶼已經在執行軍事任務了，其中一項就是警告外國軍艦與軍機離開。

其實美國指揮官告訴CNN，中國蓋得愈多，中國海軍就愈頻繁挑釁、警告美國軍機離開。P-8的機組人員就是專門應付這些「挑釁」，準備在必要時應變。不久後，駕駛艙裡的無線電就發出靜電音，接著傳出說話聲，說著帶著中國口音的英語：「這是中國海軍。這是中國海軍。……請立刻離開，以避免誤解。」

「我們遭到挑釁了，是中國海軍發出挑釁的，我十分確定是從岸上傳來的，是這裡這座設施。」帕克說的時候，手指著永暑礁上面的一座預警雷達站。

雙方開始冷靜正式溝通，中國海軍話務員聲明這裡是中國的領空，警告美國飛機離開。美國駕駛員聽完後，唸出事先準備好的文稿，解釋我們是美國飛機，飛行在國際水域上方的國際空域。之後的半個小時，美國海軍的飛行機組人員和中國海軍透過無線電展開唇槍舌戰，雙方各發話八次。每交鋒一次，我就感覺中國無線電話務員愈發火大，他最後一次發話時，氣呼呼叫嚷：「這是中國海軍，……離開！」

美國海軍擅長應付這種場面，但是民航機的飛行機組人員就不知道該如何處置了。南海的空域有許多商務客機經過，交通繁忙，有些往返於亞洲城市之間，有些從亞洲城市到歐洲和西方。中國海軍警告 P-8 八次，我們聽到第一次不久後，一名達美班機的駕駛員就在同一個頻率上說話，趕緊澄清他的飛機是商務噴射客機。這種場面可是會讓民航機駕駛嚇出一身冷汗吶。

P-8 裡的氛圍既冷靜又自信。但美國海軍告訴我，中國愈是擴建，中國海軍的挑釁就愈囂張跋扈，美國飛行機組人員已經準備好面對更危險的挑釁了。一旦中國把飛機部署到島上之後，美國飛行機組人員就要開始遭遇空中攔截。二〇〇一年，中國海南島附近發生一起空中攔截事件，一架中國噴射機擦撞美國 EP-3 偵察機，也就是 P-8 的前身，結果中國噴射機墜毀，EP-3 雖然驚險萬分地安全迫降在中國領土上，但是嚴重受損。這場致命的擦撞，以及後來美國機組人員遭到拘留，引發美國和中國陷入極度緊張的僵局，雙方都希望以後這種事件別再重演。

P-8飛行機組人員很清楚隨時可能爆發衝突，中國抗議愈來愈強烈，美國空中偵察和海上巡邏愈來愈頻繁。兩國的立場看似水火不容，中國認為這些島嶼是主權領土，聲明擴建島嶼的決心「絕不動搖」；美國則認為這片水域和空域是國際的。在P-8上，實在很難想通要怎麼解決那些歧異。

從空中看南海，和平寧靜，一片廣袤的藍綠色，似乎較適合島嶼度假，而不是戰爭。事實上，這片水域交通流量非常大，價值非常高，全球數一數二，全球大約百分之六十的貿易商品都是由商船通過這裡運載。這片水域涵蓋部分亞洲漁獲量最多的漁場，海底下蘊藏豐富的石油和天然氣仍舊未開發。因此，原本不適合居住的礁岩和沙洲突然間變成了珍貴的不動產。

南海是許多國家爭奪領土主權的戰場，包括中國、台灣、菲律賓、越南、馬來西亞和汶萊。印尼雖然長久以來堅稱自己並沒有參與爭奪，但最近即在去年將專屬經濟區的水域重新命名，企圖與中國爭搶領土。為了證明自己才是主權的擁有者，各國都深入調查歷史，引用古代地圖以及好幾個世代以前的漁夫捕魚習慣。

中國在這個地區所主張的領土最廣，北京仰仗的是所謂的「九段線」，九段線是一九四七年當時中華民國擅自在地圖上畫的界線，主張擁有幾乎整個南海。九段線從西北邊的海南島到東南邊的南沙群島，再沿著菲律賓的海岸線延伸到東北邊的台灣。中國的人造島就是主張那些領土最具體的表達。

看在中國的眼裡，越南和馬來西亞提出的領土主張著實過分，於是首次把畫著九段線的地圖呈交給聯合國礁層界限委員會（United Nations Commission on the Limits of the Continental Shelf）。然而，九段線源自中華民國製作的原始地圖，而繼承中華民國的是位於台灣的執政政府。比爾・黑頓（Bill Hayton）指出，這是「中國政府史上頭一遭在南沙群島提出」這樣的主張，可能獲得國際法承認。[2]新創立的中華人民共和國在毛澤東的領導下，接著採取進一步行動，透過一九五八年《中華人民共和國政府關於領海的聲明》（*Declaration on the Territorial Sea*），主張擁有更多領土的主權，包括西沙群島、中沙群島和南沙群島，以及新脫離的台灣省。[3]在之後的幾十年，中國繼續主張擁有現在九段線裡的許多領土，一九九二年透過國內立法，將其主張正式化，也因此與菲律賓和越南爆發一些小衝突。

當然，美國自家的海岸線在千里之外，但美國想要維持現狀，也就是將這片水域維持為國際水域，讓國際貨船都能自由通行，最重要的自然就是要讓美國海軍能自由通行。就官方而言，美國對於爭奪領土主權的各國都沒有表達任何立場，美國幾屆政府的政策都是支持透過國際法以及多國協商來解決主權紛爭，反對中國和弱勢的小國雙邊協商，或是單方採取行動，包括建造全新的領土。東南亞的國家害怕北京仗勢欺壓，普遍樂見美國介入，捍衛在這片海域自由航行的權利。同時，北京也運用與寮國、柬埔寨和緬甸的密切政治經濟關係，防止東南亞國家協會採取有實質意義的反對行動，阻撓中國的活動。

中國強調擁有南海水域的主權，是打從中華人民共和國建國以來就一直如此。但在南海建造全新的領土倒是新的現象，這是大規模擴軍行動的其中一環，有人擔心中國是想要挑戰美國在這個地區的全面優勢。北京先是讓中國的第一艘航空母艦下水航行；接著測試多彈頭核子飛彈；接著部署廣闊的飛彈網路，遏止美國軍艦接近；現在，正在建造離中國海岸相當遙遠的軍事基地。

「我跟每個人一樣摸不著頭腦，中國在這裡到底要怎麼收尾。」麥克．帕克上尉告訴我。

不論終局策略是什麼，至少中國的短期盤算一目瞭然：美國不願意為了這些島嶼開戰，所以中國可以為所欲為。美國的對策一直以來都是派船和飛機進入這個區域，證明水域和空域仍舊是國際的，船和飛機可以根據國際法自由航行。這些所謂的自由航行行動持續與北京在這個地區的活動較量，但這些島嶼不只沒有動搖，反而繼續擴建軍事設施。

中國的行動進展神速，歐巴馬政府憂心忡忡，邀請CNN記者和攝影團隊登上P-8進行任務採訪，就是要警惕世人中國的進展，讓北京成為眾所矚目的焦點。五月二十六日，我們一登陸就把報導從菲律賓發出去，該地區和西方全都以頭條報導，中國的反應異常激烈，外交部和人民解放軍的高官紛紛表達不滿。

「這篇報導為什麼在過去幾個星期突然出現？南海有縮小嗎？」楊宇軍大校問道，「有人故意反覆炒熱這個話題，目的就是要中傷中國軍隊，誇大南海地區的緊繃局勢。我認為此舉可能是想找藉口，讓某個國家未來能採取行動。」[4]

「某個國家」就是美國，這點沒有人懷疑。中國企圖扭轉局勢，壓制美國，主張自己反制美國海軍「近距離監視」是「必要、合法且專業的」。楊宇軍大校說的沒錯，美國派飛機監視已行之多年，這次是自從二〇〇一年的海南高空撞機事件之後，美國和中國最公開的正面交鋒。

幾個月之後，美國和中國的領導人為了南海爭議，再度爆發更加公開的正面衝突。二〇一五年九月，習近平以中國領導人的身分首次正式造訪美國，歐巴馬公開向習近平表達美國關心的事。

歐巴馬總統與習近平在玫瑰花園（Rose Garden）並肩而立，他說：「習近平主席，我國十分關心貴國在爭議地區的造地、建設和軍事化活動，貴國的做法讓該地區的國家更加難以和平解決意見分歧。」

在這個外交關係緊繃的時刻，習近平沒有退縮，並重申根據歷史，中國確實擁有那些島嶼。

「南海的島嶼自古以來就是中國的領土。」習近平說，「我國有權利捍衛領土主權和合法正統的領海權益。」

然而，習近平也信誓旦旦地說，中國不會把那些島嶼變成軍事前哨基地，美國將此視為承諾。

「中國正在南沙群島從事的相關建設活動，並沒有針對也不會影響任何國家，而且敝國並沒有意圖軍事化。」習近平說。[5]

中文的「意圖」這兩個字應該不算是慨然允諾不會軍事化，但是中國領導人罕見展現這樣的態度，結果在美國就被解讀成那樣。因此，儘管當時 P-8 的機組人員偵察南海所目睹的建造活動與習近平的承諾矛盾，白宮仍舊相信中國總書記的話。

三年後，習近平的「承諾」看起來不只成空，而且帶有嘲諷的味道。到了二〇一八年，即將擔任美國太平洋司令部司令的菲利浦・戴維森（Philip S. Davidson）上將，到參議院軍事委員會（Senate Armed Services Committee）作證，說中國在人造島嶼上部署了充足的軍事資源，能有效地對抗美國在該地區的軍事行動。

「在南海，人民解放軍在有爭議的南沙群島建造了各式各樣的雷達以及電子攻擊與防禦設施，包括在華陽礁、永暑礁、南薰礁、東門礁、赤瓜礁、美濟礁和渚碧礁。」戴維森上將在提交給委員會的書面報告中寫道，「這些設施大幅擴展了人民解放軍即時察覺領土、情報、監視、偵察與干擾的能力，範圍涵蓋大部分的南海，嚴重威脅美國在此地區的軍事行動。」

戴維森上將作證時說基地都已經建造完成，就只缺駐守部隊而已。

「一旦基地部署好軍隊，」他進一步警告，「中國將可以把影響力往南延伸數千英里，讓魔爪深入大洋洲。人民解放軍可以利用這些基地來對抗在該地區的美軍，部署於島嶼的軍隊也可輕易打敗其他南海爭奪國家的軍隊。」

他的證詞裡還有這麼一段令人提心吊膽的評估：「簡而言之，不論發生什麼情況，中國現在都有能力掌控南海，唯獨與美國開戰除外。」[6]

「戰爭以外的所有情況。」這實在是影子戰爭的完美概述。中國是如何在這麼短的時間內取得這樣的戰略勝利呢？工程和軍事上的成就都十分引人矚目，在五年間，中國在具有高度爭議的水域建造了新領土，設立先進的軍事設施，全都在距離中國本土數百英里之外。而且中國這樣為所欲為，美國和鄰國幾乎都不敢強迫北京付出外交或經濟代價。為什麼中國能突襲成功，答案就是美國和盟國未察覺到一連串的警訊，沒有約束中國的侵略行徑。

美國海軍戰爭學院（US Naval War College）的戰略教授安德魯·艾瑞森（Andrew Erickson），專門向美國高階海軍指揮官教授中國現今的軍事戰略與相關歷史。他和戴維森上將一樣，認為中國建造人工島嶼，達成了想在該地區實現的目標，也就是建造「令人畏懼的軍事基地，威脅整個南海的外國活動」。

艾瑞森博士解釋中國如何成功運用奇策巧奪領土，指出一項類似美俄影子戰爭所犯的錯誤：美國嚴重誤解中國的意圖，即使證據明顯，「不會沉沒的航空母艦」浮上南海，美國仍舊固執不願承認誤解。

「美國的政策制定者誠心誠意想要幫中國消除戰略疑慮，希望中國能合作，一起推動崇高的全球事業。過去十年來，美國表現得看似懦弱，處處遷就侵略行為，結果適得其反，讓中國更加大膽。」

艾瑞森告訴我，「中國在海上做傷天害理的行為，歐巴馬政府卻沒有迫使中國付出重大的代價，這無意間鼓勵了習近平繼續在海上胡作非為，乃至於變本加厲。」

中國在南海奪取領地，清楚展示了「不戰而勝」的策略，這是北京發動影子戰爭並且獲勝的完美範例。艾瑞森指出這套戰略有很深的歷史根源，說中國巧取南海，是實踐西元前第五世紀中國兵法家孫子率先提出的戰略：「兵之形避實而擊虛。」

「這不只能應用於傳統大型作戰行動，也可以應用於北京的避戰脅迫手段。」艾瑞森說。

「習近平不想與美國全面開戰，」艾瑞森解釋道，「在承平時期比較喜歡保持『不戰而勝』，或者是二〇一七年《美國國家安全戰略》所稱的持續競爭——既不是完全『和平』，也不是完全『交戰』。」

中國與俄羅斯一樣，肆無忌憚藐視國際法，使用武力獲取戰略利益，採用逼近戰爭的手段。然而，相較於俄羅斯，中國獲取戰略利益的手法比較細膩，比方說，不像俄羅斯在烏克蘭那樣，中國軍隊幾乎沒有發射一槍一彈就達成目標，在南海取得新的領土。

早在二〇一五年的數年前，中國就開始在南海利用這個策略，在美國的眼皮子底下，奪取另一塊不適合居住的土地，就位於南沙群島西北方三百英里處。

斯卡伯勒淺灘（Scarborough Shoal）的名稱與聲稱擁有它的國家幾乎一樣多，在這片水域裡的許多地物都是這樣。斯卡伯勒是西方地圖所標示的名稱，這個名稱來自東印度公司在一七八四年擱淺於此地礁岩的商船斯卡伯勒號。中國稱這塊礁岩為黃岩島，或民主礁；菲律賓也是主權主張國，稱之為帕納塔格礁（Panatag Shoal），panatag 是他加祿語，「威脅」或「危險」的意思。葡萄牙地圖仍舊使用馬辛洛克礁（Bajo de Masinloc）這個名稱。不同的名稱有不同的意義，不只與歷史和語言淵源有關，也與許多國家全力爭取這塊土地有關。許多國家都聲稱黃岩島是自己長久以來占有、合法保護的領土，就像永暑礁、美濟礁和渚碧礁。[8]

名字只有象徵意義。顯然，為了證明所有權百分之九十合法，中國從二〇一二年開始展開大膽的行動，掌控黃岩島，一次派一艘漁船過去。

黃岩島和南海的許多礁岩與其他地物一樣，沒有人定居，但經常有漁民搭乘拖網漁船前往。主要來自菲律賓、中國和越南的漁船會定期進入潟湖，到該地區漁獲最豐富的漁場捕魚，以及躲避洶湧的巨浪。

二〇一二年四月開始，中國和菲律賓的漁船開始在黃岩島裡面和附近爭搶地盤，互不相讓。當時，我是美國駐中國大使駱家輝（Gary Locke）的參謀主任，在美國駐北京大使館工作。中國在黃岩島的活動變得令美國外交官十分擔憂。中國打算不顧美國協約盟國的權益，在有爭議的水域強奪領土嗎？幾乎每天，P-8 的前身 EP-3 獵戶座偵察機和全球鷹無人偵察機都會拍攝新的偵察照片，來追蹤中國船艇的活動。四月二十日，有三艘中國船艇在黃岩島，第四艘在途中。到了五月十一日，變成十艘中國船艇，有拖網漁船，也有海岸防衛艇和海上巡邏艇，占據黃岩島。菲律賓船艇數量雖不及中國的一半，但堅持不退讓。

在大使館裡，美國外交官緊密監視中國船艇的活動。中國的意圖似乎很明顯，而美國反對那些意圖也同樣明確。雖然美國對於南海的主權爭奪爭議沒有表達立場，但是堅決反對任何國家單方面強奪領土。黃岩島對美國而言格外敏感，因為其中一個競爭國是美國的協約盟國。再者，黃岩島位於菲律賓的專屬經濟區內，一個國家的海岸線向外延伸兩百海里，就是專屬經濟區。中國不顧美國反對，明顯想要奪取黃岩島，手段前所未見，令人憂心的是，中國也暗示想要奪取該地區其他許多有爭議的島嶼。

中國一方面在黃岩島包圍與騷擾菲律賓漁船，一方面向馬尼拉施壓。從五月初起，中國就開始禁止從菲律賓進口水果——水果是菲律賓出口到中國的主要商品，於是大批本來要出口的香蕉只能在菲律賓港口放到爛掉。中國也開始禁止飛機往返菲律賓，不讓中國觀光客和商人前往，截斷馬尼拉的另一條重要財路。

美國外交官和歐巴馬政府的官員激烈爭論該如何應對。在大使館內，一位資深外交官獻出一策：讓中國以為美國不管黃岩島的事，如此以來，北京就會肆無忌憚主張領土，進一步疏離東南亞國家，把他們推向美國這邊。這個策略似乎十分冒險，不但是犧牲美國盟國的權益讓步，也會為諸國爭搶的其他島嶼開創危險的先例。

到了五月中旬，美國的菲律賓夥伴更加緊張不安。一艘美國潛水艇前往蘇比克灣（Subic Bay）的港口，而菲律賓外交部長想要前去訪視，好凸顯《美菲共同防禦條約》（*US-Philippines Mutual Defense Treaty*）。美國大使館相信馬尼拉也會鼓勵菲律賓媒體報導美國潛水艇在該地區的作戰能力。馬尼拉亟欲提醒北京，馬尼拉有個強大的盟國。

五月下旬，菲律賓外交官又向美國外交官提出警告。他們說，中國打算對黃岩島的爭議採取更加強硬的立場。當時中國已經利用海上偵察機徹底掌控該地區，同時也對菲律賓加強經濟壓力，要求菲律賓政府償還兩筆鉅額借款。

在大使館內，美國外交官們繼續爭論各項問題，包括他們認為中國敢做到什麼程度。有些人不相信北京會進一步激怒美國的親密盟國，認為北京目前的作為還有轉圜的餘地。他們強調中國沒有在黃岩島上面建造任何永久建築。有些人則警告說中國的立場愈來愈強硬。

六月一日，警告成真，中國船艇開始在黃岩島的潟湖入口布設障礙，用浮標和網子串聯錨定的中國船艇，不讓菲律賓船艇再進入潟湖，為滯留在潟湖裡拋錨的菲律賓船艇提供補給。這個舉動相當大膽。當時的菲律賓總統艾奎諾（Benigno Aquino）搭機前往華盛頓，直接向歐巴馬總統說明心中的憂慮。六天後，衛星照片揭露中國船艇又設置了第二道障礙，菲律賓船艇無法獲得燃料和物資補給，全都被迫離開黃岩島。一位美國外交官告訴我，中國則正好相反，現在有「許多」拖網漁船在潟湖裡，黃岩島實際落入中國的掌控。

北京和華盛頓暗地裡偷偷協商解決之道。在大使館內，我記得當時大家都很擔心，但認為這件事還不到緊急。美國官員相信可以勸中國懸崖勒馬，准許菲律賓漁船回到潟湖捕魚，更重要的是，打消正式占領黃岩島的念頭。當時國務院和歐巴馬政府始終都抱持這種心態，認為協商有效，可以說服中國，不要反應過度。華盛頓和北京之間的諸多議題和爭執都用這種心態來處理，包括中國對美國政府和私部門發動的網路攻擊。即使這種心態經常無法改變中國的行徑，美國仍舊固執己見。

至於北京則堅稱，自己正設法與菲律賓和該地區的其他主權主張國「共同開發」黃岩島。中國外交官說到目前為止中國都非常「節制」自己的回應，同時低調提醒，倘若局勢惡化，中國不會「開第一槍」。

六月稍後，菲律賓海軍艦艇全部撤離黃岩島附近的海域，會有這個撤離舉動，是因為北京和華盛頓悄悄達成了協議。歐巴馬政府以為中國也承諾會撤離，然而，北京雖然撤離海軍船艦，大約三十艘拖網漁船卻仍舊留在潟湖裡，中國的「小綠人」仍舊占據著領土。一個星期後，二十六艘中國拖網漁船仍舊留在潟湖裡，駐北京的美國外交官擔心中國會違反協議，打算永遠占據黃岩島。

美國與中國達成協議的消息傳了開來，越南駐北京大使詢問美國大使館，華盛頓是否有施壓，要求菲律賓放棄黃岩島。與此同時，中國還在南海的其他地方採取更強硬的手段，抗議越南在南沙群島附近巡邏，並且警告越南國會不可以制定新的海事法，正式主張越南擁有該地區的主權。

中國自己也根據美國的反應下了定論。中國外交官強調美國對於黃岩島的爭議「反應節制」，這讓中國領導們確定，美國不會為了外交官所稱的「小」事，冒險與中國爆發軍事衝突。

二〇一三年一月，中國堅不讓步，美國縮手旁觀，菲律賓失望透頂，於是到荷蘭海牙常設仲裁法院（Permanent Court of Arbitration）控告北京。法院根據《聯合國海洋法公約》（*United Nations Convention on the Law of the Sea*）附件七審理此案。馬尼拉的這個舉動激怒了北京，於是北京採取一連串強制措施，企圖教訓菲律賓，其中一招就是中國對菲律賓進口的水果增加新的限制，害得大量香蕉在港口放到爛掉。

二〇一六年七月，法院判決菲律賓勝訴，不只否決中國根據歷史資料主張擁有黃岩島，也判定南海的所有地物全都不屬於中國。法院無異議通過這項判決，讓中國和習近平顏面盡失，這讓鄰國不禁擔心中國會惱羞成怒，搶奪該地區的其他領土。法院特別引述中國和菲律賓都認同的《聯合國海洋法公約》，措辭異常強烈，聲明根據該公約，中國主張依據歷史資料擁有南海的島嶼「無效」。法院在判決結果中聲明，「無疑雙方均須遵守公約」。法院不只針對黃岩島的案子做出判決，同時也判定當時中國幾乎全面軍事化的美濟礁也在菲律賓的海域內。[9]

中國很快就發現自己是孤軍與鄰國和全世界對抗，美國雖然沒有正式認同《聯合國海洋法公約》，但是呼籲中國遵守判決。

「世人都睜大眼睛在看，中國是不是真的是自己所聲稱的那種世界強權。」國務院發言人約翰・柯比（John Kirby）說，「中國聲稱自己是負責任的世界強權。」[10]

越南也是南海的主權爭奪國家，因此也立刻贊同判決結果。這個舉動著實引人矚目，因為越南與北京長久以來都維持合作關係，原因之一是因為兩國都是由共產黨領導。

儘管判決出爐了，黃岩島仍舊被中國掌控。中國也繼續主張九段線內的領土，「主權」屬於中國，「無可置辯」；並且繼續在幾個有多個國家爭奪的地物上部署軍事設施。

北京大肆讚揚在黃岩島成功取得領土，張潔等中國學者甚至宣揚「黃岩島模式」這樣的概念，這個詞是在二〇一二年五月在《人民日報》的文章中首次被使用。使用這個詞意味黃岩島成為了研究典範，可用於取得其他領土，不必理會美國的反對，也不用管領土是不是在他國的專屬經濟區內。

海軍戰爭學院的艾瑞森特別強調，中國成功奪地，美國無法力挽狂瀾，是中國對美國發動影子戰爭的關鍵勝利。

「二〇一二年，在黃岩島的僵局中，美中經過協商後，美國以為中國會恢復原狀，結果北京卻食言而肥，強占菲律賓專屬經濟區內的領土，這對北京而言是一大勝利。」艾瑞森說。

在黃岩島和南沙群島公然奪地的好幾年前，中國就多次發出警訊，透露它在南海的野心，有些警訊是警告鄰國的，有些則是警告美國的。一九七四年，中國派船從越南手中搶奪西沙群島，爆發血戰，雙方一共超過七十人死亡。這場戰爭現在被稱為「西沙海戰」（Battle of the Paracel Islands），最後中國掌控西沙群島，直到今日。

之後的幾十年，南海爭議大都風平浪靜，除了一九八八年中越爆發赤瓜礁海戰，以及一九九五年中國占領美濟礁，與菲律賓爆發小衝突。鄧小平領導時，中國的政策是「擱置爭議，共同開發」，然而，南海議題的觀察家注意到伊恩．斯托里（Ian Storey）在一九九九年所說的，中國仍舊在南海「悄悄擴張領土」——「這個政策就是逐漸擴大在南海的實質占領，不訴諸軍事衝突」。[11] 然而，美國卻一直到中國的活動威脅到美國海軍船艦航行國際水域時才注意到。

二〇〇九年爆發了一場引人矚目的衝突，中國拖網漁船騷擾美國海軍監測船無瑕號（Impeccable）。根據美國國防部五角大廈的聲明，中國漁船直接開到無瑕號的航行路徑上，把木塊丟到海上，並且企圖用竿子奪取無瑕號的聲音探測設備。雖然那些漁船不是中國政府的官方船艇，但美國認為漁船是遵從北京的指示那樣做的，北京經常利用「漁船」作為影子海軍。這場在公海爆發的僵局不僅危險，而且挑釁意味濃厚，偶爾也令人發噱。

「由於無瑕號不知道漁船的意圖為何，為了自我防衛，用消防水管朝一艘漁船噴水。」五角大廈的聲明稿寫道，「中國籍船員把衣服脫到只剩內衣，繼續逼近到二十五英尺內。」

根據CNN的引述，五角大廈的發言人說這個插曲是「近來我們見過最挑釁的行為，我們絕對會向中國官員表明，我們對此魯莽危險的作為感到氣憤」。[12]

二〇一四年，中國槓上另一個在南海爭奪主權的鄰國：越南。在「海洋石油981對峙」中，爭議主角就是名為「海洋石油981」的中國鑽油平台。二〇一四年五月，一家中國國營石油公司到具有爭議的西沙群島，在距離其中一座島嶼只有幾英里的地方架設鑽油平台。越南立刻抗議，說中國在那裡架設鑽油平台，侵犯了越南的主權領土，並且出動超過三十艘海岸護衛艦、拖船和漁船，成功阻撓鑽油平台的架設作業。中國也派出自家的船隊對抗，有海岸護衛艦、偵察艇和拖網漁船。雙方的臨時海軍對峙好幾個星期，有時甚至爆發危險的衝突，至少有一艘越南漁船沉沒。中國在八月撤回鑽油平台。[13]

每次互動都清楚揭示，中國不惜使用軍事與非軍事的資產來達成取得領土的目標，不論美國或當地的競爭小國是否阻撓。奇怪的是，在海洋石油對峙事件中，成功阻撓中國奪地的似乎是當地的競爭小國，美國雖然軍事武力強大許多，但卻在黃岩島和南沙群島都被打敗。在影子戰爭中，不對稱的力量是可能會贏的。

不論是在南海或是更遠的戰場，中國的廣泛策略目標都不是祕密，安德魯．艾瑞森指出，中國共產黨自從一九二一年創黨以來，也就是將近一百年前，設定了一連串的國家安全目標，也循序漸進一一實現。中共即將達成所有目標。

中國的首要安全目標就是維護黨本身的安全，核心信念是唯有中國共產黨存在，國家才能返老還童。一九四九年中國共產黨打敗中國國民黨，達成了這個目標。從那時候開始，中國的國家安全目標就主要由地理環境來決定。中國領導人首先徹底掌控漢族居多的核心地區，再往外拓展，鞏固少數民族居多的邊區，像是西藏與新疆，確立合法統治權，中國在一九五〇年代達成這項目標。穩固了本土之後，中國旋即開始處理與鄰國的邊境爭議，包括一九七九年和越南在邊境爆發血戰。

冷戰結束之後，中國認為邊境安全無虞，北京便把注意力轉移到本土之外，也就是中國所指的「近海」。近海是指中國東岸和日本之間的黃海、日本南方和台灣北方的東海以及中國南方的南海。同樣以南海為國界的東南亞鄰國有越南、印尼、菲律賓和馬來西亞。近海在中國所稱的「第一島鏈」內，其中包含日本、台灣、北菲律賓以及印尼的婆羅洲。

中國為了實現在近海的野心，一九八〇年代海軍司令員劉華清推動海軍現代化的計畫。雖然鄧小平實行擱置領土爭議的政策，聚焦於經濟成長，但是胡錦濤政府快要結束的時候，中國已經開始愈來愈密切注意海權的概念，不久之後便開始加強在南海的活動。在二〇一二年第十八屆中國共產黨代表大會，即將退位的胡錦濤發表最後一次演說，冀望中國成為「海洋強國」。後來在習近平執政期間，官方文件與演說更加頻繁提到這個概念。

在習近平的領導下，中國的南海政策有兩大特色，一是擴大主權主張，二是強化南海領土主張與中國核心利益的連結，包括主權、領土完整性和國家統一。「海洋強國」這個概念現在與中國「核心利益」更加密切連結——核心利益基本上就是不容討價還價的利益，用來為特定的政策立場辯解。習近平自從掌權之後，就經常宣揚「中國夢」，說掌控海權是其中的一個環節，最近又勉勵國人要積極實現「海洋強國夢」。

在習近平的領導下，中國更加聚焦於收復中國所認定的合法領土，這不只反映在中國在南海的活動，也反映在政策和法規上，像是二〇一五年的《國家安全法》。此外，二〇一三年中國聲明在東海劃定「防空識別區」，更加廣泛地反映出中國重新聚焦於海域和領土完整性。「海洋強國」的概念反映出中國領導階層的宏觀戰略，體現在具體行動和政策中，範圍更是超出了南海。

北京的野心不只是要奪取有爭議的南海島嶼，也想霸占東海的釣魚台列嶼；日本，當然還有中國仍舊視其獨立為非法的台灣，都聲稱擁有釣魚台。日本和台灣都是美國有義務保護的盟國。

隨著軍力增強，中國也透過空軍力量來宣示領土主張。二〇一八年美國太平洋司令部司令戴維森上將告訴參議院軍事委員會：「中國軍隊正在進行大刀闊斧改革，空軍強調聯合行動與擴大行動，像是更加頻繁地派長程轟炸機進入西太平洋和南海。」

戴維森清楚表明，這些行動會立即威脅到美國軍隊的影響力以及部署在亞洲地區的美軍。「由於技術與作戰能力突飛猛進，」他說，「中國空軍日益危險，不僅威脅到我國空軍，也威脅到我國海軍、空軍基地和地面部隊。」[14]

中國現在的目標是成為世界軍事強權。雖然中國的近程戰略焦點是保衛近海，但近年來中國領導人壯大並廣布海軍，海軍已經可以來到中太平洋、印度洋乃至於更遠的「遠海」執行任務。這些任務和軍力不是用來保衛中國的，而是用來把中國的力量延伸到國外，以及保護中國在全球各地的經濟、外交和地緣政治利益。簡而言之，中國正在打造與部署真正的「遠洋」海軍。中國的擴張行動和擴軍，美軍自然是注意到了。

「中國雖然以區域為布兵的主要焦點，但是卻意欲將力量延伸到全球。」戴維森上將在參議院作證時說，「中國在全球的利益不斷增長……導致北京加強放眼該地區之外。」

中國為了實現野心，正在興建全球基礎設施，好支援遠洋海軍，與美國在十九世紀末和二十世紀初所做的事很類似。艾瑞森說中國正在擴大運用外國港口，預先部署必須的物資，供給印度洋和附近的固定長駐部隊，包括在巴基斯坦和東非設置基地。從二〇〇八年開始，中國加入對抗索馬利亞近海的海盜，這個例子證明了中國很早就能派海軍船艦到距離本土很遠的地方，並且供應物資。

刺激中國擴張海軍的是美國的舉止，中國把美國視為主要敵人。在一九九〇年代，美國在一連串交戰中展示了強大的軍力，讓中國領導人和軍事指揮官不得不承認中國慘敗。

「一九九一年的沙漠風暴行動、一九九五年到九六年的台灣海峽危機，以及一九九九年五月七日北約發動攻擊，美國飛機誤炸在貝爾格勒的中國駐塞爾維亞大使館，這三件軍事大事讓中國領導人逐漸深信，美國擁有技術優勢，即使攻擊中國資產，中國也拿它沒轍。」艾瑞森說。

艾瑞森說，外國出現這些威脅的時候，中國內部剛好發生了政治變革。當時，時任中國總書記的江澤民正在擴張自己的權力。江澤民擔任領導時，把中國軍隊現代化列為優先要務，而且他在中國軍方孚眾望、人脈廣闊，能夠實現那些野心。

「因此當時中國更加重視投資推動大型計畫，開發『殺手鐧』武器，像是反艦彈道飛彈，海軍造船數量也暴增。結果就是我們今天所見到的樣子。」艾瑞森說。

中國和俄羅斯一樣想實現不斷擴張的野心，未真正與美國開戰，也就是「不戰而勝」，在影子戰爭的每個戰場上獲勝。為了達成這個目標，艾瑞森解釋道，中國發展出一套軍事大戰略，學者稱之為「高低戰略」。「高」端就是戰鬥端：雖然中國想避免與美國真槍實彈開戰，但是卻必須備戰，以威嚇美國和其他敵國。「低」端則包含臨界戰爭的混合戰手段。

中國在南海的舉動就是活生生的低端戰術。中國派遣準軍事船艇甚至還有非軍事船艇到近海，保護中國聲稱擁有主權的那些領土，有時甚至會入侵或強占。中國派到海上的船艇與俄羅斯派到克里米亞的「小綠人」根本如出一轍。

中國的海警和人民武裝部隊海上民兵實際上是非正規海軍，附屬於人民解放軍海軍。中國也經常利用拖網漁船執行這樣的行動。艾瑞森解釋說，這些部隊讓中國可選擇執行灰色地帶行動，這類行動一方面能在近海捍衛各式各樣的領土主張和其他海權，一方面又讓北京可以否認中國出動軍隊。中國的影子戰爭與俄羅斯的一樣，善用謊言的力量。

二〇〇九年，中國拖網漁船騷擾無瑕號。二〇一二年，中國剛掌控黃岩島時，用漁船作為前線部隊，後來海警和海上民兵才加入。再來，二〇一四年，中國海警船艇，不是海軍艦隊，擔任先鋒部隊，在西沙群島對抗越南船艦。

「在海上灰色地帶行動中，」艾瑞森說，「北京運用龐大的海警和海上民兵，在黃海、東海和南海，捍衛有爭議的主權主張，採取臨界戰爭的脅迫手段。

「中國拿捏分寸，只想要達成目標。」艾瑞森繼續說，「不想惹得美國、美國在該地區的盟國或其他鄰國出手反制。」

中國當然是希望能舒適地維持在高低戰略的低端就好，打影子戰爭，根本不想真正動武。然而，要能有效達成這個目標，北京的軍事策劃者認為中國必須發展軍力，讓敵人相信中國敢面對高端衝突，即使要與超級強權美國槓上都不怕。他們想要讓美國明白，與中國開戰的話，美國不可能輕鬆獲勝，甚至很可能會輸。

「中國想要證明，即使發生最糟的情況，自己仍舊能獲勝，同時也是希望在承平時期產生威嚇效果，向華盛頓及其盟友施壓，遷就北京喜好的政策，避免動干戈。」艾瑞森博士告訴我，「中國正在發展與部署『高端』反干預力量。」

那股力量是根據名為「A2/AD」的軍事戰略而打造的，「A2/AD」是「anti-access, area-denial」的縮寫，意思是「反介入，區域拒止」。這項戰略的目的是要禁止敵人進入，在中國沿岸附近劃定大片船艦與飛機的殺戮區。

「這股 A2/AD 力量的基礎是世界上規模最大的彈道飛彈部隊，攻擊範圍涵蓋整個地區，採用傳統武器。」艾瑞森說，「可能存在著『扭轉乾坤』的系統，包括兩種反艦彈道飛彈，以及各式各樣的反衛星武器，甚至有仍在開發中的超音速技術。」

艾瑞森指出，中國的A2/AD能力從海底延伸到海面，再到空中，最後到太空，軍力十分驚人：世界上規模最大的中程傳統飛彈力量（數量是中國核飛彈的七倍）；比較先進的新反艦巡弋飛彈；反衛星武器，從反衛星飛彈到所謂的綁匪衛星，綁匪衛星能將敵人的衛星抓離運行軌道；還有兩個新式軍事偵察衛星，協助地球上的飛彈瞄準。

中國部署了強大的地面飛彈力量、船艦、潛艦和飛機，戰力大勝要對抗中國的美國船艦。這些飛彈系統讓中國不僅能鎖定美國的船艦和飛機，還可鎖定美國在該地區的軍事基地，包括關島的安德森空軍基地、日本沖繩的嘉手納空軍基地，以及南韓的十五個美國陸軍和空軍基地。

中國的目標是要展示高端軍事能力，發揮威嚇作用，讓美國完全不敢考慮觸發高端軍事衝突。北京的目的是要華盛頓明白，萬一爆發高端衝突，不論是人命還是軍事裝備，都會付出慘痛的代價，讓人想都不敢想。

美國指揮官雖然承認中國進步驚人，但卻反駁「反介入，區域拒止」這種說法，因為美國能夠擊潰中國的系統，所以中國其實是沒辦法拒止美軍進入該地區。他們比較喜歡「反干預」這種說法。然而，他們承認，中國至少增加了美軍的風險，尤其是航空母艦和在當下環境中目標非常大的航空母艦打擊群。美國指揮官也表示深信美國潛艦能繼續在這些區域行動，必要時，假如爆發戰爭，也能破壞中國的A2/AD防禦，幫助其餘的美國海軍開道。

然而，中國的潛艦和潛艦戰術也正在進步。中國的傳統動力潛艦，移動距離比核子動力潛艦還要短，因此都在本土附近執行任務，只是移動時愈來愈小聲，愈來愈難發現。潛艦人員說，移動時很大聲的潛艦必死無疑。最重要的是，這些潛艦能發射專門對付美國海軍的反艦飛彈。雖然美國潛艦仍舊明顯優於中國潛艦，但是美國海軍指揮官承認優勢正在縮小。

「美國的這項優勢終究會消失的。」戴維森上將在二〇一八年四月寫道，「不斷投資，持續創新，人民解放軍終將會在這個關鍵領域趕上美國。」

中國選用的武器系統與優先戰略完美配合。艾瑞森指出，目前中國飛彈、軍艦和飛機射程遠、性能佳，能攻擊離中國海岸更遠的地方。

「中國最重視的是，當近海爆發危機或衝突時，最能遏阻美國或其盟國干預的平台與武器系統。」艾瑞森說，「尤其是大量長程精確打擊武器的軍備，像是彈道飛彈（尤其是地面發射）和巡弋飛彈（地面、潛艦、海面軍艦和軍機發射），可以打擊美國及其盟國的軍艦和地區基地。」

這不代表中國侷限了長期侵占領土的野心，其實，現在中國正在開發武器系統，渴望未來能把野心擴大到離海岸更遠的地區。

「中國海軍正在發展——但至少目前優先著重的目標不是建造延伸長程力量的平台，像是核子動力潛艦、航空母艦打擊群和長程轟炸機。」艾瑞森解釋道。

中國這樣做，將會與美國潛艦、航空母艦和長程轟炸機爆發更直接的衝突，自然也會動搖美軍的影響力。「遠海」將是未來影子戰爭的戰場。

目前影子戰爭正在近海打，這已經直接挑釁了美軍在該地區維持了數十年影響力，在此之前從來沒有人敢挑釁。美國在該地區的目標並不包括擴張領土，沒有計劃建立新的殖民地，或是蓋人造島，建造自己的「不會沉沒的航空母艦」。美國遵照政策，對於有爭議的南海島嶼全然未表達立場；更精確的說法是，不論是民主黨或共和黨執政，美國的政策都是維護國際法，保持貿易路線開放。美國官員強調這些原則加上美國海軍撐腰，協助促成了亞洲經濟繁榮，各方都受惠，包括中國。現在的難題是要如何繼續協助維持亞洲和平，當中國不斷壯大，大肆展現軍事、經濟和外交肌肉時。

所謂的自由航行行動，包括 P-8A 海神巡邏機定時飛到有爭議的領土巡視，目的是要明確表達美國不承認中國的領土主張，因此，中國的鄰國也沒必要承認。

「為了維持局勢穩定，美國在南海的行動，包括自由航行行動，必須是定時而且例行的。」戴維森上將作證時說，「我認為，如果減少空中或海上巡邏的頻率，中華人民共和國可能會乘隙又開始擴張領土。」

然而，美國執行巡邏任務好幾年了，中國依舊我行我素，繼續主張新的主權領土。

有些美國國防專家認為美國最大的希望在海裡。中國已擁有世界上第二強大的海軍，而且至少單就數字而言，依照這個速度增加，二〇三〇年之前就能超越美國海軍，也就是說，再過十年就超越了。然而，艾瑞森和美國海軍指揮官強調，美國潛艦仍舊保有技術優勢，中國不論是現在或將來都將難以匹敵。

由於中國始終難以逆轉美國的優勢，艾瑞森等人再度指出，潛艦是美國保持優勢的最大希望。艾瑞森和高階海軍指揮官認為，根本解決之道就是，不只要建造與部署更多潛艦，而且要全速進行。目前美國海軍每年可建造兩艘維吉尼亞級攻擊潛艦（接替洛杉磯級潛艦），他們相信美國可以把速度增加到每年三艘。二〇一八年軍事預算要求在二十一世紀中葉之前，讓美國艦隊增加十五艘潛艦，把總部署量增加到六十八艘。然而，如果把產速增加到每年三艘，美國海軍就能提早達成目標數量，或許在十五年內就能達成。

萬一爆發戰爭，維吉尼亞級攻擊潛艦會施展專門的招數來阻撓中國想要順利操控遠海海軍的野心：追擊遠離國土的敵潛艦。

然而，根本要素可能廣泛多了，很多美國國家安全戰略專家相信，美國必須重新思考戰略，並且以影子戰作為借鏡，擬定專門打擊影子戰的戰略。

「美國現在必須推動自己的『高低』戰略。」艾瑞森告訴我，「一方面證明美國有能力打贏傳統武裝衝突，一方面在承平時期不斷阻止中國在海上擴張，以遏止中國的侵略行徑。」

現下，美國的高低戰略幾十年來都一樣，仰賴相同的戰術和軍力投射：維持壓倒性的戰時軍事優勢，同時不斷派船艦與飛機巡航於諸國爭奪的水域，破壞中國的領土主張。

二〇一八年八月，我們獨家搭乘P-8巡視中國的人造島嶼三年之後，美國海軍邀請CNN再次搭乘P-8，參與另一項前往南海的任務。中國海軍又反覆挑釁美國飛行機組人員，要求P-8離開領空。美國飛行機組人員再次拒絕，唸熟悉的講稿，重申美國政府的立場，認定這裡是國際海域上方的國際空域。這次雙方溝通比二〇一五年那次還要冷靜，搭機參與這次任務的CNN資深國際特派員伊凡・華辰（Ivan Watson）告訴我，雙方的溝通似乎變得「儀式化」。

「中方說話聽起來活像是照著稿子念，美方飛行員也照講稿念，回應中方。」華辰告訴我，「這變成了一種新的常態，好像雙方在跳舞似的。」

二〇一五年那些島嶼還在施工，但是現在已經是完全軍事化的軍事前哨基地了。從空中可以清楚看見，永暑礁上有雷達塔、發電廠，還有高達五層樓的建築，供軍事人員居住。機場跑道完成了，跑道夠長，幾乎中國軍隊的任何一種軍機都能停放。在附近的渚碧礁上面，海神反潛巡邏機的機組人員清點後發現，大約有八十六艘船艦部署在渚碧礁的深水人造潟湖內，包括中國海警和海軍的船艦。南海有幾個人造島嶼，對單一個人造島嶼而言，這樣的船隊實在是陣容浩大。然而，缺的是人。一名機組人員告訴華辰，根據機組人員所見，島上只有十幾個人。島上的雷達肯定從幾英里外就開始監視這架美國飛機，島上的人是跑去躲起來，還是島上人本來就不多，這就不清楚了。

「看起來好像波坦金村」華辰告訴我。（譯註：波坦金村是指刻意搭建用以自欺欺人的政治門面工程，利用虛假的社區建設和扮演各種生活角色的演員，塑造看似非常繁榮的假象，呈現給外來者或訪客看，企圖粉飾太平。）

然而，中國人造島嶼正在推動愈來愈多完備的軍事行動。二〇一八年五月，美國發現中國在軍事演習期間，在三座人造島嶼部署了反艦和防空飛彈。飛彈對中國的「反介入，區域拒止」戰略是不可或缺的，而這套戰略本身更是專門用來對付美國的，北京似乎在直言不諱地告訴華盛頓：我們準備讓美國軍艦無法安全航行於這些水域。二〇一五年習近平向歐巴馬承諾不會把這些島嶼軍事化，如今承諾變得毫無意義。

中國的警告不只如此。在同月稍後，人民解放軍空軍宣布有幾架轟炸機順利在南海的一座島嶼降落與起飛，後來經過確認是西沙群島的永興島（Woody Island）。那些轟炸機中有一架是可發射核彈的 H-6K，專門用於攻擊美國航空母艦戰鬥群和地面目標，射程超過兩千英里。

美國太平洋司令部有注意到，一名發言人譴責中國利用演習「繼續將有爭議的南海地物軍事化」。中國外交部一如慣常，駁斥美國的批評是反應過度，在聲明中說：「南海的島嶼是中國的領土，相關的軍事活動是普通訓練，他國不應該過度解讀。」[15]

「南海實際局勢」的確有利於中國。中國建造了島嶼，進行軍事化，有能力執行軍事行動，不顧歐巴馬和川普總統一直不斷地抗議。這兩位總統執政時，都持續執行自由航行行動，清楚表達美國的反對態度。然而，海面上和空中的僵持還是無法改變中國的行徑，或者逼中國返還強占的領土。中國打贏了這場影子戰爭的戰役。

中國在南海建造人造島，將毫無掩飾地挑釁國際秩序，而這套國際秩序是美國在第二次世界大戰結束之後建立的，以規則為準據，美國全力捍衛。中國與五個以上的國家爭奪領土，強奪大片土地，其中有幾個國家是美國的盟國，中國此舉破壞了管制該海域的國際協議。再者，這與俄羅斯在烏克蘭的情況不同，中國成功奪取了土地，過程中還重劃了亞洲的邊界，卻完全沒有發射一槍一彈。這麼做，中國成功挑戰了美國數十年來軍事霸權和亞洲和平守護者的角色，這個先例著實令人驚恐，有如當頭棒喝，恐怕會影響華盛頓和北京之間在該地區仍持續存在的其他爭議，包括諸國爭奪南海與東海其他領土的爭議，像是日本主張擁有的釣魚台，以及菲律賓主張擁有的黃岩島。特別值得一提的是，根據協議，美國必須協助日本和菲律賓兩國抵禦外國侵略。

中國與俄羅斯侵略歐洲內部與附近一樣，幾十年來不斷露出想侵占南海領土的野心，但美國兩黨連續幾任政府卻一再忽視或低估警訊。北京從頭到尾都對美國的抗議充耳不聞，因此，中國之所以能強占土地，都是因為美國始終不肯付出充分的成本為抗議撐腰，或以武力提出令中國信服的威脅。今日中國的人造島，即使是美國最愛挑釁中國的主戰派也承認，幾乎可說是已經煮成熟飯的「南海實際局勢」，現在美國再傳遞什麼訊息都無濟於事。

第六章
太空戰爭

二〇一四年五月，在加州范登堡（Vandenberg）空軍基地的聯合太空作戰中心（Joint Space Operations Center），有一小群空軍人員注意到從來沒見過的東西。俄羅斯在前一個月發射了一顆衛星——俄羅斯每年都會發射十幾顆商務與軍事衛星。這顆特別的俄羅斯火箭把一顆通訊衛星送到太空，似乎是通稱為太空垃圾的物體，有大有小，大至巨大的廢棄火箭節體，小至油漆剝片。大多數的火箭殘骸會在發射後的幾天或幾星期之內掉回地球，安全地在大氣層中燒為灰燼，或者變成太空垃圾。太空垃圾日漸增加，繞著軌道運行，每塊垃圾每天都有人監視，避免撞上衛星，或者更重要的，避免撞上有載人的太空船，包括國際太空站。然而，二〇一四年俄羅斯發射那顆衛星的幾個星期之後，有一塊「垃圾」竟然宛如復活一般。

之後幾天裡，聯合太空作戰中心[1]的人員緊緊盯著，那塊不明太空物體十一度與火箭上段的節體近距離交錯，彷彿精心排練的舞步，若不是那個物體上有火箭推進器和足夠的燃料，絕對沒辦法如此精準地在軌道上左躲右閃。這種特色符合反衛星武器，又稱「神風衛星」。神風衛星能追蹤其他衛星，進行干擾、破壞與摧毀。這顆衛星的正式名稱是「Kosmos 2499」，因為是俄羅斯第兩千四百九十九個發射的太空系統，用於進行更加仔細地觀察。後來發現，Kosmos 2499才剛開始運行而已。

聯合太空作戰中心的英文縮寫是「JSpOC」，因此在太空界被稱為J-Spock，而J-Spock是《星際大戰》裡的主角史巴克，更是無人不知。但聯合太空作戰中心看起來比較像公司裡的客服中心，而不像聯邦星艦企業號的艦橋，一模一樣的桌子擺成一圈圈同心圓，男女空軍人員坐在電腦螢幕前，操控滑鼠和觸控板，監視天空有沒有潛在的威脅。螢幕上逼真地以立體型態呈現太空中的物體，連像壘球那麼小的物體都偵測得到，只要點一、兩下，就能放大檢視。太空戰看起來和感覺起來就是這樣：以電腦螢幕作為戰鬥基地，以寬廣又可以控制溫度的行動中心作為新的前線。

安德魯．英格（Andrew Engle）中尉坐在其中一張桌子前，有幾名新任命的防務官，他是其中一名負責監視發射到太空的物體，預防潛在危險。英格像前進軍事前哨基地的衛哨一樣，全神戒備盯著螢幕看。雖然這些空軍人員和他們所追蹤的衛星相距無比遙遠，但是他們對於太空中的威脅仍舊十分認真看待，如同步兵，掃視下一個山頂，尋找狙擊手，或者像戰鬥機飛行員，掃視地平線，尋找敵機。然而，英格監視的目標在他頭頂上數百英里高的太空，以時速一萬七千五百英里的速度疾速飛行。Kosmos 2499吸引他特別注意。

「除非是故意的，不然不會在相同平面和軌道上。」英格說，「據我們所知，這是敵人發射到太空新戰線的武器，高科技，高技術，我們絕對會仔細觀察這個東西有什麼能耐。」

英格被分派到第六一四航太行動中心（614th Air and Space Operations Center），該團隊負責保護軍用衛星，這個小單位隸屬於龐大的空軍太空司令部（Air Force Space Command）。早在二〇一八年川普總統下令創設「太空部隊」之前，空軍太空司令部就已經是美軍的側翼部隊，全面運作，在全球有超過三萬名軍事與非軍事雇員，每年預算九十億美元，有六個基地和一百三十四個據點，散布於世界各地。然而，美國民眾大都看不見也感覺不到太空司令部在運作。[2] 太空司令部的行動大都是機密，最近才公開。之所以會有這樣的轉變，是因為軍事領袖們愈來愈強烈認為必須警告民眾和政治領袖們威脅浮現，危及美國的太空資產，事態迫切。

身為防務官，英格中尉格外密切觀察任何威脅，以保護美國最寶貴的太空資產，包括監視衛星、全球定位系統衛星，以及最重要的美國核子預警衛星網路。他指尖所操控的科技看起來簡單易懂，電腦把衛星和其他的太空飛行器轉化成立體影像，呈現在螢幕上，就像電玩遊戲一樣。雖然影像是人為顯示的，但是位置和飛行路徑卻是真實的，是即時從太空傳輸過來的。行動中心裡擺滿高科技設備，他坐在工作站，播放之前俄羅斯神風衛星追殺目標的模擬動畫給我看。神風衛星如同刺客，追蹤著目標，反覆繞著一顆美國衛星運行，兩者相距不到一千碼，這樣的距離在太空中實在是近得嚇人，因為那兩個物體都以二十倍光速的速度在移動。

「美國衛星，我們稱之為藍衛星，在太空中運行，俄羅斯神風衛星，我們稱之為紅衛星，模仿著藍衛星的一舉一動。」英格說，「根據太空的特性，我們認為那絕非偶然。」

Kosmos 2499 在美國衛星周圍「繞行」幾週之後，啟動微推進器，追趕下一個目標。從這樣的距離，它可以用幾種方式破壞或摧毀美國衛星。中俄試驗過雷射和其他導能武器，用功率相對低的電磁干擾，讓衛星「眼花」，這就像用手持雷射筆干擾商務客機飛行員一樣，不僅會影響飛行，甚至可能會發生危險，但時間短暫，而且會恢復正常。還有威力更強大的導能武器，能夠讓衛星永久故障，用威力更強大的爆炸能量把衛星「烤焦」。

更駭人的還有暴力攻擊，像子彈一樣，把衛星撞得支離破碎，讓殘骸布滿近地軌道。電影《地心引力》（*Gravity*）就是描述一艘太空梭意外撞上疾飛的太空垃圾，如果真的發生撞擊，攝影機可能拍攝不到，因為太空垃圾的移動速度取決於運行軌道之間的角度，可能快到人的肉眼看不到，瞬間就造成破壞。

在這宛如雷區的軌道上航行，令軍事與非軍事的太空航空器操作人員都繃緊神經。每顆衛星都是結合了珍貴的技術和功能，花費數千萬美元建造，再花費數千萬美元發射到太空中運行。「上太空難。」太空航空器操作人員喜歡說這句話。沒人希望太空變得無法進入。

太空是影子戰爭的危險新戰線，俄羅斯、中國和美國的其他敵人都加快腳步發展與部署太空攻擊能力，目的就是要削減美國在太空領域的巨大優勢，同時善用美國的一大缺點：美國不管是軍方或民間，都極度依賴太空資產和技術。太空這條戰線和影子戰爭的許多戰線一樣，儘管威脅日增，美國卻仍舊在爭論最佳的因應之道。

Kosmos 2499不是唯一的威脅，現在至少有四顆衛星，兩顆俄羅斯發射的，兩顆中國發射的，在做其他人造太空物體以前沒做過的事。分析繪圖公司（Analytical GraphicsInc.,）從這些太空物體發射之後，就一直在追蹤它們。分析繪圖公司的商業太空行動中心（Commercial Space Operations Center）位於賓州的鄉村，正在追蹤太空中約莫一萬個物體，實際透過群眾外包，建立了雷達天線和望遠鏡構成的全球網路，可以把太空中每條軌道的交通狀況繪製成只有十公分大的虛擬立體影像。商業太空行動中心的英文縮寫是「ComSpOC」（念成「康—史巴克」，同樣取名自《星際大戰》裡的史巴克），就像是太空空中交通管制中心，協助數百個操控衛星的政府和私人公司監控。在商業太空行動中心追蹤的物體中，有約莫一千五百個是可以操控的衛星，其餘是殘骸，有退役的衛星，有廢棄火箭節體，有小型衛星零件，宛如散布在高速公路路肩的輪胎皮、輪轂蓋和碎玻璃。根據分析繪圖公司繪製的影像，繞著地球運行的那些物體看起來如同門廊上的一道光，裡頭飛滿數千隻蚊子。

二〇一九年，美國軍方計畫讓史上性能最優越的太空監視系統開始運轉，這套採用尖端科技的地面雷達叫做「太空圍籬」，位於馬紹爾群島的瓜加林環礁，能追蹤十萬個以上的物體，連像壘球那麼小的物體都偵測得到。有一名指揮官告訴我，「太空圍籬」就像一道巨大的探照燈，幾乎能掃描到繞著地球運行的每個物體。而現在，那道探照燈發現愈來愈多的潛在威脅。

「美國多年來採取的立場都是，太空中不應該有戰鬥系統。」分析繪圖公司執行長保羅．桂齊亞尼（Paul Graziani）告訴我，「我認識的每個美國政府官員都不想要在太空打仗。不幸的是，敵人卻把我們逼向了另一個方向。雖然這些武器還沒被用過，雖然第三次世界大戰還沒爆發，但是很快就要爆發了。」

為什麼說第三次世界大戰呢？美軍指揮官們相信，敵人打算用太空武器痛擊美國本土和美軍。他們認為，太空武器是要用於全面開戰的武器。

在商業太空行動中心，衛星技術人員即時觀看著第二顆名為「盧奇」（Luch）的俄羅斯衛星把攻擊威脅拉到新高點。盧奇是在二〇一四年發射的，就在Kosmos 2499發射幾個月之後，不只有一個危險的功能，而是有兩個。它和前一顆一樣，可以在軌道內自由移動，鎖定一顆又一顆外國衛星，靠近到危險的距離，進行觀察、干擾或破壞。

在軌道上移動不是什麼新的功能，大部分的衛星都有一些推進力，可以微幅調整飛行路線。然而，若要從一個軌道移動到另一個完全不同的軌道，需要移動數百、乃至於數千英里；如果要貼近到另一個衛星周圍繞行，則需要以極高的軌道速度進行多次調整，這兩者都需要強大的動能、大量的燃料和高超的遠端飛行操控技術。移動靈活的衛星，像是盧奇，都有那些優點。要靈活移動，就得仰賴舊世代的氣體推進器和新世代的電磁推進，藉由發射電流束在太空中靈活移動。盧奇結合這兩種技術，彷彿太空戰鬥噴射機，速度快且移動靈敏。同時，盧奇也可作為繞著軌道運行的間諜平台，攔截太空中極度機密的衛星通訊，以活像巨大圓形硬漁網的太空天線捕獲每一段訊息。盧奇可以神不知、鬼不覺地溜到極度機密的美國監視和通訊衛星旁邊，進行竊聽，這簡直就像在維吉尼亞州蘭利市的中央情報局局本部遭到電話竊聽一樣。

在一年內，盧奇竊聽了三顆美國衛星，竊取極度機密的軍事與政府通訊。我們在商業太空行動中心裡觀看時，盧奇正在尾隨一顆商業通訊衛星。

「派間諜衛星緊跟著其他衛星，確實能讓俄羅斯取得在別處無法取得的機會。」桂齊亞尼說，「緊跟著那些衛星，盧奇就可攔截本來要傳給特定目標商業通訊太空飛行器的訊號。」

這種功能的基礎是簡單的物理學。地面通訊站傳向目標衛星的電波相當狹窄，因此，間諜衛星若要攔截那些訊號，就必須離接收電波的目標相當近。有些上傳的電波有加密，有的沒有，即使加了密，要解密也不是不可能，只要有足夠的時間和電腦運算技術，絕對可以解密。

二〇一三年，俄羅斯發射Kosmos 2499不久之前，中國也引進了一種新的太空武器，觀察家起初以為這顆試驗七號是傳統的衛星。後來，在軌道上經過一連串複雜的移動之後，試驗七號跑到同時發射的伴星衛星「創新三號」附近，似乎在測試該怎麼靠近、繞行並跟隨創新三號，這證明了試驗七號的功能類似於Kosmos 2499和盧奇這兩顆俄羅斯衛星。

後來，在二〇一四年，分析繪圖公司的技術人員注意到第二顆衛星從螢幕上消失了。是被摧毀了嗎？但是沒有殘骸的蹤跡。還是與大衛星對接在一起了？這我們就不清楚了。地球上的感應系統可以準確判斷太空物體的位置與大小，但是不一定能判別外形。

在整個二〇一四年，根據商業太空行動中心的觀察，比較小的那顆衛星反覆出現又消失，分析繪圖公司的分析人員認為只有一種解釋：試驗七號反覆抓住又釋放那顆小伴星衛星，「練習」一種全新的技能。保羅．桂齊亞尼及其團隊稱試驗七號是世界上第一顆「綁匪衛星」。

「試驗七號移動極度靈活，執行過一些任務。」我們在商業太空行動中心看著大螢幕演示試驗七號如何綁架衛星，他告訴我，「它會欺近它發射的小衛星，抓住之後釋放，抓住之後又釋放，不斷重複，反覆抓放。」

根據中國國營媒體的報導，試驗七號的機器手臂是用來撿拾太空殘骸以及執行衛星維修保養工作。然而，美國太空司令部的指揮官們發現還有其他更具威脅性的功用。中國對於太空軍事計畫毫不掩飾，在太空部署武器，配合中國的軍事戰略主軸，也就是「在資訊化的條件下打區域戰爭，並且取得勝利」。用外行人聽得懂的說法就是，把資訊科技應用到軍事行動的所有層面，從地面網路戰，到干擾與破壞敵人在太空中的資訊科技，包括攻擊衛星。在這種戰略之中，中國就是大衛，美國則是歌利亞：美國的太空與資訊科技最先進，也最容易遭受攻擊，因為美國是最仰賴那些技術的國家。

「根據我們所見，如果說美軍沒有進入備戰狀態，那我們絕對會嚇死。」桂齊亞尼說，「無庸置疑，中俄都認為在太空部署武器，能讓他們非對稱地增加勝算。」

現在，美國的指揮官們日益重視來自各個國家與非國家組織的非對稱威脅，太空賦予大小敵人新的機會，可以削弱乃至於徹底消除美國的科技優勢。

中國和俄羅斯帶頭在太空部署武器，他們還有夥伴，伊朗和北韓也在試驗用於攻擊太空的雷射武器。而且，理論上，只要有太空計畫的國家都可能會製造太空武器，而且速度非常快。分析繪圖公司估計，太空中有約莫一千個物體至少有一定的操控能力。而在太空中，當物體以時速一萬七千五百英里移動時，每個可操控的物體都可能變成太空武器。

「從軍事角度來看，可以受到操控而移動的物體，就可能會變成攻擊武器。」桂齊亞尼說，「如果你要的話，也可以拿車子當武器，用車子傷人，甚至是殺人都可以。任何一顆衛星也是這樣，衛星的移動速度非常快，一顆衛星撞上另一顆衛星，可摧毀被撞的衛星。」

在太空中，一個寬兩公分的物體就能像高速行駛的休旅車一樣，產生極大的衝力，只要小小的體積、少少的數量，就能產生極大的破壞力。在第二次世界大戰期間，轟炸機轟炸行動可能得動員一千架轟炸機、數千名飛行員；在太空，不到十個武器就能造成毀滅性的破壞。

在這之前的幾十年來，太空本來一直是一個平和的環境，即使在冷戰的高峰期，美國和俄羅斯都認同不能在地球的運行軌道上部署武器。在太空的競賽自然競爭激烈，從登陸月球的比賽可見一斑，但是並沒有公開敵對。接著，蘇聯解體之後，美國在太空就連競爭對手都沒有了，失去了唯一一個值得認真看待的競爭對手。然而，在最後十年，中國崛起，俄羅斯復興成為志在全球的強權，太空再度成為危險的競賽場地。

美軍針對太空戰爭進行了多次模擬，每次結果都令人提心吊膽。最糟的情況是，爆發太空大戰之後，地面也會接著全面開戰，甚至爆發核子大戰。在太空即使只是爆發有節制的小衝突，對美國平民和美國軍方都會造成毀滅性的結果。

美國人認為，第一次太空戰爭會無聲無息展開。敵人以光速在美國各地發動一連串精心策劃的網路攻擊，電視螢幕變成黑幕，網路連線變得異常，極度緩慢，慢如龜速，提款機故障。起初，可能會看起來像是倒楣，網路發生連環故障。鮮少人立刻感到驚慌。

接著戰線從網路領域延伸到遙遠的太空，地面雷射攻擊美國在近地軌道的通訊衛星，敵軍艦與軍機發射飛彈，摧毀在地球上方超過一萬兩千英里運行的全球定位系統衛星。接著，再往上數千英里，在同步軌道上，有些美國太空司令部的指揮官稱之為「最神聖的」軌道，新部署的神風衛星會癱瘓美國最重要的核子預警和監視衛星。最糟的話，敵人發動全面攻擊，導致軌道遍布殘骸，多年無法再使用。

衛星被摧毀會對民生造成更加全面的影響。金融市場會癱瘓關閉，因為貿易仰賴軍方的全球定位系統衛星網路確保時間一致。網路全面中斷，商業驟然停止，因為信用卡和銀行機器無法使用，零散不堪的手機服務也徹底失靈，如同九月十一日第二架飛機撞上雙子星大樓的那一刻，大家才恍然大悟，美國遭到攻擊了。

失去全球定位系統衛星，陷入混亂的絕對不只有金融市場。交通號誌和鐵路號誌也是仰賴全球定位系統來定時，會卡在紅燈，造成運輸停滯。空中交通停止，因為飛行員失去導航訊號。美國航空暨太空總署以及海洋暨大氣總署的衛星遭到摧毀或干擾，就無法再預測天氣了。

接著很快就輪到美國的電力公司和汙水處理廠停止供應服務，基本民生服務難以取得，政府官員擔心民眾失序，於是考慮宣布進入緊急狀態。

彼得・辛格（Peter Singer）二〇一五年的小說《幽靈艦隊》（*Ghost Fleet: A Novel of the Next World War*）裡，描繪過類似的場景，把這種太空時代衝突剛爆發的那幾個小時描繪得極度逼真。[3] 一旦爆發這種戰爭，美國會戛然陷入停頓，連結日深的世界會猝然切斷連結，美國最大的優點將變成最大的弱點。太空戰爭會令百姓陷入混亂，令軍方陷入癱瘓，陸、海、空與海裡的軍隊都變成眼盲，美國眾多現代精密武器全都無法使用。

「我們會倒退回第二次世界大戰時的打法。」美國空軍太空司令部前司令威廉・謝爾頓（William Shelton）將軍說，「沒有太空就無法存在的東西都將無法使用，像是遙控飛行器，以及在各種天候都能精準導引的軍備。現在不論時間、地點、氣候，我們都能準確攻擊地球上的任何地方，一旦爆發太空戰爭，我們就沒辦法了。」

一旦全球定位系統遭到破壞，美國就無法再把無人機定位到敘利亞的伊斯蘭國或巴基斯坦的蓋達組織攻擊目標；美國巡弋飛彈和精靈炸彈將炸不到目標；美國軍艦和軍機將必須回到以前，使用紙本地圖和無線電通訊；美國戰場上的部隊將看不見敵人戰機。

「現在幾乎任何軍事行動都是以某種從太空提供的功能為基礎。」謝爾頓將軍說，「不論是通訊、全球定位系統或是情報，都是從太空提供的，其實所有資訊都是，而且說白了，我們現在所處的正是資訊時代。」

太空戰爭剛爆發的那幾個小時，美國軍事與情報組織的武器就會失效，導致美軍無法反擊。「現在打仗不是比誰的軍力強，掌握比較多資訊的一方才可能獲勝。」謝爾頓解釋道，「所以，我們是用透過太空傳送的資訊來打仗的，這變成了美國打仗的方法，非常依賴資訊，非常依賴情報。沒了太空傳遞的資訊，我們就會退回到工業時代的打法，我不曉得我們還會不會打那樣的戰爭。所以，說太空戰爭可能會摧毀美國軍隊，我認為那樣說一點兒都不誇張。

國土和軍力都遠小於美國的敵國，只要在太空打贏一場戰役，就能立即變得與美國勢均力敵，影子戰爭的速度與威力著實嚇人。

一名資深情報官員告訴我，二〇一五年舉辦了一連串這種軍事演習，但是「並不順利」。這些演習變成美軍的當頭棒喝，促成意想不到的結果，美軍太空司令部的頂層指揮官們在二〇一五年召開一場特別的會議，呼籲整軍經武。

太空研討會（Space Symposium）四月在科羅拉多州的科泉市舉辦，地點在高檔的布羅德莫飯店（Broadmoor），這種會議通常是枯燥乏味，容易被遺忘。這場政府官員和產業團體的年度聚會，與國防部門的其他會議很像：提供機會讓大家拓展人脈，以及買賣最先進的武器技術。

然而，二〇一五年四月的這場研討會與往年截然不同，貴賓是國防部副部長羅伯・沃克（Robert Work），他是國防部長艾希頓・卡特的副手，負責統領美國的太空事務。那年在科羅拉多州，沃克副部長召集美國最高階的太空指揮官們，以及通過安全調查的其他產業專家，進行機密會議。雖然沃克的完整發言被列為機密，但是他的幕僚有發布解密過的摘要，隱約透露出他的主旨。「不論是在承平時期或是戰爭時期，我們都重度仰賴太空功能，因此，我們必須繼續著重掌控太空，以因應四起的挑戰。」他告訴與會者，「要保住軍事霸權，我們必須把所有太空資產，包括機密的和非機密的，等同視之。如果敵人想要破壞我們的太空功能，我們必須能協調整合，展開反擊。」[4]

有些與會人士用淺顯易懂的話來說明他的提醒，其中一個人就是分析繪圖公司的執行長保羅・桂齊亞尼。他回憶道：「那是我在整個職業生涯中最有趣的一場會議，當時大約有一百五十個聽眾：軍方的人、情報界的人以及承包商。沃克副部長徹底點出了真正的威脅以及因應之道。」

聽眾中有一個人是沃克主要要提醒的人，那個人就是時任美國太空司令部司令的約翰・海騰（John Hyten）將軍。海騰親口告訴我，他認為副部長簡直就是在訓斥他和美國太空部隊的全體同仁。

「我們原本都沒在動，我們其實是從二〇一五年四月十五日才開始動起來的。那天，國防部副部長搭飛機來到這裡，看著我說：『如果戰爭擴大到太空，你準備好了嗎？』我回答說：『呃，還沒。』接著他說：『嗯，你打算怎麼準備？』我說：『我們知道該怎麼做，我們只是需要一些資源和時間，我們會準備好的。』」

沃克警告說美國完全沒準備因應太空戰爭，命令指揮官們立即著手備戰。他的言辭充滿迫切感，在太空司令部的各個階層都引起共鳴。美軍現在才後知後覺地發現這個駭人的新現實，美國長久以來都固執地以為太空是安全的，以為一九六〇年代第一次太空競賽期間建立的規則至今仍舊有效。指揮官們說，那種過時的假想導致一連串其他的錯誤，包括忽視保護太空資產避免受到威脅，以及過於節制，沒有在太空測試與部署至少可以發揮遏阻作用的武器。

謝爾頓將軍就像太空時代的保羅・里維爾（Paul Revere），在二〇一五年四月那場會議的將近十年前就不斷提出警告，提醒麾下的指揮官們，美國必須徹底調整對太空的態度，首先就是要摒棄錯誤的想法，不能再認為太空是沒有人爭奪的地盤。

「我一直期盼能加速行動，無奈動作卻老是慢吞吞的。」他說，「每當我問說我們能不能積極保護我們的衛星，得到的答案總是不行。」

就連中國二〇〇七年進行反衛星導彈試射，也沒有激起美國立即採取決斷的行動。美國為何猶豫不決呢？謝爾頓將軍說，這有一部分得歸咎於龐大的軍事官僚懶散成性。

「那實在是漫長的等待。」謝爾頓將軍告訴我，「你也知道，美國政府其實非常能幹，只是太大了，行事費時，花了好久的時間才把這艘航空母艦航向正確的方向。」

然而還有一個問題，那就是美國太空部隊漸漸相信自己是無可匹敵的。其實美國曾經數次遭到偷襲而重挫，暴露出危險的深層弱點，在軍事歷史中班班可考。

偷襲珍珠港事件證明了美國海軍難以抵禦協同空襲；伊拉克戰爭證明了美國地面部隊難以抵禦叛軍；伊斯蘭國崛起證明了歐巴馬政府在伊拉克、阿富汗、非洲等地仰賴由美軍訓練的當地軍隊，難以抵禦敵軍；俄羅斯侵略與併吞克里米亞，證明了北約難以抵禦不對稱混合戰。幸好，美國空軍部隊還沒遭遇太空時代的偷襲珍珠港事件，但從中國和俄羅斯在太空武器的優勢來看，如果美國的戰略和資源不徹底改弦更張，這種攻擊不只是有可能，甚至憑據充足。

「沃克副部長傳達的主旨是，敵人已經認定太空是攻擊我國的方法之一。」謝爾頓補充說，「我們原本希望太空能維持和平，大家不要將太空行動軍事化，無奈事與願違。因此，我們要全力保護我國資產，並且摧毀敵人的太空能力。」國防部副部長沃克的命令讓太空部隊和全體美軍首次開始在太空動員備戰。

二〇一五年四月十五日的那場會議在整個美軍激起了漣漪效應，軍隊上上下下的指揮官逐漸發現，他們在戰場上仰賴的科技比他們以為的還要脆弱。如果沒有太空，他們要怎麼打仗？還有最重要的，如果沒有太空，他們會輸嗎？美國太空部隊的指揮官們接獲命令，必須盡快調整戰略，因應新的環境威脅。改變意味著大小事都要改善：找出太空威脅；保護太空資產；遵從上級命令，發展攻擊能力，在太空反擊敵人。美國以現實威脅為念，不斷在全球部署太空部隊。

參觀科泉市的施里弗空軍基地（Schriever Air Force Base），就會注意到少了的東西。施里弗座落在從洛磯山脈往東延伸的寬廣平原上，壯麗的派克峰矗立在背後。在實地看，這座基地與散布在美國各地的其他幾十座空軍基地並無二致，有一座座隱藏在保護罩內的衛星天線，被稱為「高爾夫球」，圍繞著具有實用功能的低矮建築。建築裡有指揮中心、作戰行動中心、宿舍，還有必要的健身中心和供軍隊同仁的孩子就讀的幼稚園。這裡風非常強，因此空軍人員的年度體能測試都在室內進行，避免風產生助力或阻力。營區周圍有高聳的圍欄，圍欄上面有刺絲網。在限制進出的建築周圍，還有一道更嚇人的封鎖設施，在那些建築裡的，都是最機密的任務團隊。

施里弗少的東西就是飛行線，也就是停放飛機的飛行跑道，其他每一座空軍基地都是以飛行線為中心建造的，這個很自然。以施里弗為總部的第五十太空聯隊（50th Space Wing），沒有任何戰鬥機、轟炸機或偵察機。他們完全沒有飛機，不派飛機執行任務，他們操控的「鳥」全都在上方數百英里，乃至於數千英里，那些「鳥」和飛行員現在都在積極備戰。

「我們現在在太空採用戰爭戰士文化。」空軍太空司令部司令大衛・巴克（David Buck）中將說。

巴克將軍的談吐完全就是個戰場指揮官：不說廢話，直來直往，喜歡爭論。對他和他的團隊而言，太空戰爭可不是遙遠的理論性威脅，而是真實的威脅，與伊拉克的伊斯蘭國或東歐的俄羅斯一樣。

「我想，如果十年前談到太空，大家大都認為太空是一種服務，一種提供服務的地方，我想是可以這麼說的。」巴克說，「如今不同了。我們是空軍太空司令部的戰爭戰士，這實在是酷斃了。」

第五十太空聯隊的部隊番號是「太空主宰」（Master of Space），部隊徽章上有一頭獅鷲，獅鷲下面就寫著「太空主宰」。獅鷲是會飛的神獸，獅身鷲首，源自中世紀，這頭千年神獸如今象徵二十一世紀的一支太空戰鬥部隊。現在的番號其實是改自二戰時的原始番號「天空主宰」（Master of the Sky）。二十世紀，這支部隊在諾曼第入侵期間提供空中掩護；後來，冷戰期間，駐紮在德國，駕駛核武戰鬥轟炸機；最後，波斯灣戰爭期間，率先執行空軍任務，投擲精準導引炸彈。在一九九二年他們飛完最後一趟飛機之後，就被賦予新任務，負責「飛」美國七十八顆最機密的軍事衛星。[5]

今天，如果第五十太空聯隊是一個國家，將能在掌控衛星數目這方面排名世界第六，排在印度後面與歐洲太空總署（European Space Agency）前面。各位可能會以為這項任務需要數量龐大的人員，以前稱為「太空飛行員」。但事實不只令我訝異，也令我有點惶恐。

在聯隊指揮中心的三樓，有六個指揮艙，又稱為「MOD」，裝設在厚厚的金屬門後面，那些金屬門看起來如同銀行金庫的門。在每個指揮艙裡都有一組航空勤務人員，有男有女，在操控與保護轄下的整個衛星群。在其中一扇門後面，有一組人馬操控著軍方的四顆「軍事星」（MilStar）衛星，「軍事星」為全球的美國作戰人員提供安全的通訊。在另一扇門後面，有另一組人馬操控著提供極高頻通訊的「極高頻」衛星群，極高頻是留用於最安全、最機密的軍事與情報通訊。總統就是用這些衛星來下達最機密的命令，部署軍隊；美國特種部隊也特別愛用極高頻通訊。在走廊盡頭，另一組人操控著所謂的鄰里守望軍事衛星，這些衛星負責監視太空，找尋會危及美國太空資產的潛在威脅，像是俄羅斯的 Kosmos 2499。

這支團隊操控的衛星是第二太空行動中隊（2th Space Operations Squadron）裡最多的，第二太空行動中隊簡稱「2 SOPS」，負責全球定位系統衛星群。第一顆發射的全球定位系統衛星服役已超過三十八年，全球定位系統衛星群是當今太空中最大的衛星網路，也可以說是最重要的。大部分的人都曉得全球定位系統的定位功能，這是每一種衛星導航系統的根基。這種繪製地圖的功能對於民間和軍方都十分重要，每架軍機、每艘軍艦、每艘潛艦、每架戰鬥機、每個導引式軍備、每架無人機，都仰賴全球定位系統的地圖繪製功能。全球定位系統也提供精準定時的功能，讓全球的時間戳記可準確到毫秒。現在每件事，從銀行交易，到股票交易，再到交通號誌燈，都仰賴全球定位系統的時間戳記校準才能運作。仰賴這項功能的絕對不只有美國，全世界每個國家都在使用全球定位系統，太空司令部估計全球有約莫四十億人每天生活都必須依賴全球定位系統，這是美軍免費提供全球使用的重大先進技術。

第二太空行動中隊的駐地在施里弗，中隊長是羅素・莫斯里（Russell Moseley）上尉，他和指揮艙裡的團隊都覺得異常冷淡沉默，與一切威脅和潛在的敵人之間隔著數百英里的天空。但在第五十太空聯隊眼中，那段相隔的距離是人造的。在太空中，物體以光速移動，幾百英里只要幾秒鐘就消失了。危險看來或許遙遠，其實瞬間就會發生。

「第五十太空聯隊上上下下每個人都全神戒備。」莫斯里說，「這是我們的職責。」現在，有二十四顆全球定位系統衛星在運作，還有十顆衛星備用，確保一個星期七天、一天二十四小時都能覆蓋全球。然而，負責操控那三十四顆衛星的，卻只是在第二太空行動中隊的指揮艙裡的一小組人馬。

「有多少人在這裡當值？」我問莫斯里上尉。

「我們現在當值的有七個軍人，以及一個民間承包商。」他說。

「你們負責三十四顆全球定位系統衛星？」我問。

「對，這三十四顆全球定位系統衛星在地球周圍運行，為全球提供全年無休的全球定位系統。」也就是說，每個值班人員得照顧超過四顆衛星，四顆價值兩億五千萬美元的衛星，不只是通訊和導航不可或缺，對任何網路裝置也日益重要。關掉衛星，就會切斷二十一世紀的網路世界。不久前，大家認為除了小行星和太空垃圾會造成危險之外，那些衛星和它們所占據的太空被認為是安全無虞的，如今已經不再那麼安全了。

「現在我們爭鬥的環境競爭激烈，敗壞惡化，而且未來只會每況愈下。」莫斯里上尉告訴我，「太空是全世界每一個人的最前線，未來將會成為新的邊境。」

太空也是影子戰爭的新戰線。

第四六〇太空聯隊（460th Space Wing）距離施里弗不遠，位於科羅拉多州奧羅拉市（Aurora）的巴克利空軍基地（Buckley Air Force Base），任務可以說是最要緊的：保護美國的核子預警衛星。大衛・米勒（David Miller）上校是四六〇聯隊的指揮官，[6] 他與許多同僚一樣都是在戰場上接受訓練的。米勒曾經在巴格達服役，擔任伊拉克總理和內政部長的軍事顧問，幫伊拉克安全部隊謀劃戰略，打擊伊斯蘭國和其他恐怖威脅。對他和某些人而言，太空戰爭不是理論性的威脅，而是真實的威脅，如同伊斯蘭國自殺炸彈客和狙擊手在地面對美國與伊拉克部隊造成的威脅。

「彈道長短不一，粗略估算的話，洲際彈道飛彈的飛行時間大約是三十到四十分鐘。」米勒上校說，「聽起來好像很久，但是你可以想像，我們身為最先報告發現飛彈的人，上級自然會希望我們在最短的時間內發出警告，向決策者建議應該如何應對。」

然而，現今預警系統大都仰賴在地球同步軌道上繞著地球運行的四顆衛星，約莫在兩萬兩千英里的高空，只要失去其中一顆衛星，美國的視力就會嚴重受損，這就是為什麼美國特別警覺中國又完成一次可疑的發射行動：把一顆與俄羅斯 Kosmos 2499 一樣操控靈活的衛星送到一萬八千英里的高空，可攻擊地球同步軌道和那些預警衛星。美國軍事分析人員認為，這次發射行動是在測試，中國打算在最高的地球軌道發動太空戰爭。從這裡就可看出局勢愈演愈烈。中國和俄羅斯是在炫耀自己正在發展武器，能威脅到每個軌道上的美國太空資產，即使是最遙遠和最重要的軌道也難逃魔掌，美國最機密的衛星就飛行在那些軌道上。簡單說，美軍指揮官們無法接受這樣的事實。如果敵人可摧毀防止美國遭受核武攻擊的衛星，那麼那些太空武器本身當然就是實際存在的威脅。

加州范登堡空軍基地在洛杉磯北部，位於一處因為電影《尋找新方向》（*Sideways*）而聲名大噪的產酒鄉村。范登堡空軍基地也是正在積極備戰的太空部隊，巴克將軍的指揮所隱藏在一座老舊的飛機庫裡。這座飛機庫在美國的太空計畫中歷史悠久：作為擎天神系列火箭（Atlas）的裝配廠，最初幾次太空發射都是以巨大的擎天神火箭作為運載火箭。現在巴克和他的「太空戰士」團隊正在開發新太空競賽的戰略和武器。

指揮官將作戰職務交付實際擔任過太空觀測員的人，其中一項新職務是防務官，防務官必須追蹤每一個發射到地球周圍的太空物體，找出新的太空威脅，也就是一天二十四小時盯著電腦螢幕找尋異常的威脅，那些威脅與在阿富汗包圍前進軍事前哨基地的塔利班戰士一樣，既真實又危險。二〇一四年五月最早發現太空出現俄羅斯神風衛星的，就是范登堡聯合太空行動中心的一名防務官。

施里弗、巴克利和范登堡的空軍人員有如哨兵，警戒著太空中隱隱逼近的衝突，在美國太空資產遭到威脅時發出警報。問題來了：發出警報之後該怎麼辦？第五十太空聯隊的人員或許可以自稱為太空戰士，但是現在他們並沒有武器。因此，儘管有崇高的隊訓，聯隊總部充其量也只是觀測站而已。

目前，如果他們發現威脅，向上呈報巴克將軍，巴克也只能命令科羅拉多州的團隊移動衛星，評估威脅，或逃離威脅。

「告訴你，在我們的太空部隊裡，沒有一個部門是沒有危險的，包括地面部門。」巴克將軍解釋道，「那些衛星是十五年前建造的，這表示它們是二十年前設計的，也就是說，在它們建造、設計和發射的年代，太空是一個和平的環境，沒有威脅。你能想像建造沒有自我防衛能力的燃料補給機或噴射機嗎？所以，我們的衛星岌岌可危，我們的地面基礎設施也岌岌可危，我們正在努力想辦法保護和捍衛它們。」

在影子戰爭的這個戰線上，最迫切的問題仍舊懸而未解：美國會以戰止戰嗎？美國會部署自己的太空武器嗎？我們拜訪了或許有人能回答這個問題的地方。「保護和捍衛」美國太空資產是美國太空計畫中最機密的要素，談到這方面，美國的太空指揮官們通常講得拐彎抹角。這部分的戰略計畫高度機密，由美國一處極度機密的軍事設施主導。

美國戰略司令部（US Strategic Command）位於內布拉斯加州的奧夫特空軍基地（Offutt Air Force Base），在一座埋藏地下三層的一九五〇年代地下碉堡裡。往下走三道階梯，抵達作戰行動樓層，感覺好像瞬間回到另一個時代。這座地下碉堡是在冷戰高峰期間建造的，當時設計是用來抵禦核彈爆炸，牆壁上砌著厚厚的強化水泥，走廊上有一道道厚厚的鍍銅鋼門，層層阻隔——鋼能抵禦核彈爆炸的衝擊力，銅能阻隔伴隨而來的電磁脈衝。

然而，現在的核子武器威力強大，無比精準，三層樓的泥土和水泥根本無力招架，因此戰略司令部裡的人不認為這裡是核子戰爭的安全避難處，至少要在地下幾百英尺的碉堡才可能防止核子戰爭，因此駐守在此的人員其實有安全逃生措施。上方的柏油地面，停放著一架軍用噴射機，加滿油料，隨時都可以起飛。一旦遭到核武攻擊，人員就會搭機逃離，屆時指揮官們可以在空中繼續指揮核子戰。

在一百年以上的歷史裡，奧夫特始終隨著時代的威脅而應變。奧夫特建立於一八九〇年代，當時叫做克魯克堡（Fort Crook），是印第安戰爭中在大平原（Great Plains）的一處前進前哨基地。一九一八年克魯克堡首次出現飛行機具，當時陸軍航空勤務隊（Army Air Service）在這裡設立了熱氣球場。後來為了紀念在奧馬哈出生的賈維斯・奧夫特（Jarvis Offutt）中尉而改名，奧夫特是第一次世界大戰期間的雙翼飛機飛行員。第二次世界大戰期間，奧夫特空軍基地建造了最早用來投擲原子彈的那兩架轟炸機，也就是到廣島投彈的「艾諾拉蓋號」（Enola Gay）和到長崎投彈的「博克之車號」（Bock's Car）。在一九五〇年代，冷戰愈演愈烈，核子衝突隱隱逼近，奧夫特變成戰略空軍司令部（Strategic Air Command）的總部，成為風暴中心，指揮與控制美國破壞力最強大的武器：洲際核子彈道飛彈和長程戰略轟炸機。[7]

即使在今天，奧夫特的核子任務仍舊十分重要，裡頭有一排數位時鐘，顯示全球各地的時間，包括檀香山、華盛頓、格林威治平均時間（或稱祖魯時間）、首爾、東京等地的時間。旁邊還有三個時鐘，上頭分別寫著「紅色衝擊時間」（Red Impact）、「藍色衝擊時間」（Blue Impact）和「安全逃離時間」（Safe Escape）：「紅色衝擊時間」是指還有多少時間美國洲際核子彈道飛彈會打中敵人領土；「藍色衝擊時間」是指還有多少時間敵人的洲際核子彈道飛彈會打到美國國土；「安全逃離時間」是指這裡的指揮官們有多少時間可以逃到作為空中指揮所的飛機。

我盯著牆壁看，感覺彷彿來到一九七〇年代和八〇年代的好萊塢，這裡感覺好像電影《戰爭遊戲》（*WarGames*）和《奇愛博士》（*Doctor Strangelove*）裡的場景。那些時鐘感覺像是從另一個時代借來的，是來自解體前的蘇聯，當時全球核子戰爭是國際關注的焦點。但我所訪談的空軍人員說得很清楚，威脅或許暫時消除了，但是並沒有永遠消失。

然而，現在戰略司令部負責的遠不止核子戰，這個總部總共負責美國九項迥異的重要任務，從核子攻擊到網路戰、資訊戰，再到情報、監視與偵察。在二〇〇〇年代初期，戰略空軍司令部也掌控美國的太空部隊，而且改名為戰略司令部。在九一一事件中，飛機撞擊雙子星大樓之後，空軍一號把總統載到奧夫特，奧夫特對美國國防有多麼重要，由此可見一斑。這裡的人員仍舊記得，那天早上布希總統走進作戰行動中心時，面色嚴峻，在這裡第一次聽到五角大廈和世貿中心都遭到飛機撞擊。

一直到二〇一六年，都是由西索．黑尼（Cecil Haney）上將擔任戰略司令部的指揮官，他是現代軍官的楷模：學歷十分優異，擁有兩個碩士學位，一個是工程與科技，另一個是國家安全戰略，而且作戰經驗豐富。黑尼上將隸屬於潛艦部隊，多次到核子攻擊和彈道飛彈潛艦上任職，潛艦是核三角的其中一角。我大概拜訪過美國太空司令部的每個單位，我向他提出一個最重要的問題：此時中俄正在測試與部署飛彈、雷射和神風衛星，幾乎可以摧毀美國在每個軌道上的每個太空資產，美國如果沒有能力反擊，如何能自保？

身為指揮官的他，討論起這種極度機密的軍事計畫，答案實在清楚得令人訝異。

「我們正在開發各式各樣的能力，任何選項都能拿來商量。」他說。

因此，在地下三十英尺這個可能是世界上掌控最大武力的指揮控制中心，我得知了第一次太空軍備競賽可能很快就要展開了。

在太空開戰不只是可能，而且是非常可能，參戰的各方勢必都得付出慘重的代價。如果爆發大規模太空戰爭，後果不只不堪設想，而且覆水將難以收回。數十萬，乃至於數百萬片的殘骸，將使太空飛行器，不論有沒有承載人員，好幾個世代無法在地球軌道上飛行，太空將會變成一片繞著軌道運行的雷區，每一片殘骸都會變成能摧毀衛星或太空飛行器的武器。如果那些交通繁忙的地球軌道變成禁區，地球上的人會失去很多逐漸仰賴的功能：衛星電視、衛星通訊、透過全球定位系統衛星對時的金融交易，最重要的莫過於美軍保衛國土游刃有餘的信心。

為了說明第一次太空戰爭有多危險，海騰將軍引述美國軍事史上最血腥的戰役，蓋茨堡戰役。這樣的比較著實令我震驚，美軍認為關於蓋茨堡的記憶十分神聖。如果美國的最高太空指揮官是這樣看待即將爆發的這場衝突，那麼美國會遭遇什麼樣的浩劫呢？

「如果你去過蓋茨堡，你就會知道，蓋茨堡是地球上最美麗的地方之一。」海騰將軍告訴我，他一臉惆悵，淚水盈眶，接著繼續說，「風景秀麗。那裡我去過大概十幾次，與家人和朋友去過，到古戰場散步。我走在古戰場上，一邊欣賞著美麗的風景，腦海裡一邊想像著一八六三年七月三日那裡是什麼模樣，那一天皮克特（Pickett）發動了最後一波衝鋒。我想像著數以千計的戰士和戰馬屍橫遍野，還有泯滅人性的殺戮，慘不忍睹。

「如果我們在太空開戰，我們破壞掉與創造出來的環境會遺留幾十年，乃至於幾百年，與地球同步運行的殘骸更將會永遠存在。」海騰繼續說，「我們必須避免太空戰爭，一旦爆發太空戰爭，探索太空的夢想就會破滅。看看中國，看看俄羅斯，看看美國，看看歐洲，看看日本，看看以色列，這些國家全都嚮往探索蒼穹。為什麼我們要破壞太空呢？未來一定會爆發衝突，我只希望太空環境不會遭到破壞。」

未來一定會爆發衝突。從即將接掌美軍大位的人口中聽到這句話，可真是令人惴惴不安。

美軍指揮官們清楚指出，一旦戰爭爆發，破壞了太空環境，沒有一方會是贏家。太空指揮官們喜歡說：「衛星沒有母親。」意思是說，在太空戰爭中直接損傷的不是血肉之軀，然而，正因如此，大家才更需要深思太空戰爭的後果。後果就是太空時代的「相互保證毀滅」（mutual assured destruction），冷戰時期簡稱為「MAD」，指的就是核武破壞力的威脅。

「在太空中使用動能武器全面開打會對太空造成什麼樣的破壞，我想我們都十分清楚。」謝爾頓將軍說，「所有人將無法使用太空，不只是那兩個明顯的敵人，而是所有人。而且會有很長一段時間無法使用。」

然而，核武僵局從以前到現在，逐漸衍生出一套各方均認同的原則，認同協商，減少武器，還有最重要的避免衝突。

「美國和俄羅斯在冷戰期間絕對有達成協議，或許沒有說得明確，但是至少心照不宣。」謝爾頓將軍說，「不能碰太空中的戰略資產。兩國起碼都認同這條紅線。我認為我們還沒與中國人進行過同樣這番對話，因此，我認為他們完全沒有想過要收手的念頭。」

換句話說，太空無法可管，沒有協約可以維持和平。

美國以前曾經嘗試在太空部署武器，立即清楚發現那樣做實在是危險至極。一九五七年俄羅斯發射「旅伴號」（Sputnik）揭開了太空時代的序幕，事實上，在太空時代元年，美國就在地球軌道上部署武器了，美軍指揮官把太空視為下一個合理的戰場。

一九六二年七月，美國偷偷在兩百四十英里高的太空中引爆一顆核子武器，這顆核彈名為「海星一號」，這次在地球大氣層外的機密武器測試是人類史上威力最強的一次。結果驚天動地。在地面的觀察人員目睹一個亮點，持續發出強光，照得一架遠在紐西蘭的飛機發現變得更加容易找到反潛艦演習的標靶。核爆除了提高能見度以外，也激化了電離層的能量（電離層是地球周圍一層布滿電子的大氣），造成地面電子設備故障。這次核爆造成夏威夷的用電網路全面停電，但爆炸點其實是發生在超過一千英里外的南太平洋上空。[8]

美國軍方後來發現另一個意外的結果：核爆讓地球周圍產生了人造輻射帶，輻射帶的脈衝電子造成七顆衛星故障了幾個月，包括世界第一顆商業通訊衛星和英國的第一顆軍事衛星。之後的十年裡，美國太空計畫都持續偵測到那些輻射帶，期間美國的太空人前往地球軌道以及更遠的地方數十次。不顧這些預警現象，美國和蘇聯在一九六二年結束之前，又在太空中進行了幾次核彈試爆。[9]

一九六三年，俄羅斯又進行太空武器測試：在一顆衛星上安裝化學爆炸裝置，移到另一顆俄羅斯衛星附近之後引爆。俄羅斯這次試爆未對地球造成重要的影響，但近地軌道立即多了數千塊殘骸，萬一在太空發生碰撞，將會造成損害或是破壞，危及俄羅斯自己和各個國家的衛星。那顆是俄羅斯的神風衛星，比 Kosmos 2499 還早發射超過五十年。

那些早期的太空武器試爆發生在遙遠的太空，一般人看不見，但試爆結果令俄羅斯和美國的領導人都十分憂心，因此這對冷戰的死對頭都心照不宣地宣布在太空休兵。根據大部分人的說法，停戰是持續到一九八〇年代，當時《星際大戰》又讓民眾注意到太空。雷根總統提出了戰略防禦計畫（Strategic Defense Initiative），支持者和反對者都稱之為「星際大戰計畫」，目的是要避免地球遭到核武攻擊。事實上，戰略防禦計畫重新激起了太空軍備競賽。一九八五年，美國又進行了太空武器測試，這次是用 F-15 戰鬥轟炸機裝載改裝過的飛彈，稱為空射型微型飛行器（air-launched miniature vehicle），射向一顆除役的美國氣象衛星。那顆飛彈命中目標，造成近地軌道又多了數千塊的殘骸。俄羅斯再次提議禁用太空基礎武器，雙方雖然沒有正式達成協議，但是都暫停測試太空基礎武器一段時間。

俄羅斯人和美國人認為，只有爆發核子戰爭，才會動用太空武器——核子戰爭是「相互保證毀滅」慘劇的其中一部分。雙方在使用太空都毫無節制。現在俄羅斯和美國，以及中國、北韓和伊朗，愈來愈認同在傳統衝突中使用太空武器，愈來愈認為「可行」，因此也愈來愈可能在盛怒之下發射太空武器，在影子戰爭中又開闢新戰線。

然而，可能加入太空大戰的國家變多了，有十幾個國家有能力在太空引爆核子裝置，包括美國、俄羅斯、中國、伊朗、北韓以及英國和法國這兩個北約盟國。世界上有長程飛彈系統的國家比核武強權還要多，任何一個有長程飛彈的國家都能夠用飛彈攻擊太空中的目標。同時，有幾十個國家在研發可摧毀或破壞太空資產的雷射和導能武器，有些甚至提供商業販售，讓非國家組織能取得類似的設備，像是俄羅斯製造的全球定位系統和格洛納斯干擾機（GLONASS jammer）。

初期的太空武器測試經過五十年之後，太空再度成為幾個國家的武器測試場，由影子戰爭的主角們帶頭。二〇〇七年一月十一日，中國從位於四川省山區的西昌衛星發射中心（Xichang Satellite

Launch Center）發射一枚火箭，起初有些在美國的人以為這枚中國火箭運載的是傳統衛星，但火箭飛升到大氣層上方之後，便飛去撞擊一顆中國氣象衛星。火箭以每秒八公里的速度撞上衛星，把衛星炸得粉身碎骨，變成數千塊殘骸。原來這枚火箭是大規模太空破壞武器，中國這次太空武器測試引發國際譴責，一來是因為這意味中國步步進逼，打算在太空動武；二來是因為地球軌道原本就布滿殘骸，現在又多了六千片，變得更加危險，每片都可能會摧毀衛星或太空飛行器。一片兩公分寬的太空殘骸，以軌道速度移動，擁有的能量相當於一輛以時速七十英里行駛的休旅車，足以摧毀人類發射到太空中的任何東西，包括國際太空站。

二〇〇八年二月，美國伊利湖號（Lake Erie）導彈巡洋艦從海上發射一枚戰術導彈到太空，攔截與破壞一顆在軌道上失控偏離的美國衛星，官方稱之為「燃霜行動」（Operation Burnt Frost），目的是防止衛星上頭有毒燃料危及地球上的人。然而，很多人認為美國是在警告中國和俄羅斯等國家，美國有太空防禦武力，隨時備戰。雖然美國尚未決定在太空部署防禦武器，但是，二〇〇八年的飛彈攔截衛星戲碼證明了，如果總統和軍隊指揮官決定部署太空防禦武器，美軍起碼是辦得到的。我訪談過那些指揮官，顯然有些人正在催促那樣做。

飛彈、導能武器（包括雷射）、軌道反衛星系統（像是俄羅斯的Kosmos2499「神風衛星」）、可在太空引爆的核子裝置，都能作為太空武器。

二〇一七年在波斯灣進行測試時，一支CNN團隊親眼目睹美軍的第一個作戰雷射武器，又稱雷射武器系統。CNN團隊目睹能量瞬間爆發，摧毀目標，第一個目標在水面上，第二個在空中，致命火力以光速移動。海軍告訴我們，雷射武器系統摧毀目標的樣子看起來很像「長程火焰噴燈」。龐塞號（Ponce）的甲板上架設著一門雷射武器系統，那可不是實驗用的，而是作戰用的，只要艦長一聲令下，就能反擊進逼的威脅。

要在太空部署雷射武器系統這類的武器，美國就必須大幅修改戰略，美國軍事領袖和策劃人員仍在討論是否要改變。然而，許多人在二〇一六年四月注意到，國防部副部長羅伯．沃克似乎是在提出新的警告，在演說中鄭重宣告，美國倘若在太空中遭到攻擊，絕對會立即「反擊」——不只是反擊，他補充說，「還要打敗敵人」。

那年稍後我前往五角大廈到他的辦公室拜見他，問他是不是在警告必要時會在太空開戰。

「不是，美國無意在太空發動戰爭，但我不想讓潛在的敵人認為：『嘿，咱們可以在美國的衛星旁邊一直繞，遲早能走運偷襲成功。』」沃克副部長解釋道，「『而我們也能摧毀敵人的衛星。』所以我認為應該要讓想要與我們為敵的人明白這一點。打從一開始，如果有人騷擾我們的太空設施，我們就會以牙還牙，加以遏阻。」

戰略改變可能僅限於在美國衛星周圍部署防禦武力，也就是相當於太空的飛彈防禦。

「這樣說吧，能發射魚雷反制敵人自然是好事。」他繼續說，「所以我們一直在討論怎麼做才是上上之策，就我看來，坐以待斃絕非良策。」

然而，美軍如果在太空部署具有攻擊能力的武器，就類似中俄現在部署與測試的那些武器，可能會進一步將太空武器化。

「基本上，威嚇的方式有兩種。一種威嚇方式是勸止，也就是說服敵人相信，不論他們怎麼做，不論他們攻擊我們的衛星多少次，我們都承受得了，能繼續運作。第二種威嚇方式是懲罰，也就是警告敵人：『如果你打我，我會反擊得更用力。』」

現在有些人倡導的，正是第二個選項，從地球發射的武器是其中一種手段。理論上，每個戰術導彈都能摧毀太空中的目標，起碼絕對打得到在近地軌道上的目標，近地軌道在大氣層上方約莫一百英里而已。一九八〇年代，美國曾經派 F-15 飛到地球的大氣層內，發射飛彈摧毀太空中的目標。二〇〇八年，美國海軍驅逐艦發射飛彈，同樣摧毀太空中的目標。然而，沃克副部長的一席話讓美國愈來愈可能在太空中部署武器，在衛星上面裝載武器，抵禦威脅。

「可以裝載反制武器，以反制來襲的武器。」沃克副部長說。他拿深水炸彈來比擬，第二次世界大戰期間，美國軍艦專門用深水炸彈來攻擊敵潛艦。

「驅逐艦會保護商船，艦上有深水炸彈，用來攻擊潛艦。所以，你應該可以想像，我們在太空就是要進行那樣的反制。基本上都是防禦性質的，避免我們的衛星遭到破壞。所以，有些人可能會說：『我怎麼覺得聽起來像在太空發動攻擊。』我們認為完全是防禦。最重要的是，我們說過了，我們的政策就是不發展會在太空中製造大量殘骸的武器。」

美國更加深入探究「星際大戰」的領域，悄悄開發美國第一架太空無人機「X37B」。這架無人機像極了太空梭，根據官方的說法是可以反覆使用的太空飛行器，能運載東西到太空。其他的用途則是機密，但操控性佳，經過證實能在軌道上飛行數百天，如此在太空既可攻又可防。然而，美國堅稱X37B不是武器，但俄羅斯和中國相信嗎？

「他們要下什麼樣的結論，隨便他們。」海騰將軍告訴我，「我只能告訴你，現在X37B不是武器，而且我們的本意也不是要拿它當武器。我們可以用它來實驗新科技，也可以把東西運載回來查看狀況，確認沒問題之後再運載回太空。實在是妙用無窮。所以，我可以告訴你它有什麼功能，我可以告訴世人它有什麼功能，它絕對不是武器。但有些人看到它就擅自解讀，而且固執己見。」

然而，海騰將軍仍舊認為太空衝突是無可避免的，最後大概就是用好萊塢所描繪的那些科技吧。

「總有一天會出現X翼戰機，人類的衝突會擴大到太空。我們進入的每個領域都容易爆發衝突，我們自然希望太空不會爆發戰爭，但是這實在是難以如願啊。我們必須做最壞的打算，假設我們看到的是真的，有人在擴張武力，準備挑戰我們，我們必須有能力打敗敵人。一旦敵人來襲，我們絕對會打敗敵人的。」

所以要如何降低爆發太空戰爭的可能性呢？太空指揮官們說美國必須全盤重新思考太空防禦，還有目前的太空資產有多麼容易遭到攻擊。

「我們的目標就是要打造韌性。」曾經在國家安全會議（National Security Council）針對太空威脅提出建言的作家彼得．辛格說，「韌性就是遭到攻擊之後可迅速恢復，安然解決危機。韌性和冷戰式的威嚇有所不同，冷戰式的威嚇是告訴敵人：『別打我，因為我會以牙還牙。』韌性則是讓敵人知難而退：『別打我，因為起不了作用，傷不了我。』我們的太空能力還沒有韌性，我們的衛星數量還不夠。」

二〇一四年美國就嚐過缺乏韌性造成的苦果，當時全球定位系統出現單一個技術故障，就導致整個美軍癱瘓。

「美軍有多達數萬個系統，從航空母艦到每一輛悍馬車，都無法導航。」辛格說，「大家不只不曉得自己在哪，也不知道其他人在哪，因為全球定位系統故障了。如果這種情況發生在戰時，後果不堪設想。萬一在太空打輸，就可能會出現這種結果。」

衛星本來就很脆弱，設計與建造的原則就是盡量裝載多一點精密的系統，同時把重量減到最輕，如此才能用小一點的火箭，花少一點的經費，把衛星送到軌道上。正因如此，衛星完全無法像戰艦一樣裝備裝甲，或者像軍機一樣增加防衛功能。當然還有其他的難處。比方說，干擾絲，干擾絲是小金屬片，軍機會發射干擾絲來瞞騙防空導彈，但是如果在太空使用干擾絲，會製造大量太空殘骸，反而會危及美國的衛星。

「他們正嘗試加強系統的韌性，這表示敵人或許能摧毀衛星，但是我們至少可保住衛星的功能。」

桂齊亞尼說。

因此焦點就在於減輕失去一顆乃至於數顆衛星所造成的損害，方法就是使用可以快速替代而且替代成本低的衛星，同時把同一項功能分配到多顆衛星上。各位還記得為美國提供核子預警系統的那四顆衛星嗎？只要少掉其中一顆，美國就無法監視大約地球四分之一的地區有沒有飛彈發射。

「這個策略是為了解決實際的威脅，敵人會攻擊我們的衛星，因為敵人知道衛星很脆弱。」桂齊亞尼說。

美國雖然聚焦於加強韌性，但是並沒有因此輕忽增加傳統形式的防禦。有些美國衛星現在有裝備一些「強化防禦配備」，防止電子干擾。此外，美國現在建造的衛星，愈來愈多具備逃離「神風」或「綁匪」衛星的能力。但這些措施還是無法保證衛星安全無虞，威力強大的導能武器可破壞強化防禦配備，用足夠的能量攻擊衛星，就能破壞衛星上面的系統。再說，儘管有些可能成為攻擊目標的衛星能夠移動，俄羅斯的神風衛星和中國的綁匪衛星也可以移動啊。

要打造韌性，其中一個方法可能是仰賴快速發展的微衛星技術，微衛星就是很小的衛星，只有幾公分寬。美國已經部署數百個作為實驗之用，一次發射超過十個，利用其他的太空任務來運載。微衛星比烤麵包機還要小，可以傳送訊號和拍照，還可以在太空中靈活移動。

「微衛星的大部分現在都還在研發中，」空軍太空司令部的大衛·巴克將軍解釋道，他遞給我一個目前正在進行測試的微衛星，黑色金屬方形，幾磅重，很像立體音響的零件，看起來完全不像太空飛行器。訪談時他說得很明確，我們頭頂超過一百英里高的太空中，有數十個在飄浮。「美軍，」他說，「正在思考該如何運用這個微型科技，微衛星可以追蹤飛行器和傳輸通訊，有些甚至有推進動力。」

此時美國已經在追蹤超過兩百個在軌道上運作的微衛星，由美國和其他幾個國家所發射，包括俄羅斯和中國。對美國而言，微衛星的應用潛力很簡單：把美國的太空需求從現在部署的數百個衛星分散到數千個，甚至更多，讓目標變得多到敵人打不完。

目前微衛星大都仍用於實驗，美國還是必須仰賴大型衛星來執行最根本的任務。根據物理學的定律，衛星必須有一定的大小和電能，才有足夠的能量，在距離遙遠的太空與地球之間往返傳輸訊號。然而，美國現在在新的衛星上配備新的能力：推進器和燃料，用於躲避潛在的威脅；擋光板，用於防禦雷射武器；或許很快就會有沃克副部長所提出的「太空深水炸彈」。

美國人記得在一九五〇年代和六〇年代的太空競賽中美國大勝，但可能也忘了，一九五七年俄羅斯發射「旅伴號」之後，太空競賽才在恐慌中展開。人類的第一顆人造衛星引發了恐懼，美國害怕自己落後於超級大敵，於是立刻開始推動大規模的太空計畫，從水星計畫的太空人、甘迺迪誓言把人送到月球上，到最後阿波羅計畫的成功，在一九六九年七月二十日登陸月球。然而，這場新的太空競賽——以及影子戰爭的這條新戰線——進展得相當快，而且美國所面臨的強敵不是一個，而是兩個，俄羅斯和中國。

「我們將會看見中國人登陸月球的背面，那將成為創舉。」二〇一九年一月中國成功登陸月球之前，彼得．辛格說，「火箭將會從地球升空，飛到月球，釋放登陸艇。登陸艇將會在月球的背面登陸，出動機器人，上面有中國國旗。那將是歷史性的一刻，不只是中國的，而是全人類的。我們必須了解我們不會是領頭羊。」

這就是二十一世紀之後的軍備競賽，美國開始擬訂作戰計畫，但是沒有絕對的勝算，這本身就是一種調整。美國習慣在太空獲勝，今日的太空競賽與一九六〇年代的太空競賽一樣，競爭十分激烈。

「癥結已經找到了，但卻沒有實際採取行動，解決問題。」辛格說。

二〇一五年四月在科羅拉多州的太空研討會，沃克副部長下令展開備戰，美軍現在聽從命令，積極整備。

二〇一六年初，保羅．桂齊亞尼及其在分析繪圖公司的團隊注意到，他們的老朋友Kosmos 2499靜止將近一年後，又動了起來。

「它靜止好長一段時間，每個人都以為：『好呀，終於沒燃料了。』」桂齊亞尼告訴我，「因為大家認為它一直動個不停，最後一定會沒燃料。」

這顆俄羅斯衛星從二〇一四年發射起就忙個不停，一直在其他的俄羅斯太空資產附近執行複雜的動作，看起來是在測試機動性能。美國太空司令部認為，Kosmos 2499 能夠移動到其他衛星的移動路徑上，破壞該衛星，因此把這顆俄羅斯太空飛行器稱為「神風」衛星。美國認為俄羅斯在測試新的太空武器。但二〇一五年，Kosmos 2499 停了下來，美國以為它的使用期限到了。

「接著，出乎大家的意料，靜止不動那麼多個月之後，它竟然又動了起來，又執行了一些複雜的動作。」桂齊亞尼說。

Kosmos 2499 執行的動作與美國在它停止之前觀察到的類似，然而，它停止那麼久之後，竟然還能執行那些動作。這表示這顆俄羅斯衛星還有燃料，還有動能，美國之前錯判了。Kosmos 2499 又開始活動了。

「俄羅斯繼續用不同的方式來使用他們已發射的系統。」桂齊亞尼說。

翌年，二〇一七年六月二十三日，美國發現第一顆俄羅斯神風衛星潛行於軌道才經過三年多，俄羅斯又從位於北極圈邊緣的普列謝茨克航天發射場（Plesetsk Cosmodrome）發射一枚火箭。火箭運載了什麼，俄羅斯國防部和俄羅斯國營媒體都沒有透露任何細節。有些專門監視俄羅斯太空行動的網站推論，火箭運載的可能是被稱為大地測量衛星的新型衛星，用於精準測量地球表面，作為飛彈鎖定目標之用。然而，Kosmos 2519 在地球上方四百英里運行的最初兩個月，仍舊是個謎。

二〇一七年八月二十三日謎底揭曉，Kosmos 2519 看起來好像生出了一顆小衛星，被稱為 Kosmos 2521。二〇一五年時，美軍的技術人員還得自己推測衛星的作用和功能，然而，這次不一樣了，莫斯科異常坦白。俄羅斯國防部宣布Kosmos 2521是所謂的檢查衛星，並且解釋說它是用於檢查主衛星Kosmos 2519。[10]俄羅斯和中國一樣，宣稱這些高機動性的衛星單純只是太空中的維修工，不是武器。

又經過兩個月之後，十月三十日，Kosmos 2521把一顆更小的衛星Kosmos 2523釋放到軌道中；俄羅斯國防部解釋說這顆也是「檢查衛星」。發射一枚火箭，就把三顆衛星送上軌道，每顆的機動性都十分優越。俄羅斯遵照標準程序，向聯合國登記每顆新衛星，以與「母」衛星分離的日期作為發射日期，並且注記：「用於為俄羅斯聯邦國防部執行任務。」[11]

中國也再度展開行動。二〇一八年初，中國在二〇一六年十一月發射的實踐十七號（SJ-17）展示了機動性能，地點在一處十分遙遠的太空新角落：在地球上方約莫兩萬兩千英里的同步軌道上。

實踐十七號在離地球最遠的衛星軌道上展現了複雜的舞步，美國把一些最機密的衛星部署在那條軌道上，包括軍方的核子預警衛星。為了進行這些測試，中國還把另一顆名為「中星二十號」（ChinaSat 20）的舊衛星部署在墳場軌道，在同步軌道上方約莫兩百公里。各國會把停用的衛星「停放」在墳場軌道，讓停用的衛星與運作中的衛星保持安全距離。

接著中國把綁匪衛星實踐十七號放到同步軌道下方附近的一條軌道，綁匪衛星便悄悄追蹤目標繞著地球轉，分析繪圖公司的技術人員團隊即時監視整個過程。

「實踐十七號從同步軌道下方跑到同步軌道上方，與在相對位置移動的衛星會合。」桂齊亞尼說，

「這種嶄新的機動性能讓衛星能夠進行複雜的移動，執行會合接近行動。」

在軌道之間移動已經夠複雜了，但真正令桂齊亞尼及其團隊嘆為觀止的，是實踐十七號與目標靠得有多近。

「相距只有幾百公尺，這實在是非常近。」他說，「我們沒看過它與別的東西靠得比這更近。」能在離地球那麼遠的軌道上靠得那麼近，表示對空間掌控十分精確，中國是在證明自己在太空追蹤物體的能力超乎美國的認知。此舉也顯示了中國現在對實踐十七號的信心，實踐十七號可能是世界上最先進的太空武器。

「他們精確知道那兩個太空飛行器的位置，而且有信心能移動到靠得那麼近。」桂齊亞尼向我解釋，「如果不是這樣，實踐十七號可能會撞上另一顆衛星。實踐十七號造價十分昂貴，我實在不認為他們會讓它冒險。」

「他們肯定很清楚實踐十七號的能耐。」他推論道。

中國證明了實踐十七號可以在太空中綁架敵人的衛星。

不論是俄羅斯還是中國，都在打造特製的衛星，提升性能，執行特定的任務，Kosmos 2499 用於撞擊衛星，實踐十七號則是用於綁架衛星。

「它們需要大量燃料和大型引擎，才能長距離移動，從一條軌道跑到完全不同的另一條軌道。」桂齊亞尼說，「這是武器系統必須具備的能力，這樣才能從遠處出其不意偷襲目標。」

影子戰爭正在太空擴張。

當中俄展現他們的新太空武器有多可靠之際，美國始終提高警覺密切觀察。中國和俄羅斯的進步，刺激太空界討論得更加熱烈，商討美國現在必須怎麼保護太空資產。下一步至關重要，大家普遍認同，美國若是不採取行動，可能會輸掉太空戰爭。

「世界上的其他國家也紛紛密切關注這個問題，尤其是感覺受到中國或俄羅斯威脅的國家。」桂齊亞尼說，「害怕中國或俄羅斯的國家如果擁有衛星，就會擔心衛星遭到中俄攻擊。」

最困難的問題就是美國該不該用自己的太空武器反制中俄的武器，以前的美國總統和高階軍事指揮官對於是否要在太空部署武器都猶豫不決，憂心引發新的太空軍備競賽。軍事指揮官們強調，如果太空爆發熱戰，絕對不會有贏家，戰爭會造成太空軌道遍布殘骸，誰都無法再使用。儘管有這些顧慮，保羅・桂齊亞尼認為川普政府仍舊比較傾向部署攻擊武器。

「我認為上一屆政府對最後一點敏感多了，他們真的不喜歡提到『攻擊』這個詞。」他告訴我，「我猜這屆政府不會避諱。」

在太空界有些人，包括桂齊亞尼，樂見這樣開誠布公。他們的目標不是要在太空發動熱戰，而是要遏止戰爭。遏止太空戰爭與遏止核子戰爭一樣，有一部分建立在「相互保證毀滅」這個原則之上。如果美國真要走這一步，即使是有節制的，桂齊亞尼認為美國的領導人必須向美國的敵人清楚說明這類太空攻擊能力。

「如果想要發揮有效的威嚇效果，就必須讓敵人知道動武會有什麼下場。」他說，「如果主要是想要威嚇敵人，那將攻擊武力加以保密就沒道理了。」

後來證實，二〇一四年發射 Kosmos 2499 並非單一或獨立的太空試驗，而是俄羅斯一連串持續行動中的第一次行動，目的是要測試與部署尖端太空武器。中國有樣學樣，開發愈來愈多的太空武器，有些甚至具有獨特的功能。神風衛星、綁匪衛星、太空中與地球上的雷射武器，都是最新太空戰爭裡的最新太空武器。但美國的這個問題仍舊懸而未決：要加入這場太空軍備競賽嗎？或者其實已經加入了？

今天中國與俄羅斯可以從太空癱瘓美國，讓世界上最強大的軍隊無法作戰，讓美國民眾生活陷入停頓。北京和莫斯科都測試與部署了武器，能夠讓美國失去公部門與私部門所仰賴的諸多技術。就這一點而言，以太空為本的資產與技術雖然為美國取得無可匹敵的優勢，但卻也產生了無可比擬的弱點，中俄正想方設法要利用這個弱點來重創美國。

美國的軍事策劃人員與戰略人員很清楚中國和俄羅斯的網路能力，而且關注好一段時間了，到最近才察覺並開始關注中俄這兩國在太空的攻擊能力。因此，即使是美國太空司令部的老鳥也承認，美國沒有徹底解決這個威脅，因此可能會落後於中俄。直到現在，美軍才開始擬訂戰略，試圖降低與遏止敵人對美國太空資產的威脅。然而，許多問題仍懸而未解，包括美國該不該測試與部署自己的太空攻擊武器。大家達成了共識，就是美國的軍方、公部門與私部門都必須加強太空韌性，也就是將以太空為本的能力，像是全球定位系統和關鍵通訊系統，分散到更多的衛星，以減輕損失一顆或數顆衛星造成的傷害。然而，美國仍舊面臨更大的戰略決定——核子武器出現時，美國也曾面臨類似的決定，包括這個最重要的決定：是要把焦點放在遏止太空軍備競賽或是加入？這項決定的難處在於可能會造成太空僵局升溫，導致美國和對手爆發雙方都不想要的衝突。

第七章
破壞選舉

二〇一四年俄羅斯首次鳴槍示警，發動大膽的資訊戰，干擾美國的政治制度；過了整整一年之後，又首度對民主黨發動試探性攻擊，影響二〇一六年的總統大選。攻擊目標是美國國務院的電子郵件系統，瑞克・雷吉特（Rick Ledgett）從頭到尾都監視與觀察著俄羅斯的行動，他當時擔任國家安全局副局長，不久前才從局內的威脅行動中心（Threat Operations Center）主任晉升為副局長。多年來，他都在國家安全局追蹤與反制俄羅斯的網路攻擊，但這一次他發現狀況有所不同。

「長久以來，當我們發現俄羅斯人在網路上與我們鬥法時，便會向他們暗示我們已經發現了。」雷吉特解釋道，「接著他們就會採取防禦行動，像是移除惡意軟體之類的，然後消失。」

「他們會躲起來，過一陣子再以截然不同的樣貌回來，我們就得將他們找出來。」他補充說。這變成了網路貓捉老鼠的遊戲規則了，俄羅斯的戰術相當保守而且容易預測。如果國家安全局發現俄羅斯官方駭客入侵或者企圖入侵美國政府網路，美國就會採取防禦行動，阻止駭客入侵，驅逐駭客。屆時俄羅斯就會逃離網路，過一陣子再偽裝成不同的樣貌，藉由不同的途徑回來。「駭客會逃回家，更換工具。」雷吉特說，「他們還會改變外貌，讓我們下一次認不出來，首要的目標就是不要被逮住。」

二〇一四年，俄羅斯攻擊國務院改變了遊戲規則，現在，國家安全局技術人員發現俄羅斯敵人，展開攻防，俄羅斯駭客不會離開，駭客會重新利用同樣的網路工具，再次攻擊網路。俄羅斯駭客現在明目張膽攻擊，不再遮遮掩掩。

「從二〇一四年開始，駭客的主要目標是竊取資料。」雷吉特說，「駭客不再在乎我們知不知道他們在搞鬼。」

俄羅斯駭客入侵國務院系統與多數入侵網路的手法一樣，俄羅斯駭客首先會找出弱點作為破口，而這裡的弱點就是國務院的非機密電子郵件系統：國務院職員稱機密系統為「高層」（high side），稱非機密系統為「低層」（low side）。根據國務院的規定，只能在「高層」分享機密或敏感資訊。「低層」網路也被認為是安全的，但很少外交官員將它當成安全的網路來使用。我在美國駐北京大使館工作時，同事和我很清楚，中國能偷窺我們的「低層」電子郵件。我們寄出電子郵件之後，有時中國外交官就會立刻打電話過來，問一些啟人疑竇的問題，顯然他們是偷看過信件內容，幾乎每個人都經歷過這樣的事。

雖然非機密網路不是用於傳送機密資訊，但仍含有大量對於敵國外交部門相當重要的資訊。

「非機密網路會傳送許多重要的資訊。」雷吉特說，「暗語，零碎的資訊，可以拼湊出重要的情報。第二，要隨時注意非機密網路和機密網路之間是否有關聯，也許有，也許沒有，通常應該是沒有，但是有時會有。」

這就是搜集情報的苦差事，但是數位時代的諸多計算機功能讓這差事變得簡單一些。現在情報機關負責搜集大量的資訊：搜集數量驚人的電子郵件、電話、行事曆紀錄、網路搜尋等等，藉此推斷敵人的活動。

「你可以將國務院想像成一個全球組織。」雷吉特解釋道，「在全球各地都有非機密的終端機，用於處理大小事，上起傳送國務院的非機密電報，下至訂購辦公室聚會要吃的餐點。」

在有些國家，國務院的系統是唯一可以上網的管道。烏茲別克沒有康卡斯特（Comcast）的分公司，雷吉特舉這個例子來說明，美國的外交人員經常使用低層網路處理私事。國務院有明文規定駐外人員是否可以使用低層網路做什麼事，但駐外人員經常不遵守規定。

於是，俄羅斯從那些國家其中一台電腦開始入侵國務院的系統，但國務院遭到入侵的內幕仍舊屬於機密，因此雷吉特舉一名大使的例子來說明。那名大使讓兒子使用國務院的系統玩網路遊戲：一個遊戲就會讓俄羅斯的惡意軟體有機可趁，駭客就能入侵整個網路，偷窺全球一百九十個國家數千名美國外交官員的活動。

俄羅斯駭客在國務院的電子郵件系統裡藏匿好幾個月之後，國務院才發現遭到入侵。然而，雷吉特說駭客是在替誰辦事，國家安全局一清二楚。

「要調查網路入侵活動，有幾個重點要注意。第一是駭客使用的密碼，第二是駭客使用的設備，換句話說，就是駭客用什麼『跳點』來入侵目標。」他說，「駭客會使用某一台伺服器或電腦，在地球上的某個地方，來入侵目標網路，展開一連串的竊盜行動。」

駭客也留下了數位指紋，讓國家安全局最後能追查出哪些駭客做了什麼事。駭客總是會在網路活動中留下「破綻」，和塗鴉藝術家或撲克牌玩家一樣。

「可能是重複使用某些密碼。」他說，「駭客如果寫出一組漂亮的密碼，就會在另一套惡意軟體中再重複使用。」

這種偷懶和自負的心態，非常有助於國家安全局判斷是哪個俄羅斯駭客「下手」的。然而，雷吉特強調，要明確斷定犯人，就像國家安全局揪出國務院電子郵件以及後來二〇一六年選舉的駭客，需要耗費時間搜集與拼湊資料和情報。

「沒辦法找到單一證據就說：『嘿！這個證據就可以揪出駭客了！』還要查明駭客入侵的目標。」他說，「一旦發現駭客在網路上竊取資料，還要查明駭客在偷什麼資料。追蹤一段時間之後就會發現，原來駭客是在偷美國對俄政策的資料。」

二〇一六年俄羅斯再度發動規模更大的網路攻擊，干擾美國選舉，二〇一四年搜集的線索和發現的指紋，幫助國家安全局找出元凶。然而，雷吉特回顧二〇一四年時顯然感到沮喪，認為當時又忽視了警訊，沒察覺俄羅斯的行徑明顯出現危險的改變。事實上，他說警訊從頭到尾反覆出現，顯示俄羅斯徹底改變網路戰術和目標，但是美國領導人和政策制定者卻從頭到尾反覆低估警訊，包括情報界。

美國對於網路入侵的反應與美國對俄羅斯其他攻擊的反應，如出一轍：事前忽視警訊，事後祭出無法遏止俄羅斯以後再犯的輕罰。俄羅斯在二〇一四年格外肆意妄為，擴大攻擊與干預，同時開啟多條戰線：在網路攻擊美國，在地面攻擊烏克蘭。俄羅斯在二〇一四年擴大網路攻擊，反映出了侵略全球的野心。

「俄羅斯直接表現在政治與軍事上的行為就是侵略烏克蘭；直接表現在外交上的舉止則是飛揚跋扈。」雷吉特說，「普丁想要恢復俄羅斯在世界上的地位，與美國平起平坐。」

俄羅斯用各式各樣的舉動挑釁美國。二〇一四年七月出現了格外令人膽戰心驚的二十四小時，俄羅斯飛彈在東烏克蘭上空擊落了馬來西亞客機MH17，翌日，俄羅斯軍事雷達鎖定在北歐國際空域的一架美國偵察機，美方飛行機組人員十分擔心自己被鎖定為攻擊目標，於是顧不得沒有報備就逃到瑞典的領空。[1] 根據雷吉特的說法，從這些舉動看來，俄羅斯整個政府上下的方針一致，要對西方採取更加挑釁的態度。

不久後俄羅斯便對美國發動史上最大膽的網路攻擊。

曾在歐巴馬總統任內擔任國家情報總監的詹姆斯．克拉伯將軍，是美國最高階的情報官員，他說他最早得知俄羅斯企圖滲透美國的政治組織，是在二〇一五年夏天，也就是國務院電子信箱系統遭到入侵的幾個月後，距離二〇一六年的選舉日還有超過一年的時間。然而，克拉伯將軍承認，他並沒有立即明白俄羅斯的行動會造成多麼嚴重的後果。

「我當時並不覺得會有多嚴重，因為顯然俄羅斯人本來就將我們視為頭號敵人，也是竊取情報的首要目標。」克拉伯告訴我。

這次明確的目標是民主黨全國委員會（Democratic National Committee），民主黨全國委員會在二〇一五年九月首度接獲祕密警告，一名聯邦調查局中階探員打電話通報委員會，說俄羅斯駭客至少入侵了一台電腦。

多年後，民主黨的幹部回想起聯邦調查局最初的反應，仍舊難掩氣憤。

「他們打電話到民主黨全國委員會的服務處留言。」時任希拉蕊總統選舉總幹事的約翰．波德斯塔（John Podesta）說，「我覺得事態嚴重，但是他們卻沒有認真看待。」

我坐在波德斯塔對面，可以明顯感覺到他十分失望。他述說著攻擊事件以及他所扮演的角色，講話口吻彷彿失去摯愛的人。

九月的那通電話是聯邦調查局第一次直接聯絡民主黨全國委員會，但是卻只留言給一名基層技術人員，相當於一般公司的電腦維修部門。結果技術人員沒有回覆聯邦調查局的來電。

「你也知道，聯邦調查局很忙。」前中情局莫斯科分部長史帝夫．霍爾（Steve Hall）說，「他們有很多事要處理，但我認為，如果可以重新來過，他們應該會改變態度，認真處理。」

那名民主黨全國委員會的技術人員確實有查看系統網路，但並未發現任何問題，而且未將聯邦調查局的警告向委員會裡的上司呈報。結果就鑄成了大錯，接下來幾個星期乃至幾個月，駭客竊取了數十萬的電子郵件和文件。霍爾相信，俄羅斯駭客自己可能都很驚訝，戰果竟然如此豐碩。

「我可以想像，他們幾個星期之後應該會說：『嘿！很順利耶！瞧！咱們成功入侵網路了！』」霍爾說。

連續幾個星期，聯邦調查局不斷撥打民主黨全國委員會的同一個電腦維修部門電話號碼，民主黨全國委員會的幹部不滿聯邦調查局的探員從來沒有從聯邦調查局的總部，穿越國家廣場（National Mall），到距離很近的民主黨全國委員會總部親自警告他們。

「現在回過頭來看，我想他們大概會說：『哎呀，我們當初應該積極一點。』」霍爾說，「但同樣地，本來就很難預料事情的結局，這次的結局倒是挺有趣的。」

直到選前幾個月，俄羅斯擴大網路入侵行動，即使攻擊愈來愈大膽，許多機關與政治組織卻仍舊缺乏警戒。

二〇一五年十一月，選舉日的一年前，同一名聯邦調查局探員再次打電話向民主黨全國委員會通報更加緊急的消息：有一台民主黨全國委員會的電腦現在正在將資料傳送回俄羅斯。民主黨全國委員會的那名電腦技術人員同樣又沒有採取行動，民主黨全國委員會說聯邦調查局沒有進一步通報委員會的高階領導人。那些決定讓俄羅斯駭客能夠在民主黨全國委員會的電腦裡自由通行好幾個月，竊取更多資料。俄羅斯後來公開竊取的資料，造成了巨大的影響。

「一個強大的外敵企圖積極干預我國的選舉過程，你會以為其他的情報機關還有白宮本身應該都會提高警戒。」波德斯塔說。

湯姆．竇倪龍（Tom Donilon）曾經擔任歐巴馬總統的國家安全顧問到二〇一三年，曾經親自見過普丁。至少現在回過頭來看，他看破了前國家安全委員會探員普丁的手腳。

「那實在是令人驚恐，完全符合普丁的意圖，想要破壞西方的制度。」竇倪龍告訴我。

「我十分篤定普丁打從一開始就有參與，清楚一切細節，甚至可能是謀劃者之一。」竇倪龍說，「他知道這項行動，而且八成非常想知道：『喝，這招真的能成功嗎？』」

此時，俄羅斯駭客已經在民主黨全國委員會的網路和伺服器逛了好幾個月，但他們鎖定的是新的政治目標。為了誘捕新的獵物，他們使用最粗糙的網路武器，也就是俗稱的魚叉式網路釣魚電子郵件，大部分的讀者八成都曾經遭到類似的網路武器攻擊過。

「魚叉式網路釣魚電子郵件看起來很像谷歌的警示語，不只鎖定組織，許多個人用戶也遭到鎖定。」FireEye 網路安全公司的情報分析主任約翰．賀奎斯特（John Hultquist）說。民主黨後來請 FireEye 診斷與解決網路入侵問題。

「使用者會以為那是安全警告訊息，點下去就掉入陷阱，讓駭客能竊取個人資料，盜用帳號。」賀奎斯特解釋道，「那種電子郵件看起來很像真的，看起來很像合法的。」

魚叉式網路釣魚電子郵件就像是資訊系統的臭蟲：無所不在，而且幾乎無法根絕。不論網路防火牆多麼固若金湯，不管網路安全團隊多麼高明，只要有個員工一個不小心隨手點下滑鼠，整個系統就可能會遭到駭客入侵。在這個案例中，弱點就是希拉蕊競選總幹事約翰．波德斯塔的電子信箱帳號。

「當時出現了一個谷歌的警示語，說系統發生問題，要我更改密碼。」時任希拉蕊總統競選總幹事的波德斯塔低聲告訴我。我覺得他的腦海應該重演過那一刻不只一次，幾乎到身體感覺到疼痛的地步。

這個看起來像善意提醒的警示語，其實是魚叉式網路釣魚電子郵件，使用這類電子郵件常用的警語提醒收件者：「有人剛剛使用了您的密碼。」接著提醒收件者「立即」變更密碼。信末寫著「Gmail團隊謹上」，看似無害，令人信以為真。

「其實收到這封信的是我的助理，於是我的助理詢問網路安全人員該怎麼辦。」波德斯塔說，「我想，網路安全人員犯了無心之過，竟然叫我的助理依照警語指示點下去，結果我的助理就照做。」

這個無心之過最後惹出了滔天大禍：波德斯塔的網路安全人員其實有發現那封郵件有問題，但是回信時卻打錯字，鑄下了大錯。

「他本來是要說信『有』問題，但是卻說成『沒』問題。」波德斯塔說得十分無奈。

「後來發生什麼事大家都知道。」他補了這一句。

打錯一個字，誤點一下滑鼠，就導致俄羅斯駭客進一步入侵民主黨，隨心所欲窺視波德斯塔的數萬封往來電子郵件。波德斯塔是希拉蕊的競選操盤手，而希拉蕊本來被認為是最可能當選美國總統的候選人。俄羅斯用最簡單的網路武器就達成目的。

「我想這應該令所有網路安全專家都扼腕吧。」克拉伯將軍以獨特的平淡談吐告訴我。

到了選舉日的八個月前，俄羅斯駭客已經成功入侵了民主黨的兩個電腦系統：希拉蕊競選陣營和民主黨全國委員會的電腦系統。駭客對於自己的活動絲毫不加以隱藏，其實國家安全局的雷吉特在一年前駭客入侵國務院電子郵件系統時就注意到同樣的情況。

「我們頗為訝異，駭客竟然在網路上如此恣意妄為，簡直就像不認為自己得為行為承擔任何後果。」賀奎斯特說。

在競選過程中，希拉蕊看似篤定會獲得民主黨提名之後，她便開始轉而關注與攻擊可能會獲得共和黨提名的對手川普。二〇一六年四月，她公開保險桿貼紙的競選口號：「愛勝過恨。」（Love trumps hate）川普也全力反擊希拉蕊，在四月的同一天宣告：「我們要徹底打敗邪惡的希拉蕊，打得她暈頭轉向。」

再回來談民主黨全國委員會，俄羅斯駭客第一次入侵民主黨全國委員會的電腦經過九個月之後，民主黨全國委員會的那名電腦技術人員才終於發現駭客入侵。民主黨全國委員會通知聯邦調查局，並且聘請網路安全公司 CrowdStrike。

CrowdStrike 的技術人員迅速展開行動，立即找到兩個有嫌疑的駭客集團，都有累累的網路攻擊前科，而且與俄羅斯關係複雜，名為「夢幻熊」（Fancy Bear）和「舒適熊」（Cozy Bear），美國情報單位認為他們就是幫俄羅斯政府辦事的駭客。

這兩個集團，網路安全專家都熟知，行事沒有特別隱密，此外，他們的大膽行徑令許多人覺得古怪，甚至於笨拙。

「很久以前我們就知道這兩個集團了，早在他們干預選舉之前就知道了。」賀奎斯特說，「我們認識這兩個集團很多年了，有很多證據可以證明他們是俄羅斯人或者是說俄語的人。」

證據出奇簡單，連外行人都看得懂。其中一點就是，駭客似乎都是根據莫斯科的工作時間上下班。

「他們犯的錯誤就是留下這些時間戳記。」賀奎斯特解釋道，「觀察這些駭客一段時間之後，你就會發現他們確切的工作時間，他們的工作時程完全符合俄羅斯西部的時區。」

駭客還留下其他線索，將他們與普丁的俄羅斯更加直接綁在一塊，這些線索就是網路安全專家所說的「語言工具」，他們用來寫電腦程式的是西里爾字母，也就是俄文。

賀奎斯特及其團隊面臨新的入侵行動，絲毫不敢鬆懈。二〇一六年夏天，他們發現「夢幻熊」找到了新的獵物。

「把這些傢伙逮個正著，實在是痛快。」賀奎斯特用幾近淘氣的語調說得興奮。

賀奎斯特及其團隊在民主黨的另一個網站逮到駭客：ActBlue，那是民主黨和其他革新團體的募款網站。

「駭客把前往ActBlue捐款系統的人騙到駭客所擁有的伺服器。」他說。

班・瑞德（Ben Read）在FireEye的總部擔任網路諜報活動分析經理，他後來說明駭客如何用幾可亂真的假網站來取代真的網站。他在電腦螢幕上打開一張圖片，顯示民主黨國會競選委員會（Democratic Congressional Campaign Committee）網站在二〇一六年七月十九日的模樣，很難看出ActBlue的連結，必須切換成網頁原始碼才看得見，也就是網頁背後的電腦程式碼。使用者如果點真網站上的超連結，會連到「secureactblue.com」，然而，如果點假網頁上的超連結，會連到「secure.actblues.com」，看起來很像，不過多了一個點和一個s。

瑞德當下立即的反應是：「怪怪的。」

那個s露了餡，「actblues.com」不是民主黨國會競選委員會的網站，是俄羅斯的假網站，即使是功力最淺的技術人員，只要仔細看，也能看出破綻。

「我發現網站遭到入侵之後，立刻召集大家，發電子郵件通知各單位，包括目標組織。」瑞德說，「顯然我們必須立刻警告他們。」

這次網站遭到入侵，民主黨國會競選委員會立即發現了，並修改漏洞，沒讓駭客深入募款系統，竊取大量與使用者和競選活動有關的資料。然而，這次網路攻擊沒有得逞，一樣是俄羅斯敵人幹的，他們似乎不在乎沒有掩蓋行蹤。

「我們十分篤定主使者是俄羅斯情報組織。」賀奎斯特說，「因為我們追蹤這個集團很久了，找到許多證據，有的需要經過鑑識，有的不用，都顯示這個集團是在幫俄羅斯情報機關辦事。」

現在的問題是：俄羅斯情報機關會拿這些資料去做什麼？他們會把竊取的資料變成武器嗎？

二〇一六年六月，選舉日的五個月前，美國民眾才首度隱約知道會發生什麼事，傳達訊息的人是神祕的部落客「Guccifer 2.0」。美國情報機關認為 Guccifer 暗中幫俄羅斯執行網路入侵行動，與舒適熊和夢幻熊一樣。

「他們喜歡用假身分來執行任務。」前中情局莫斯科分部長史帝夫．霍爾說。

最重要的是，俄羅斯正在發動下個階段的對美資訊戰：將偷來的資料變成武器，影響選舉程序。Guccifer 散布一些從民主黨全國委員會偷來的文件，其中有一份百萬美元捐款人的名單，以及一份分析川普的對手研究報告。

「我也是情報員出身的，因此我經常假想自己是俄羅斯情報官員，覺得很有趣。」霍爾說，「我可以想像那些傢伙說：『說不定我們真的能影響選舉，這樣想會不會太愚蠢？』」

「這種想法八成傳到了上級耳裡，然後上級就說：『行，怎麼不行？咱們就來試試。』」他說。

新聞首次報導民主黨全國委員會遭到駭客入侵過一天之後，Guccifer 就散布資料。Guccifer 後來又繼續散布偷來的資料，不只有民主黨全國委員會的，還有希拉蕊陣營和民主黨國會競選委員會的，他們全都遭到俄羅斯駭客滲透了。

「俄羅斯政府利用駭客竊取的資料，當成武器拿來對付敵人，也就是美國。」霍爾說。

「我們依舊是俄羅斯的頭號敵人。」他補充說。

不久後 Guccifer 與另一名出版商聯手，由維基解密（WikiLeaks）領頭，這個組織是朱利安・阿桑奇（Julian Assange）所創立。二〇一〇年十二月我在倫敦訪問過阿桑奇，就在維基解密洩漏遭竊的數千份美國全球外交電報不久後。當時那個洩密舉動洩漏了史上最多的機密文件，在訪談中，他解釋說他想要揭發美國政府機關，他認為美國政府是獨裁政府。

「保安官的職責是保密，新聞界的職責是向大眾揭露真相。」他告訴我，「所以揭發真相是我們的職責，我們要克盡職責。國務院怠忽職責，這是事實。」[2]

這種職責聲明在六年後二〇一六年總統大選期間會變得很耳熟。我追問他，為什麼他沒有同樣關注中國和俄羅斯這兩個真正的獨裁政權，他卻沒有回答。

二〇一六年七月二十二日，維基解密在推特發布一則驚人的聲明：即將公布大約一萬九千封民主黨全國委員會的電子郵件。

美國情報界十分篤定，維基解密是從聽從克里姆林宮命令幫俄羅斯政府辦事的駭客手中取得電子郵件的。

「他們要生意人所說的中間人。」霍爾說，「也就是第三方，我想維基解密就是扮演這個角色。」中間人的功能就是把入侵美國政治機關的行動和克里姆林宮撇清關係，這種推諉否認的作法不管能否取信於人，的確是影子戰爭的基本特色之一。

前國家情報總監詹姆斯・克拉伯將軍告訴我，美國情報機關沒有上當，他們掌握了鐵證，可以證明維基解密和俄羅斯確實有勾結。

「這樣說好了，」克拉伯告訴我，「我們十分篤定他們確實有勾結。」

民主黨代表大會即將召開，根據當時的普選民調，希拉蕊大幅領先川普。代表大會是個大好的機會，不僅可以開始將競選焦點放在共和黨的對手身上，也可以拉攏支持黨提名桑德斯（Bernie Sanders）的民主黨選民。

代表大會的三天前，維基解密公開第一批電子郵件，遭竊的電子郵件暗指民主黨全國委員會的高層領導偏袒希拉蕊，對桑德斯有失公正。民主黨全國委員會主席黛比・華瑟曼・蕭茲（Debbie Wasserman Schultz）於是成為桑德斯的支持者發洩怒氣的焦點，她站上講台時，桑德斯的支持者毫不留情表達憤怒。

「麻煩各位安靜！」她對著眾人的噓聲大吼。

華瑟曼・蕭茲被迫辭掉主席職務，成為俄羅斯擴大干預美國總統選舉的第一個受害者。

後續公開的電子郵件都立即成為美國媒體的頭條報導，後來希拉蕊陣營的幹部和支持者譴責這種現象，說媒體太容易隨外國的干預行動起舞。

川普毫不掩飾，格外樂見民主黨內部分裂遭到揭露。七月二十五日，他在推特上發文：「大街小巷流傳著一則新笑話，說俄羅斯之所以洩漏外揚家醜的民主黨全國委員會的電子郵件，是因為普丁喜歡我。根本就不應該寫那些郵件，真是蠢。」

七月二十七日，川普竟然鼓勵俄羅斯盜取希拉蕊的電子郵件，那番話當時著實令人捏了一把冷汗，如今更是飽受譴責：「俄羅斯人，如果你們有在聽的話，我希望你們可以找出不見的那三千封電子郵件。」

美國情報官員後來告訴我，他們之所以懷疑川普陣營和俄羅斯人勾結，原因之一就是川普總統的這類公開言論。一名高階情報官員提醒我，別忽視了「開放原始碼」的證據，也就是在公共領域的證據。

一名川普的多年密友也公開提到俄羅斯竊取的資料。羅傑．史東（Roger Stone）反覆暗示，他早就知道電子郵件會被公開，是維基解密的朱利安．阿桑奇和他之間的聯絡人告訴他的。

二〇一六年八月八日，史東告訴一群共和黨員：「其實我與阿桑奇洽談過，我認為他下一批要公開的文件與柯林頓基金會有關。然而，十月會有什麼驚喜，他就沒說了。」

八月二十一日，他在推特上發文：「相信我，很快就要輪到波德斯塔被爆料了。」

十月初，史東在推特提出一連串明顯的警告，說維基解密即將公布的資料會傷害希拉蕊陣營。

十月二日：「星期三希拉蕊就完蛋了。#維基解密。」

十月三日：「我十分篤定，@維基解密和我的英雄朱利安．阿桑奇很快就會帶給美國人一場震撼教育。#把她關起來。」

十月五日：「自由黨認為阿桑奇會收手，實在是痴心妄想。飛彈要爆了#把他們關起來。」

接著十月六日：「朱利安．阿桑奇會挑個好時機，爆料打垮希拉蕊。我的預測絕對準。」[3]

「似乎有跡象顯示，川普陣營和維基解密之間關係密切。」前國家情報總監克拉伯告訴我，語氣冷淡，「這樣說吧。這巧合實在是耐人尋味。」

史東從頭到尾都否認直接與阿桑奇接觸，或者講白一點，與俄羅斯敵人勾串。

有個人似乎樂見對手的指控愈來愈激烈，那就是普丁。九月一日，普丁接受彭博新聞社採訪時，說俄羅斯涉及的部分根本毫不重要。

「資料是誰偷的，重要嗎？」普丁說，「重要的是向大眾公開的內容吧。」

「沒必要找出是誰偷資料，故意掀起無關緊要的議題，轉移大眾的注意力，模糊問題的焦點。」他補充道，「再強調一次，我完全不知情，俄羅斯政府也從來沒有做這種事。」[4]

在國家情報總監辦公室裡的克拉伯將軍愈來愈擔心。

「我確實打從心底擔心，我認為事態十分嚴重，我國民主制度的核心遭到攻擊吶。」克拉伯說。

我聽過許多追查俄羅斯干預選舉的情報官員說打從心底驚恐，他們都是經驗老道的特務，從冷戰時期就開始追查俄羅斯的情報行動。然而，俄羅斯干預二〇一六年美國選舉的規模和蠻橫程度是史無前例的，不僅激起了許多人的愛國心，也造成了以前很少感受過的恐懼。

「我之所以強烈認同我們十月發表的那番聲明，這就是原因之一。」克拉伯告訴我。十月七日，距離選舉日還有一個月又一天，美國情報機關公開點名，就是俄羅斯偷了民主黨的資料，而且經過策畫，在特定時間點公開那些資料，以影響選舉。

「美國情報體系確信，」國土安全部和國家情報總監辦公室的聯合聲明寫道，「近來美國人民與機關的電子郵件遭竊，包括美國的政治組織，是俄羅斯政府所主導。DCLeaks.com 和維基解密等網站以及網路紅人 Guccifer 2.0，近來公開疑似遭竊的電子郵件，不論是手段或動機，都符合俄羅斯所主導的行動，這些竊盜與公開電子郵件的舉動，目的是想要干預美國選舉過程。」[5]

會選擇國土安全部和國家情報總監辦公室聯合背書發表這篇聲明，是經過深思熟慮的，找國土安全部背書，是要清楚表明美國將俄羅斯干預選舉視為攻擊國土；找管轄美國所有情報機關的國家情報總監辦公室背書，代表這是美國情報體系的共識。

川普總統及其部分支持者後來卻聲稱，那份聲明只是少數人的見解，因為並非十七個情報機關都有簽署背書。其實，大部分的美國情報機關並不負責分析俄羅斯干預選舉，因為分析那種威脅並不是他們的職責。其他的情報機關，包括美國海岸防衛隊的情報部門，他們負責偵察海上威脅；還有緝毒局（Drug Enforcement Administration）的情報部門，他們負責搜集與走私毒品有關的情報；還有美國海軍陸戰隊的情報部門，他們負責搜集陸戰隊部隊部署在戰場上的情報。不論如何，不相信俄羅斯有插手干預的人，持續強調「並非十七個機關都有背書」這個論點。

雖然十月七日的聲明將焦點放在竊取與公開民主黨失竊的電子郵件和文件，但卻意有所指地提到一件更令人憂心的事：真正的投票系統可能會遭到攻擊。「有些州近來也發現有人在刺探與選舉有關的系統，大部分的選舉系統出自一家俄羅斯公司所操控的伺服器。」聲明寫道。當時，國家情報總監辦公室和國土安全部還沒有把握斷言，俄羅斯也是攻擊選舉基礎設施的幕後首腦。

隨著選舉日逼近，美國政府是用國家情報總監辦公室和國土安全部的公開聲明向俄羅斯挑明：我們知道你們想搞什麼鬼，我們不會袖手旁觀的。然而，之後的幾個小時內發生的事，立即轉移了全國的注意力。

希拉蕊陣營的競選總幹事約翰．波德斯塔告訴我，他永遠都不會忘記那天晚上。「國家安全部部長和國家情報總監聯合發表聲明，說俄羅斯人積極干預美國選舉。」波德斯塔回憶道，「那天稍後，《前進好萊塢》（*Access Hollywood*）的錄音流出了。」

二〇〇五年川普與《前進好萊塢》的主持人比利．布希（Billy Bush）開黃腔，在不知情的情況下被錄下來，錄音公開後，立即搶走了國家情報總監辦公室聲明的新聞版面。川普曾經到肥皂劇《我們的日子》（*Days of Our Lives*）客串演出，在劇中的台詞徹底顯露對女性的厭惡。

「我本來想上她，可惜她結婚了。」川普繼續說，「我像發情一樣對她放電，但沒有得逞，因為她結婚了。現在看到她才突然驚覺，她隆了大假奶，而且臉完全變了樣。」

他繼續說著不堪入耳的言語，被錄成有名的「《前進好萊塢》錄音」。

「我天生容易受到美女吸引，看到美女就會湊過去親，像磁鐵一樣。我直接就親了，毫不遲疑。你如果是大明星，女人就會讓你親，你想幹什麼都行。」他說，「摸她們的屄，你愛摸哪都行。」

「當然，所有人的注意力都轉移到川普在那輛公車上對比利．布希說的話。」波德斯塔回憶道。在希拉蕊陣營裡，大家的反應自然是既驚又喜。希拉蕊陣營的幕僚原已深信勝券在握，現在更是開始談論川普什麼時候會退出選舉，還有誰可能取代他參選。那天晚上有一名競選幕僚告訴我，川普完蛋了。

《華盛頓郵報》（*Washington Post*）在東部時間下午四點〇二分公布錄音，看起來簡直就是希拉蕊陣營的大好契機。但二十九分鐘之後，維基解密在推特發布了這則驚動全球的貼文：「公開：波德斯塔的電子郵件＃希拉蕊．柯林頓＃波德斯塔＃我支持她」，並且附上失竊文件的連結。

「過了幾分鐘，第一封電子郵件就被張貼到『維基解密』。」波德斯塔回憶道，「附上朱利安．阿桑奇的聲明，說他們有我的電子郵件系統裡的所有信件，他們會在競選過程中全部公布。」

維基解密聲稱自己取得了約翰．波德斯塔的私人電子信箱裡的所有信件，一共有超過五萬封電子郵件，包括他和每一位希拉蕊陣營高層的數千封通信，美國情報體系的官員懷疑公布信件的時間是經過算計的，企圖發揮最大的影響力。這次也一樣，證據就藏在顯而易見的地方，希拉蕊陣營的人認同這一點，這倒是不令人意外。

「咱們這麼說吧。」波德斯塔說，「他們早就拿到了郵件，卻選擇在那個星期五晚上公開，這也太巧了吧。」

希拉蕊立即公開內心的擔憂，告訴記者：「不，關於維基解密的事，我只想說，我們全都應該擔心，俄羅斯人想要怎樣破壞我們的選舉。」

那個星期五晚上公開的電子郵件其實只是第一封，還有很多封，維基解密分好幾次公開遭竊的電子郵件，每次公開大約一千封，每幾天公開一次，直到選舉日，每次公開信件都成了選舉的頭版新聞。

「俄羅斯人密切觀察美國發生的大小事。」克拉伯告訴我，「根據我們的觀察，他們全力搜集情報，趁機利用。」

在選舉過程中，出現了一個奇怪的現象。希拉蕊拉高聲量警告大家，外國敵人在干預美國選舉過程，但是川普卻喜孜孜地慫恿敵人繼續搞。

「維基解密。我愛維基解密！」他在十月十日的競選活動中說。

三天後，他告訴參加造勢活動的群眾：「維基解密公開的東西實在是棒極了。」

接著是十月三十一日：「這個維基解密可真是寶藏啊！」

十一月四日，選舉日的四天前，他又說：「天啊，我好喜歡讀維基解密的爆料。」當時的候選人川普及其支持者辯解說，俄羅斯的干預無足輕重，而且也不是什麼新鮮事。俄羅斯確實幾十年來都企圖干擾美國選舉，然而，監視美國如何反應俄羅斯干預二〇一六年選舉的情報官員說，這次的規模和強度都是空前的。

「這次他們把從民主黨全國委員會偷來的資料變成了武器，與以前不一樣。」前國家安全局副局長瑞克．雷吉特告訴我，「現在他們會利用這項武器，想辦法影響選舉。」

十月下旬，俄羅斯以偷來的民主黨電子郵件作為武器，擴大攻擊，鎖定希拉蕊陣營裡的新目標，包括霓拉．譚登（Neera Tanden），她是希拉蕊的多年密友，也是交接團隊的成員。譚登是從新聞首次得知電子郵件遭竊。

「我在電視上看見我的名字，」譚登告訴我，「心想：『發生什麼事了？』」

遭竊的電子郵件揭發譚登批評其他競選幕僚和希拉蕊本人。譚登在一封電子郵件中寫說，准許希拉蕊使用私人電子郵件伺服器的人真應該被「五馬分屍」。她在另一封信中說，希拉蕊沒有清楚說明對於基石ＸＬ油管（Keystone XL pipeline）的立場，「又在閃避議題」。譚登最有名的一段話就是寫說：「希拉蕊。天呀。她的直覺實在不怎麼好。」

川普又讓公開的信件逗得喜不自禁，十月十九日在第三場也是最後一場總統辯論會中，川普說：「維基解密剛剛公布新的信件……約翰．波德斯塔說妳的直覺很糟。桑德斯說妳的判斷力很差。我與他們所見略同。」

他其實說錯了，說希拉蕊直覺「不怎麼好」的是譚登，不是波德斯塔。然而，那些郵件確實不僅成了川普陣營的攻擊利器，也讓川普拿到全國電視轉播的總統辯論會中鬥嘴。「他說錯了，說成約翰．波德斯塔。」譚登後來告訴我，「那句話是我說的。我還記得，當時在電視上看到那一幕，實在很想把頭塞到枕頭下。」

希拉蕊陣營遭竊的電子郵件和備忘錄會一直被公開到選舉日，希拉蕊陣營裡有些人雖然在公開場合裝得自信滿滿，但是其實私底下開始擔心遭到公開的資料會導致希拉蕊敗選。「郵件一天天被丟出來，基本上，每天早上我醒來都在擔心接下來會有什麼料被爆出來。」譚登說，「我總是暗自心驚：『我們的陣營會不會沉船？』」

白宮裡上演爭論，有時吵得很凶，高階顧問們與其他人爭執不下，包含國務卿約翰．凱瑞在內的高階顧問們，力主美國應該加強回應力道；以歐巴馬總統為首的其他人一來擔心在國外與俄羅斯的衝突擴大，二來擔心在國內遭到指控影響選舉。

在選舉結束一個月後的一場記者會，歐巴馬說明心中的憂慮。「當時我或是白宮裡的任何人，不管說什麼，大家都會從政黨的角度來解讀，所以我一定要讓每個人明白我們是光明磊落的。」[6]

選舉日近在眼前，歐巴馬政府最害怕的是，俄羅斯可能會破壞或企圖破壞實際的投票系統，包括投票機和投票人登記資料庫。俄羅斯只需要干擾幾個選區的投票，就能讓整場選舉遭到質疑，尤其如果最後雙方得票數相近，可能會造成不堪設想的後果。

二〇一六年九月初，在北京舉行的二十國集團領袖高峰會，歐巴馬總統即面對面警告普丁總統別干預選舉日。

「我覺得要遏止俄羅斯干預選舉，最有效的辦法就是直接警告普丁，叫他收手，否則他就得承擔嚴重的後果。」歐巴馬總統在十二月十六日說。

後來，歐巴馬總統罕見使用白宮和克里姆林宮之間的直接通訊系統，再度警告普丁，這套系統原本是用來防止核子戰爭的。

時至今日，希拉蕊陣營的顧問都還很難確定，俄羅斯的干預對他們的陣營以及候選人希拉蕊造成多大的傷害。

「唉，我們的職責是贏得選舉，結果我們輸了。」波德斯塔告訴我，「為什麼會輸呢？唉，原因很多。我們確實要承擔一部分的敗選責任，但是我認為，俄羅斯干預是川普當選的一個重要因素，而且俄羅斯的付出獲得了結果。」

新的總統當選人出乎多數人的預料，連歐巴馬總統也沒料到。選舉日過後，歐巴馬政府才終於加強反擊力道。歐巴馬下令關閉兩座俄羅斯外交區，美國認為那裡是用於從事諜報工作的。他驅逐了約莫三十五名俄羅斯外交官，美國情報體系認為他們大多數或全都是情報特務，以外交官的身分作為掩飾。歐巴馬也對俄羅斯的個人和機關實施新的經濟制裁。

歐巴馬總統暗地裡考慮採取更加強硬的手段，包括展開國家安全局的計畫，在俄羅斯關鍵基礎設施的電腦網路中部署網路武器，一旦俄羅斯對美國發動新的網路攻擊，就會觸發那些武器系統。然而，目前美國的報復行動結束了，就等新總統上任。

前國家安全局副局長瑞克．雷吉特認為，美國對於俄羅斯干預二〇一六年選舉的反應優柔寡斷，導致俄羅斯後來又發動網路攻擊干預美國選舉。

「是我們准許他們胡搞的。」雷吉特難掩懊悔地告訴我，「如果明知壞事發生，卻放任其繼續發生，那就會變成方針，成為先例，認定那種行為是可以接受的。」

雷吉特說他的這番批判泛指美國疏於反制俄羅斯對各種關鍵基礎設施發動的網路攻擊。

「我認為美國對於俄羅斯的網路攻擊沒有一致的反制，所以俄羅斯才會得寸進尺。」雷吉特告訴我，「那，他們接下來會做什麼呢？」

國家安全局官員再三聲明，美國的網路能力無人能比，勝過中俄。然而，美國情報官員承認，美國的網路也是最容易遭到攻擊的，因為美國仰賴最容易遭到攻擊的科技，包括通訊網路、衛星、供電網路和選舉等等。

「美國如果與別人打網路戰，完全沒有優勢，因為美國的網路幾乎是全球最脆弱的。」雷吉特說，「俗話說得好，住在玻璃屋裡的人，就別挑起丟石頭大戰。」

敵人十分清楚美國仰賴網路科技，因此不斷尋找方法打擊美國的弱點。攻擊美國網路的不只有外國情報機關，美國官員認為俄羅斯私營科技公司遵照俄羅斯法律規定，提供旗下的科技給俄羅斯政府機關使用，包括俄羅斯最有名的國際科技供應商卡巴斯基實驗室（Kaspersky Lab）。美國老早就普遍使用卡巴斯基的防毒與網路安全軟體，然而，網路安全專家認為，卡巴斯基的產品裡有所謂的後門程式，供俄羅斯情報機關使用。卡巴斯基再三否認自家的產品裡有後門程式。

「依照俄羅斯法律規定，如果俄羅斯情報機關要求卡巴斯基提供資料給情報機關使用，卡巴斯基就得遵照法律規定乖乖提供，不論是世界上的哪個營業處。」雷吉特說，「在俄羅斯營業的所有公司，還有在世界各地營業的所有俄羅斯公司，都得遵守這條法律。」

然而，直到二〇一七年十二月，也就是俄羅斯駭客首次滲透美國政治組織干預二〇一六年選舉超過兩年後，美國國會才通過法律，禁止美國政府的所有電腦使用卡巴斯基的軟體。

協助推動這項立法的參議員珍．希辛（Jeanne Shaheen）說卡巴斯基的產品「嚴重危害」到美國的國家安全。她還說：「卡巴斯基危害美國的情事班班可考，十分令人憂心，這條法律老早就該立了。」[7]

雷吉特和其他的美國情報官員認為「網路設備」增加，顯然是目前的新危機，美國家庭裡有許多的網路連線設備，從冰箱到語音控制的網路連線設備，像是Alexa。雷吉特自己絕對不准家裡出現任何「網路設備」。

「現在還沒有實際的標準，網路設備也沒有我要的那種安全規範。」雷吉特說，「我沒有Alexa，或是亞馬遜版本的Alexa，因為那是可以遙控的指向性麥克風。」

美國有個明顯的弱點，不容易補強。從俄羅斯干預二〇一六年選舉可以看出，美國政治四分五裂，有利於俄羅斯進行操作影響。要讓假新聞滲透到美國人的政治談話中，不需費吹灰之力，美國人就照單全收。有時，川普總統和普丁總統的論點似乎一致，兩人長久以來都不相信俄羅斯干預二〇一六年選舉，就是強而有力的例子。

談到這個問題，瑞克．雷吉特萬分激動。

「我親自檢視情報體系分析的每一份情報，檢視來自情報體系每個單位的每一份情報。」雷吉特告訴我，「我花大概七、八個小時與參與情報分析的分析人員討論，我可以告訴你，無庸置疑，是俄羅斯人幹的，是普丁總統指使的，毫無疑問。」

「不曉得川普是基於什麼理由不相信，或許與辛普森案的陪審團一樣吧，不相信DNA。」他補充道，「好吧，但我不認同。」

雷吉特認為鑒往知來，由於俄羅斯在二〇一六年得逞，未來將會再攻擊美國選舉與其他關鍵基礎設施。

「我預料俄羅斯一定會再搞破壞。他們得逞了，怎麼會罷手呢？」他問。

俄羅斯也曾經滲透其他的關鍵基礎設施，像是供電網路、電信系統和汙水處理系統，萬一爆發戰爭，俄羅斯可以利用這類滲透攻擊來關閉這些系統。

「我認為這是熱戰的一部分，如果我們真的走到那個地步的話，也可能是熱戰的前兆。」雷吉特說，「俄羅斯、中國、北韓、伊朗等國家，有能力滲透並且影響我國的關鍵基礎設施，像是供電網路、電信系統、金融產業。」

然而，俄羅斯偏好維持不觸發熱戰，俄羅斯的目標是要對美國造成傷害，同時避免遭到報復，免得付出無法承受的代價。美國面臨的危險是，俄羅斯目前所造成的傷害也許只能勉強忍受，勉強忽視。雷吉特用滾水鍋中的青蛙來比喻美國的處境。

俄羅斯正不斷慢慢增加溫度，直到最後「青蛙被煮熟」，雷吉特說，「所以，我擔心我們是在放任一直在發生的事情繼續發生。結果我們卻只是重新設定臨界點，這種反應毫無意義，根本無法嚇阻俄羅斯，只是設定新的底線，設定新的底層。

「這是俄羅斯人的一大勝利。」關於俄羅斯二〇一六年干預美國選舉，雷吉特提出這樣的警告，「我確定很多俄羅斯人獲得了勳章和晉升，如果我是他們的上司，我就會那樣做，因為他們表現優異。用很低的成本，完全沒有對俄羅斯造成實際的影響，卻獲得了不起的成果，也就是重創美國。」

俄羅斯二〇一六年干預美國總統選舉，證明了簡單的干擾行動，就「可能」會影響世界第一強國的選舉，不僅嚴重危害美國的政治制度，也對美國和俄羅斯之間的關係造成嚴重的後果，引發極度敏感的國家安全議題。過程中俄羅斯是否有獲得美國公民提供的協助或情報，包括川普陣營的人，仍舊不得而知。然而，川普總統和部分共和黨員對於俄羅斯干預選舉的反應曖昧不明，從這裡就可以看出，美國人不會齊心對抗克里姆林宮，這讓莫斯科壯起膽子，敢於再次展開類似的干預行動。

在二〇一八年美國期中選舉的最後階段，俄羅斯又試探性地攻擊美國的政治目標，由此可證，美國回敬俄羅斯干預二〇一六年選舉，大都採取經濟制裁手段，並沒有讓俄羅斯付出慘重的代價，因此不足以嚇阻莫斯科繼續惡意干擾美國。川普總統已授權五角大廈和網戰司令部（Cyber Command），准許美國遭遇外國的網路攻擊時，可以展開網路攻擊行動來反制，然而，總統並沒有說清楚，外國干擾到什麼程度，美國才能展開反擊。美國網路專家和政策制定者認同，如果要讓現在與未來的選舉保持完善，必須要有可靠的威嚇手段和更加有效的防禦措施，美國是否已經達到攻守俱佳，還不確定。美國一定要達到攻守兼具的目標，因為有證據指出，不只有俄羅斯，還有中國、伊朗和北韓帶頭的其他敵國，都曾經企圖或嘗試採取類似的手段干預美國的選舉，暗中破壞美國民眾對於選舉過程的信心，這樣的打擊可能會重創美國的民主制度，而這一旦深植於民眾的意識，終將難以扭轉。

第八章
潛艦戰

北極圈的景色彷彿藍色和灰色的萬花筒圖樣，由碎冰排列而成，碎冰看起來好像玻璃碎片，漂浮在海面上，深色的海洋上，波浪不斷起伏。然而，這片廣漠的冰天雪地並非凍結不動，而是隨著地球自轉和冰雪反覆融化結冰而不斷變動。氣候暖化加速了這場令人目眩神迷的舞蹈，夏天融化的冰帽逐年增加，冬天凍結的冰帽逐年減少，二〇一八年二月和三月，海冰的量減少到史上最低，比一九八一年到二〇一〇年的平均量少大約五十萬平方英里。[1]

二〇一八年三月，在我四十八歲生日的前一天，我在阿拉斯加州的死馬鎮（Deadhorse）搭乘雙水獺渦輪螺旋槳飛機，要飛到一處美國海軍營區，位於距離北極不遠的北極冰層上方。死馬鎮是美國最北邊的人口居住區之一。我那天搭乘的是與租賃公司租的一架老飛機，地板是木質的，金屬機殼非常薄，只能勉強幫乘客和機組人員阻隔外頭的零下氣溫。在死馬鎮，即使是溫暖的三月天，溫度都只有華氏個位數的低溫，大約是攝氏零下十幾度。那天早上機場的溫度計顯示稍微低於零下，沒有風寒指數。

我們的目的地是一座冰原營地，那裡將作為美國海軍二〇一八年冰原演習（ICEX）的指揮控制中心。之後的三週裡，三艘核攻擊潛艦——兩艘美國的，一艘英國的——將在全球環境最惡劣的海洋，進行北極潛艦戰訓練。幾天前，有一支先遣部隊在營地附近開了一條降落跑道，地點經過審慎挑選，冰層夠厚，能承受一架三噸重的雙水獺以時速接近一百英里降落。安全裕度非常小：同機乘客和我都要帶著裝備秤體重，確保飛機載重之後沒有超過最大重量。我穿著派克大衣，背著背包，帶著睡袋，一共兩百四十八磅，大約是一百一十二公斤。

從死馬鎮出發九十分鐘之後，冰原營地映入眼簾。冰原營地是幾天前才搭建的，看起來很像登山基地營，牢固的帳篷排成半圓形，裡頭有指揮所、餐廳、寢室，還有一座「廁所帳篷」，顏色是黃色的，很容易辨別。有一支海軍潛水小組駐守在這裡，逗趣地在門外擺了幾棵充氣式棕櫚樹，這裡氣溫低達華氏零下四十度，相當於攝氏零下四十度，與聖母峰頂最冷的日子一樣冷。

從空中看，營地附近看起來像固定不動，但是其實北極冰原是由不斷移動的浮冰交錯連結而成的，我們的營地就在一塊四平方英里的浮冰上面，以每小時半英里的速度朝東南東移動，每天移動大約十二英里，那片水域深達一萬英尺。這裡的冰原是所謂的「多年冰」，在北極生成，在幾年間慢慢擴大，會繼續往南長途漂移到比較溫暖的水域，直到最後融化消失。北極冰如同活的有機體，始終動個不停，不斷生成與消失。這裡的冰不會永久存在，然而隨著地球暖化，生命週期愈來愈短，美國潛艦部隊也因此面臨新的挑戰。

美國海軍工兵探察北極的這個部分好幾個星期，尋找夠厚且能承受冰原營地的冰，脆弱的冰十分危險。二〇一六年演習期間，營地中間在短短幾分鐘內冒出一道裂口，人員因而被迫撤離。選擇適當的地點是金髮女孩問題，冰層必須夠厚，足以承受營地，同時也要夠薄，讓美國潛艦浮上水面時可以撞破冰層。

我們搭乘的雙水獺在營地上方繞一大圈之後，才開始飛向營地，這是我第一次在冰跑道上降落，我還以為飛機會打滑，但跑道表面上有粉狀的雪，讓飛機很快就慢下來。機組人員打開機門，一陣北極強風立刻打到我身上，滑雪護目鏡和口罩之間那處裸露的皮膚，瞬間痛得發麻，我全身就只有那裡是裸露的。

在飛機外面，我覺得北極看起來好像外星球的表面。廣闊無垠的白色冰原反射著亮得刺眼的陽光，風不斷地將一縷縷的雪吹過冰原上，風大聲呼嘯，我都快聽不清楚說話聲了。我穿了好幾層軍用極地禦寒衣物，但寒氣立即攻擊我的手腳。我想像著最早來到這裡的探險家們，穿著皮革和獸毛製作的衣物，步履艱難地行走，我不禁驚嘆支持他們繼續往前走的堅毅與抱負。

在遠處，接下來幾天我們要搭乘的載具高立於冰面上。洛杉磯級核動力攻擊潛艦哈特福德號（Hartford）在那天稍早就破冰而出了，我只能看見巨大的黑色潛望塔，看起來好像與其餘的船身分離似的。洛杉磯級潛艦是世界上數一數二的大型潛艦，但是在北極冰原裡，哈特福德號看起來卻變得好渺小。

這艘潛艦活像一根巨大的金屬雪茄，從北極冰封的表面看，突然變得引人矚目，裡頭塞著一座核子反應爐，足以為一座小城市供應電能。我從艙口往下爬進溫暖的船艙。登上潛艦彷彿進入另一個世界，完全不受周遭環境所影響。進入潛艦內部就像走進拉斯維加斯的賭場一樣，會讓人感覺不到時間和外面的環境。即使在高速行駛時，也只有遇到急轉彎或緊急升降，我才會感覺到潛艇在移動。有個低沉的機械嗡嗡聲在背後響個不停。不論潛艦外的水溫是加勒比海的攝氏二十七度，或是北極的攝氏零下一度，船內溫度始終保持在大約攝氏二十度，感覺十分奇特。裡頭出乎意料地乾。潛艦可以像空氣壓縮機一樣，將潛艦裡的水分排到潛艦外面。

然而，一眼就可以看明白，這是戰爭武器，現代核攻擊潛艦是巨大無比的工程奇蹟。核子反應爐能產生一百六十五百萬瓦的電力超過三十年，不必更換燃料。這艘潛艦裝載的武器包括四個前向魚雷管和十二個垂直飛彈發射管，能攻擊水面上下與陸地上的目標。

武器和推進系統就占用潛艦內部超過一半的空間，因此只剩很小的空間供潛艦人員使用，艦上有一百五十名潛艦人員，但是可以使用的床鋪卻不到一百二十個，這表示服役時間最短、階級最低的潛艦人員必須忍受潛艦人員所說的「熱鋪」，也就是輪值八小時的班，共用活像棺材的小床鋪。我是到艦上做客，被分配到專屬的床位，但我的身高大約一百九十公分，頭和腳趾都碰到床頭和床尾，鼻子離上鋪不到十五公分，船艦人員將這些床比作棺材是有道理的。

由於空間難得可貴，所以完全沒有浪費。每個座位底下，每個床鋪下面，每面牆壁後面，都有置物格，就連餐廳座椅底下的空間也用於放調味料，每個置物格都規規矩矩標示「番茄醬和芥末醬」、「烤肉醬和A1牛排醬」，諸如此類。潛艦裡有三層樓，走在廊道上和上下樓梯，必須具備敏銳的個人空間感。不論停在哪裡，即使是在浴室裡，你很快就會發現自己擋到別人的去路，所以在狹小的空間裡，你必須隨時準備趕緊讓道。潛艦人員彼此錯身時，好像在跳複雜的狐步舞，前後左右動來動去，但這些船員們錯身讓道時總是面帶微笑，禮貌點頭。

勤奮是潛艦人員的特性，很適合他們的獨特任務，潛艦部隊被稱為「沉默的艦隊」，一來是因為他們能神不知鬼不覺地欺近敵人，二來是他們曖曖內含光，能忍受嚴峻的環境，長時間獨自在海上執行任務。潛艦每次出海六個月，浮出水面的時間不會超過十天，這表示船員長時間無法與外面的世界聯繫，收不到家人寄的電子郵件，不能用Skype與孩子通電話。

銷聲匿跡是潛艦的工作之一，潛艦艦隊的隊訓就是：「在而不見。」潛艦結合範圍廣大、耐力持久、沉默無聲這三大優點，能發揮獨特的能力，將武力投射到世界上任何一個地方，尤其是在北極。在一年的大部分時間，仍舊只有潛艦和破冰船能進入北極，美國海軍艦隊完全沒有破冰船，俄羅斯就不一樣了，有幾十艘。雖然美國海岸防衛隊有三艘破冰船，然而，不論是在北極執行任務，或是迫不得已必須在北極發動戰爭，潛艦仍舊是美國海軍的最佳選擇。

潛艦在美國的核武威嚇上扮演十分重要的角色，美國海軍潛艦載運大約百分之七十的美國核彈頭，俄羅斯則不同，俄羅斯將大部分的核武部署於陸基飛彈發射井。陸基飛彈發射井會遭到攻擊破壞，但是潛艦不斷移動，而且敵人根本看不見潛艦。這表示，理論上，美國潛艦可以潛移到飛彈打得到敵國領土的地方，毫無預警地發動核武末日決戰。

一艘彈道飛彈潛艦的破壞力引人無限想像。俄亥俄級彈道飛彈潛艦裝載二十四枚三叉戟二型（Trident II）潛艦發射彈道飛彈。三叉戟飛彈一旦升空，就會以二十四倍音速飛行，分解為八個分導式彈頭，能攻擊八個不同目標。每個彈頭能產生高達四百七十五千噸的破壞力，相當於摧毀廣島的那顆原子彈的三十倍威力。這表示一艘彈道飛彈核動力潛艦可摧毀大約兩百座像廣島那麼大的城市。

哈特福德號在世界之巔這裡做什麼呢？為什麼美國海軍要將旗下兩艘威力最強大的潛艦開到北極呢？為什麼是現在呢？我馬上就清楚明白，這可不是二級任務。

冰原演習是實彈演習，應該可明確表達這項任務有多重要，要傳遞什麼訊息了。實彈作戰演習的部分稱為「魚雷演習」（TORPEX），這些潛艦朝標靶發射四枚魚雷。

如航行於冰層底下，在冰層底下發動戰爭也會面臨格外艱難的挑戰。在北極的環境中，哈特福德號的感應器雖然性能優異，但是仍舊會將敵潛艦附近的冰誤判為敵潛艦。在魚雷演習期間，美國海軍要求潛艦的軍官和船員證明自己能看出冰和潛艦的不同，摧毀敵潛艦。

「這提醒了每個人，在冰層底下作戰是不一樣的。」艦長馬修．分尼（Matthew Fanning）說，「我們在冰層底下，必須清楚自己的位置，但是卻無法輕易使用全球定位系統，也無法輕易使用通訊系統。所以這確實改變了我們思考作戰模式的方法。」

對哈特福德號的船員而言，魚雷演習與這艘船有很深的歷史淵源，第一艘取這個名字的美國海軍船艦是內戰時代的蒸汽風帆動力單軌帆船哈特福德號。哈特福德號在墨西哥灣與聯盟軍交戰時，大衛・法拉格（David Farragut）將軍在船上下達了一道有名的命令：「該死的魚雷！全速前進！」

在魚雷演習，優先要務就是找出、鎖定與摧毀潛艦人員所稱的「冰鑿潛艦」。冰鑿潛艦是指故意藏匿在冰層表面附近的敵潛艦，潛艦雖然有許多組追蹤系統，但仍很容易將冰層表面的敵軍潛艦或友軍潛艦與冰搞混。冰的移動，包括碰撞、爆裂、沉沒，也會產生背景噪音，有助於掩蓋敵潛艦的聲音，而敵潛艦的聲音本來就近乎無聲。

「我認為我們必須繼續證明我們始終戰力堅強。」分尼艦長告訴我，「舉辦這些演習讓我們有機會練習所有戰術，我們認為這些戰術在北極這個不同的環境裡能奏效，北極可是地球上最惡劣的環境。

「現在看見溫度計上顯示水溫攝氏零下兩度——零下零點五度，真的能改變我們運用潛艦作戰的方式。」他說。

潛艦的視野仰賴四個不同的感應系統。頂部有一個聲波探測器，會向上發送無線電波，描繪出冰層下側的影像。側面有一個聲納掃描器，可描繪出左右舷附近的影像。最近新增了一個直播攝影機，可顯示表面的即時影像。

這些感應器提供許多視野，但離偵測到完整的狀況還差得很遠，而且潛艦在水裡無法透過全球定位系統來追蹤自己的位置，全球定位系統衛星所發送的訊號也無法穿透水或冰。

潛艦在演習時玩捉迷藏遊戲，兩艘攻擊潛艦追逐一艘被稱為「兔子」的標靶潛艦。

在北極的海裡玩這個遊戲，會面臨獨特的挑戰，在這樣的環境裡，潛艦執行所有行動都格外困難。

北極冰從上面看起來像平的，表面朝上面向天空，大部分是平坦的，裂縫和矮雪堆除外。冰層底下很像一座上下顛倒的巨大山脈，當冰塊彼此交會時會將大片冰層往下擠，產生巨大的冰山脊，從冰層表面向下延伸，對潛艦造成相當大的威脅。潛艦如果以二十節的巡航速度撞上冰山脊，設備會故障，船員會受傷，最嚴重的可能會撞破艦體，後果不堪設想。

「難的地方在於頭頂上有屋頂。」海軍少將詹姆斯．皮次（James Pitts）說，「冰屋頂。水裡有倒掛著的冰山脊，向下延伸大約一百到一百五十英尺。」

冰山脊也會害潛艦的武器系統打錯，魚雷容易將冰山脊誤判為船艦或軍艦的船身。

二〇一八年三月九日早上，哈特福德號的人員花了幾個小時在冰層下面追蹤「兔子」潛艦，儘管有那麼多先進的感應系統，仍舊無法精確偵測到目標。美國潛艦航行的時候無聲無息，冰山脊和其他地物更提供了額外的遮蔽，我自己盯著螢幕看，完全看不見可判斷標靶潛艦的影像。

「發射控制組」確認找到「兔子」之後，旋即向指揮官呈報攻擊選項。當攻擊潛艦與標靶潛艦都在水裡移動時，攻擊潛艦不會直接打標靶潛艦，兵器官也必須考慮水流以及船艦本身，海水鹽度的差異會影響魚雷的浮力。

兵器官在下層的魚雷室做準備，讓一號和二號魚雷管充水。準備發射魚雷的第一個步驟，就是用內部水槽的水讓魚雷管充滿水。在充水之前，海水水壓對船身造成每平方英寸四十二磅的壓力，防止魚雷管外門（又稱作封口門）打開。充水之後，魚雷管內外水壓相等，外門就可以開啟，將魚雷送到發射位置。

短短幾分鐘後，兵器官大喊：「一號管！預備！」

接著又喊：「一號管發射！」

一股壓縮氣體將魚雷往前推進，魚雷管發出清楚聽得見的嘶嘶聲，就在這個時候，我可以感覺到整艘潛艦的壓力改變了，強到我的耳膜被震了一下。

與潛艦上的每個動作一樣，發射魚雷的機制很精準，噴出恰到好處的氣體，將魚雷射向目標，氣體沒有充滿整個魚雷管。魚雷發射後，封口門關閉，剩餘的氣體鎖住，釋放到潛艦內部，如果排出的話，會變成一個大氣泡，浮到水面，洩漏潛艦的位置。接著，魚雷管會立即填滿海水，補足發射魚雷所失去的重量，以維持潛艦繼續水平無聲航行。

然後是等待。標靶，也就是「冰鑿潛艦」，大約在兩英里外。美國海軍魚雷的確切速度是機密，然而，指揮官們說「大約」是潛艦速度的兩倍，潛艦的速度也是機密，但大部分的人推估潛艦的速度在二十節以上，魚雷的移動速度可能超過四十節，接近每小時五十英里。

在我們等待的時候，分尼艦長告訴我：「我們利用這個機會來看看，我們確定在海裡有效的魚雷，在冰層底下是不是仍舊有效。」

過了幾秒鐘後，發射控制組宣布打中目標了。哈特福德號「摧毀了」敵潛艦。就在此時，又找到一個新的敵標靶：第二隻兔子，在左舷一英里外。兵器官再次瞄準敵潛艦。

「四號管！預備！」兵器官大聲喝令。

最後，「發射四號管！」第二艘敵潛艦被摧毀了。

冰原縮小，北極從荒原變成了有機可乘的地方，可能爆發衝突，巨量的石油資源原本無法開採，現在可以開採了。航海國家從十八世紀開始就夢想能航行這條北海航線，現在終於成真了，這條新開放用於商務交通的航道，也開放給戰艦和潛艦航行，美國和俄羅斯的領土在最近的地方相隔只有幾十英里而已，影子戰爭的這條戰線，讓這兩個敵對國家可能爆發近身肉搏戰，這是一場新的大競爭（Great Game）。

冰原演習的目的是要清楚展現美國在北極的野心，這些演習在冷戰結束後就逐漸減少，但近幾年又增加了。英國在二〇一〇年停止參與，二〇一八年又重新參加。美國不是唯一為了因應影子戰爭而重新調整國防戰略的西方盟國。

時任美國海軍水中作戰發展中心（Undersea Warfighting Development Center）指揮官的海軍少將詹姆斯・皮次在營地與我見面。水中作戰發展中心負責訓練海軍的潛艦戰。由於俄羅斯正在北極與世界各地積極擴大潛艦部隊，因此冰原演習變得比以前更加重要了。

「你看我們的國防戰略就知道，」皮次告訴我，「我們很清楚，我們處於強權競爭的環境之中。北極就是其中一塊，正因如此，我們海軍才更需要在這裡進行訓練，舉辦演習，確保我們能有效作戰。」

美國潛艦的指揮官確信，在水裡美國仍舊保有優勢，勝過俄羅斯。然而，他們承認優勢漸漸縮小。

「我們確實是有優勢，但競爭對手拚命追趕，速度愈來愈快。」皮次說，「所以，我們在水中作戰發展中心的任務就是全力保住優勢，協助我們的水中作戰部隊保住優勢。

「國防部長、海軍部長和海軍作戰部長等高層下達指示，清楚點出這一點。」他補充道，「我們遵照上級指示，全力發展美國所需要的海軍。」

至於俄羅斯盯著美國潛艦進行冰原演習，皮次用潛艦人內斂的自傲回答：「如果他們愛看，就讓他們看啊，我們才不擔心。」

潛艦是這場新的大競爭的先鋒部隊，哈特福德號之類的洛杉磯級攻擊潛艦是在冷戰巔峰時期設計的，假想敵是蘇聯的海軍，任務是：追殺蘇聯的潛艦和水面戰艦。然而，蘇聯瓦解之後，俄羅斯對美國的威脅消失了，在部分潛艦人眼裡，洛杉磯級攻擊潛艦變成了沒有明確任務的先進戰艦。在這段期間，它們在執行反恐任務，在阿富汗和伊拉克發射巡弋飛彈攻擊目標。它們也經過改造，用於載送海軍海豹部隊。然而，現在它們再度接受原本的任務訓練，也就是平時追蹤、戰時消滅俄羅斯的潛艦和戰艦。許多潛艦人都樂見它們回歸根本。

冰原演習的目的在於，證明哈特福德號之類的美國海軍潛艦可在北極執行這個任務，而且是故意要讓俄羅斯看，俄羅斯的海岸線與冰原營地只有相距短短的飛行距離。

哈特福德號隸屬於潛艦第十二中隊（Submarine Squadron 12），隊部位於康乃狄克州的新倫敦（New London），指揮官海軍准將歐力．路易斯（Ollie Lewis）告訴我：「這片海洋與我國邊界相接，攸關我國的戰略。我們認為北極是全球公域，我們始終仰賴這條航道來動員潛艦部隊。然而，我國維持戰略優勢的關鍵在於是否能運用北極，而且能在必要的時候運用自如。」

「美國是北極國家。」他說。

然而，俄羅斯也是北極國家，百分之五十的海岸線與北極海相接，不只更常出沒於北極海，也更加仰賴。對俄羅斯而言，北極不只具有戰略價值，更是攸關俄羅斯的存續，因此俄羅斯將北極視為主權領土。

俄羅斯為了明確宣示立場，要保護北境與守護來自北境的力量，建構了「鋼弧」（Arc of Steel），涵蓋北境所有的海岸線，包含超過四十座機場、港口和飛彈防禦系統，以及駐守的部隊、水面船艦，當然，還有潛艦。

俄羅斯還有用其他比較象徵性的舉動來展示力量。二〇〇七年，俄羅斯派兩艘潛艦到北極點下方兩英里半的海床上，插一根一公尺高的俄羅斯國旗。這次的潛水深度創下了紀錄，而且有宣示意義。國旗插在海裡的羅蒙諾索夫海嶺（Lomonosov Ridge）上，克里姆林宮聲稱羅蒙諾索夫海嶺與俄羅斯的大陸棚相連，因此，根據國際法，俄羅斯有權利額外取得五十萬平方英里的北極領土，以及底下蘊藏的豐富石油。[2]

二〇一五年，俄羅斯又做出更加挑釁的舉動來展現對北極的野心，四月二十日，俄羅斯副總理羅戈津（Dmitry Rogozin）登陸斯瓦爾巴群島（Svalbard），在推特貼了一張他和團隊在那裡拍的照片，發文寫道：「北極是俄羅斯的麥加。」爭議在於，斯瓦爾巴群島隸屬於挪威，就像阿拉斯加隸屬於美國那樣。

挪威找來俄羅斯大使提出抗議，但是羅戈津和克里姆林宮都置若罔聞。其實，羅戈津一直以來都大聲疾呼，支持俄羅斯的北極夢，以歷史的角度為俄羅斯的主權聲明辯解。羅戈津登陸斯瓦爾巴群島的前一年，他就寫說，莫斯科宣示擁有北極的主權，只是要改正過去的錯誤。他甚至偏激到聲稱從歷史來看，俄羅斯有權利討回阿拉斯加。

「要瞭解俄羅斯為什麼讓出殖民地，必須從不同的角度來解讀戈巴契夫和葉爾欽時代出賣蘇聯帝國土地的外交政策。」他寫道。[3]

這不只是普丁始終不斷釋放的信息，也是驅動他發動影子戰爭的力量。他認為俄羅斯是在改正歷史錯誤，恢復俄羅斯在「近鄰」的當然霸權地位，在全球與美國更接近平起平坐。對於普丁而言，達成這一切野心的首要阻礙就是美國。

俄羅斯在水面下展示力量遠遠擴張到了北極之外，俄羅斯海軍正在部署核攻擊與彈道飛彈潛艦，數量、範圍、挑釁程度都是冷戰之後前所未見的。

「俄羅斯認為北約威脅到俄羅斯的生存，冷戰過後，北約向東擴張，逼近俄羅斯，俄羅斯將我國的軍力視為致命威脅。」時任美國海軍歐洲地區指揮官、現在已經退役的馬克・福格森（Mark Ferguson）將軍在二〇一六年四月的訪談中告訴我。

「俄羅斯已經提升了潛艦部隊的備戰層級。」福格森說，「俄羅斯在海外地區……增加潛艦部署，而且我們也發現俄羅斯潛艦部隊拉高了備戰層級。」

莫斯科建造與部署了全新類型的潛艦，性能相當先進。俄羅斯的新潛艦聲音更小，武裝更強，行動範圍更廣。

「我們發現俄羅斯的新潛艦移動更加隱密。」福格森說，「我們發現俄羅斯人有更先進的武器系統，那些飛彈系統可以攻擊距離遙遠的陸上目標。我們也發現操作流暢度愈來愈高，而且能打到遠超出俄羅斯水域。」[4]

在俄羅斯海軍的這支新戰力裡，先鋒是955型北風之神級（Borei-class）核彈道飛彈潛艦和885型亞森級（Yasen-class）核攻擊潛艦，美國海軍指揮官們最害怕的就是它們移動時無聲無息。行動隱密是潛艦的首要優勢，潛艦能悄然出現在敵國的海岸線附近，發射大量核彈頭，讓敵人只有幾分鐘的時間可以反應。

為了讓敵人更清楚這一點，俄羅斯潛艦會定期出現在自從蘇俄時期起就不曾到的地方，俄羅斯潛艦橫行於美國海軍指揮官們所稱的格陵蘭—冰島—英國缺口，簡稱「GIUK」缺口，北大西洋的這塊區域北起俄羅斯北岸的基地，向南延伸進入大西洋，是進入西歐和美洲東岸等地的入口。

俄羅斯最近在黑海部署了六艘潛艦，擴張進出地中海的權限，主要是從一個水溫暖和、全年營運的港口進出。俄羅斯也正在克里米亞沿岸的俄羅斯港口新羅西斯克（Novorossiysk）建造一座新的潛艦基地。俄羅斯在二〇一六年宣布興建這座基地時，研究俄羅斯的專家就發現，「新羅西斯克」的俄文意思就是「新俄羅斯」。

自二〇一五年干預敘利亞之後，俄羅斯就重新啟用蘇聯時代在塔爾圖斯（Tartus）建造的海軍基地，那裡以前是蘇聯第五地中海分艦隊（Fifth Mediterranean Squadron）的大本營。基地重新啟用時，俄羅斯國營電視台今日俄羅斯報導：「俄羅斯就可『不用繳納任何稅金』，運送各種『武器、彈藥、設備與物料』，保護敘利亞阿拉伯共和國境內各地的機關人員及其眷屬。」[5]

俄羅斯部署到敘利亞的戰艦包括基洛級攻擊潛艦。

此外，美國也觀察到，不只在地中海東部俄羅斯潛艦活動大幅增加，包括北海艦隊（North Sea Fleet）的核攻擊潛艦，俄羅斯潛艦從黑海打到敘利亞的「口徑」（Kalibr）飛彈也大幅增加。

美國海軍指揮官們相信，俄羅斯擴張海軍的目的，是要讓北約的同盟成員國，包括美國，無法在俄羅斯的「近鄰」作戰。

「我們在這些行動中發現，他們的焦點一方面是保護俄羅斯海域，同時讓北約無法在海上作戰。」福格森將軍說。

「我所說的海域是指波羅的海、黑海以及挪威附近的北大西洋海域。」他補充道。那些海域都與北約同盟成員國的國土相接，包括波羅的海三小國愛沙尼亞、拉脫維亞與立陶宛，以及挪威和英國。俄羅斯新部署的潛艦是直接挑釁北約國家，根據條約規定，萬一爆發戰爭，美國必須協防北約國家。

俄羅斯的武力展示也延伸到空中。美國空軍和海軍都曾遭遇俄羅斯軍機愈來愈囂張的挑釁舉動。二〇一六年在黑海的國際水域，有一架俄羅斯噴射機飛掠美國的唐納庫克號（Donald Cook），水平相距三十英尺，垂直相距一百英尺，這是冷戰以來俄羅斯軍機最靠近美軍的一次。

「雖然以前俄羅斯就這樣做過，但這次不同，因為飛機距離船艦相當近，飛得很低，飛行路徑充滿挑釁意味。」福格森將軍說，「我們有用英語和俄語發無線電，但是飛機卻不回應，繼續直接飛向軍艦。」

最讓人擔心的是，俄羅斯潛艦愈來愈常出現在美國海岸線附近，顯然是要警告美國：俄羅斯的先進潛艦若要攻擊美國國土，美國可能只能獲得極少的警訊，甚至可能毫無警覺。

俄羅斯在北極和世界各地擴大活動，加上行動悄然無聲的先進潛艦問世，再次令北約各國侷促不安。對美國和北約而言，重新聚焦於冷戰的舊敵人俄羅斯以及冷戰的舊武器和任務，代表大開倒車。從一九八九年柏林圍牆倒塌以及兩年後蘇聯解體之後，北約就大幅減少軍力，歐洲國家那樣做，是仿效俄羅斯減軍息武。其實西方在影子戰爭中從頭到尾都犯這個錯誤：一廂情願以為俄羅斯與西方同心合意，明明莫斯科的行為顯現出來的完全不是那麼一回事。

「冷戰之後，北約削弱海軍軍備，尤其是反潛艦作戰軍備。我們也減少訓練，因此軍備與戰技都減弱了。」二〇一七年十二月北約祕書長延斯·史托騰伯格（Jens Stoltenberg）在背景簡報中告訴記者。

北約不只縮減軍力，也徹底改變任務，同盟國不再投入心力保衛歐洲，改而聚焦於將力量投射到邊境之外。二〇〇一年九月十一日紐約和華盛頓遭到攻擊之後，北約改變任務的焦點，顯露無遺，同盟國首次援引《北大西洋公約》第五條規定，要求同盟國協助防衛遭到敵人攻擊的會員國。北約軍隊在二〇〇一年十一月出兵阿富汗攻打新敵人，蓋達組織，同盟國軍隊部署在距離阿富汗最東邊的疆界只有幾百英里的地方。

「從一九四九年到一九八九年，北約只有一項任務，就是共同防衛歐洲，嚇阻蘇聯。」史托騰伯格說，「柏林圍牆倒塌，冷戰結束之後，北約就不再以共同防衛歐洲為焦點，改以維護外國穩定為焦點，在巴爾幹半島和阿富汗等地打擊恐怖主義。」

俄羅斯擴張軍力早就有跡可循，早於俄羅斯潛艦活動增加，甚至早於二〇一四年併吞克里米亞和入侵東烏克蘭。其實，俄羅斯首次清楚顯露新的軍事動向，是在二〇〇八年出兵干預喬治亞之後那段期間。

干預喬治亞之後，俄羅斯便展開冷戰結束以來的首次大規模軍事擴張。

「干預喬治亞之後，從二〇〇八年起，俄羅斯就展開大規模軍隊現代化。」史托騰伯格祕書長說。此外，俄羅斯侵略烏克蘭，加上增強對美國與西歐進行網路攻擊，二〇一四年是關鍵的轉捩點。

北約和美國指揮官們發現俄羅斯格外著重於潛艦部隊。俄羅斯從二〇一四年起增加部署了十三艘潛艦，在這麼短的時間裡，這樣的擴軍著實引人矚目。自從併吞克里米亞起，俄羅斯調動了六艘先進的現代化飛彈潛艦到黑海艦隊（Black Sea Fleet），而且俄羅斯海軍在那些新的潛艦上裝備了通過測試的新武器，包括口徑飛彈。

克里姆林宮將那些先進的新潛艦部署在從蘇聯時期起就不出沒的地區，包括再次活動於地中海和美國東岸附近。

「他們又開始進行冷戰之後所停止的那些活動，重操舊業。」史托騰伯格說，「所以，俄羅斯增加了潛艦數量，不只從事新的活動，也重新展開多年前就曾進行的活動。」

北約和美國一樣，也展示自己的武力來回應俄羅斯。然而，北約的領袖們愈來愈常談論俄羅斯對他們生存的影響，對北約而言，俄羅斯的擴張會威脅到歐洲的生存。

「北約正在推動冷戰結束以來規模最大的共同防衛行動。」北約祕書長說。

「北約現在遭遇新的挑戰，必須想辦法因應。」他說。

二〇一四年在威爾斯的北大西洋公約組織北約高峰會，北約開始現代化。俄羅斯侵略烏克蘭，同盟國起初拖拖拉拉的，最後終於嚇得採取行動了。同盟國的軍事策劃人員立即將焦點放在潛艦上面。

「我們認為反潛艦能力是我們必須填補的缺口。」史托騰伯格告訴記者，「我們已經開始逐步加強潛艦與反潛艦作戰能力，增加潛艦、飛機與船艦，來偵察與追蹤潛艦。這需要更複雜的技術，自然需要進行更多的演練。」

美國首次將 P-8 海神反潛巡邏機調派到歐洲，P-8 是世界上最先進的飛機，平時用於追蹤敵潛艦，戰時用於摧毀敵潛艦。北約盟國挪威緊鄰一個十分重要的俄羅斯潛艦基地，已經與美國簽約購買 P-8。北約也舉辦了更多的演習，要提升反潛作戰能力。「動力貓鼬」（Dynamic Mongoose）是在北大西洋舉行的潛艦作戰演習，現在每年都會舉辦。北約每年還會在地中海舉辦另一場類似的演習，演習代號叫做「動力魔鬼魚」（Dynamic Manta）。6

最重要的是，北約重新將力量和資源集中投入以前冷戰時的任務，保衛歐洲，防止俄羅斯染指。史托騰伯格特別指出二〇一四年是「對於北約的歷史和安全都是十分重要的一年。

「我們必須回防家園，再度全力共同防衛歐洲。」他說，「困難之處在於，我們不能停止控管外國的危機，因此，這是有史以來第一次我們必須一邊控管外國的危機，一邊戮力共同捍衛歐洲。」

北約領袖們提出警告，說他們不想與俄羅斯打仗。其實，他們認為重新強化共同防禦，才是嚇阻俄羅斯的上上之策，而且能降低錯估局勢與爆發衝突的機率。

「避免衝突的上上之策就是，向所有潛在的敵人明確宣示，我們能捍衛與保護所有盟國，因此我們必須有一支強大的部隊，才可傳達這樣的訊息。」史托騰伯格提醒道。

北約領袖們認為盟國謹守第五條規定是共同防衛的基石，對於生活在俄羅斯戰車部隊射程範圍內的歐洲人而言，第五條規定是神聖不可違背的。

「北約盟國受到第五條規定保障。」他補充道，「所有盟國嚴格遵守協約，共同防衛，互相協助。」

然而，現在這條規定也面臨了新的挑戰，川普總統是北約締結同盟後第一個公開質疑的美國人，他質疑美國為何要在北約盟國遭到攻擊時協防。辯護者辯解說川普的失言只是談判手段，用來應付北約多年來的預算對抗，但北約各國至今仍對那番失言言猶在耳。

現在又有一個敵人躲在海裡，要挑戰美國潛艦的霸主地位，那就是中國。過去二十年，中國大幅進步，海面上下的海軍都迅速擴軍，只有二戰期間的美國海軍才比得上那樣的擴建速度。

「中國海軍擴展軌跡十分快速，呈現相當陡的斜線。」哈特福德號隸屬的潛艦第十二中隊的指揮官海軍准將歐力．路易斯說，「他們的擴軍速度快得嚇人，作戰熟練度也不斷提高。」

要瞭解中國崛起的速度，就得從數據開始看。根據國際戰略研究所（International Institute for Strategic Studies）的資料，在二〇〇〇年，中國人民解放軍海軍總共部署一百六十三艘水面艦和潛艦，美國海軍則有兩百二十六艘。到二〇一六年，中國縮小差距到接近勢均力敵，人民解放軍海軍有一百八十三艘水面艦和潛艦，美國海軍有一百八十八艘。到二〇三〇年，美國軍事策劃人員預估，至少單純就數字而言，中國會超越美國海軍，有兩百六十艘水面艦與潛艦，美國則只有一百九十九艘。

「中國顯然很清楚現代化海軍有多重要，以及能發揮什麼樣的影響力。」路易斯說，「未來很長一段時間，中國將會成為競爭對手，我們準備好與中國一較高下，維持我們所尋求的平衡。」

冰原演習是美國海軍回應新挑戰者的方法之一，而且許多潛艦軍官都樂見局勢改變，回到冷戰時期的對峙。哈特福德號指揮官馬修．分尼艦長一九九九年畢業於美國海軍學院（US Naval Academy），二〇〇一年首次到潛艦上服役，任職於洛杉磯號，與哈特福德號同屬洛杉磯級，八個月之後便爆發九一一攻擊事件。

「在我的職業生涯之初，九一一事件之後，我就立志對抗恐怖主義，鑽研潛艦部隊該如何對抗恐怖主義。」分尼回憶道。

其實他認為，要求潛艦執行對抗恐怖主義的任務是違背常理的。

「現在，我們的任務又回到破壞。潛艦部隊的首要任務是讓攻擊武器，像是魚雷，發揮最大的破壞力，消滅威脅。所以，現在任務改變了，我們現在重視的是破壞能力。」分尼說。

在軍官室與他談話時，我可以感覺到他情緒激昂，同時輕鬆自在。他從始至今都是潛艦人，他認為他現在的工作，就是潛艦人和他所效力的潛艦部隊應當做的工作。

「我們認為現在的任務比較貼近我們設計潛艦的目的，」分尼說，「也相信潛艦能執行各種任務，但我覺得現在的任務絕對比較合乎常理。在職業生涯初期，我大都在淺水執行任務，準備發動那類型的攻擊。」

「現在深水裡，」他補充道，「這絕對是最適合我們的任務。」

俄羅斯是離美國最近的海裡競爭對手，不斷進步，不僅擁有更先進的潛艦，還有全新的潛艦平台。二〇一八年三月，俄羅斯總統普丁誇耀其擁有一艘無人潛艦，能運載核武橫越海洋，攻擊敵國城市。在第四度獲選連任的幾星期前，普丁在俄羅斯國會發表一場自負的演說，成為眾所矚目的焦點，前方陳設從地板到天花板的巨型電視螢幕，播放電腦動畫，展示新的武器系統。其中一項是一艘無人駕駛的海裡無人機，從一艘潛艦發射出去，運載一枚核彈頭，在海裡高速行駛，最後浮出水面，攻擊一座沿岸城市。

「俄羅斯仍舊是核武強權。」普丁說，「以前，沒有人想認真與我們談論問題的核心，沒有人想要聽我們說話。現在最好乖乖聽我們說話。」

俄羅斯總統也揭露了他所宣稱的核動力巡弋飛彈，射程無限遠，可閃避敵人的飛彈防禦設施。還有一種新的飛彈，可以極音速飛行，他說：「飛行的時候像隕石一樣，如同火球。」速度是音速的好幾倍。普丁語帶恐嚇地說，這些新武器能讓美國和北約的防禦系統變得「毫無用武之地」。[7]

俄羅斯的進步逼得美國的潛艦指揮官們與其上司改變方式來思考與俄羅斯爆發衝突的潛在對策。「他們在升級軍備，我們也在升級軍備。」海軍准將路易斯告訴我，「在這場僵局中，我們的處境絕對不會好轉，競爭已經展開，我們不能倚仗優勢坐吃山空。」

美國調整與擴張之際，俄羅斯正利用潛艦執行嶄新的混合戰任務：潛艦戰搭配網路戰，為全面開戰未雨綢繆。俄羅斯海軍將彈道飛彈潛艦改造成能運載與部署小型深潛艇，深潛艇能下潛幾千英尺深，潛到海底執行各種任務。近幾年俄羅斯部署與測試了這些新潛艦，美國密切緊盯。

「我們發現俄羅斯人在海底電纜附近活動，據我所知，我們以前沒看過他們在那裡出沒。」北約潛艦部隊指揮官美國海軍少將安德魯．雷能（Andrew Lennon）二〇一七年十二月告訴《華盛頓郵報》，「俄羅斯顯然關心起了北約和北約國家的海裡基礎設施。」[8]

這些俄羅斯潛艦曾經在大西洋執行許多任務，負責尋找與監視在美國本土與歐洲之間傳輸大量通訊資料的海底電纜，有時甚至會動手腳移動電纜。

另一艘俄羅斯潛艦琥珀號（Yantar）經過改造，可運載兩艘小型潛艇，那兩艘小潛艇不只能移動海底電纜，甚至可能會切斷電纜。琥珀號駐防在挪威附近的一個俄羅斯港口，曾經被發現對鋪設在北大西洋海底的電纜執行類似的活動。[9]

第三艘俄羅斯潛艦經過加大與改造，二〇一七年被派到北極執行任務，俄羅斯的雜誌《消息報》（*Izvestia*）在這艘潛艦下水時報導，說「這艘潛艦將會研究俄羅斯的北極大陸棚底部，尋找礦物，以及布設潛艦通訊系統」。[10]

美國軍方官員認為，俄羅斯海軍所稱的「潛艦通訊系統」，其實是指這艘潛艦會在北極的海底布設一組新的潛艦偵測系統，偵測與追蹤美國潛艦。

俄羅斯軍事科學研究院（Academy of Military Science）的教授維丁．柯竹林（Vadim Kozyulin）幾乎是承認了這一點，告訴《消息報》：「這艘潛艦將會在全球布設軍方正在北極海海底建造的海裡監視系統。」[11]

他說貝爾哥羅德號（Belgorod）是「俄羅斯海軍裡最獨特的潛艦」。

雖然美國還不確定俄羅斯的意圖是什麼，但情報和軍事官員都懷疑，俄羅斯正在鍛鍊技術，要在與美國爆發衝突的時候能切斷這些通訊線，如果無法切斷，至少要讓它們失效或受限。這將會立即嚴重影響美國的民間、軍方與政府通訊，國際金融系統也仰賴這些通訊線維持暢通才能運作。

美國和北約的軍事指揮官評估潛艦造成的新威脅，從戰爭以及對歐洲和美國造成嚴重威脅的角度來探討。如果歐洲和美國之間的通訊被切斷，那麼同盟就會變得毫無意義，北美大陸和歐洲大陸的通訊線路與管道都必須保持暢通，同盟才能發揮力量。

「我們的同盟橫跨大西洋，北約這種北大西洋同盟的關鍵在於將部隊與軍備運送到北大西洋彼岸，連結北美和歐洲。當然也要有安全暢通的通訊線。」史托騰伯格祕書長說。

俄羅斯最新、最神祕的潛艦明確威脅到了這些通訊線路與管道，因此也直接威脅到北約同盟及其會員國。

在許多美國指揮官的眼中，潛艦是美國最有機會反制這一切挑釁的部隊。

「潛艦部隊在初始階段的角色變得更加關鍵。」海軍准將路易斯說，「潛艦可立即前往其他部隊無法前往的地方執行任務。」

「現在我們需要潛艦部隊來破門，其他部隊才能跟在後頭進入。」他說。

由於美國愈來愈仰賴潛艦，全球各地的美國軍事指揮官們都格外重視潛艦。

「作戰指揮官們根據潛艦的數量來判斷潛艦的重要性。」分尼艦長說，「我們現在回到深海行動，我們以前當年輕軍官時，接受的就是這種訓練。」

美國潛艦部隊也正針對這個新的潛艦戰時代部署自己的新武器，新的無人潛艦，又稱無人水下載具，大幅擴大了美國潛艦部隊的範圍與能力。哈特福德號可運載無人水下載具，有些既可以從朝前的魚雷發射管發射，也可以從朝上的飛彈發射管發射。

「這實在是爆炸性的進步。」分尼艦長說。

無人水下載具與體積比較大的舊款一樣，可執行許多任務，如追蹤敵潛艦、巡視海岸線和母艦群、運送武器。海軍預期在不久的將來，有人潛艦可指揮與控制大量的無人潛艦。

美國目前在編制中的潛艦有五十三艘，由於退役和預算決策，美國海軍說到二〇二〇年代末期，這個數字會下降到四十一。根據二〇一九年的軍事預算，海軍必須逐漸增加十五艘新的核潛艦，這是計畫的一環，五角大廈打算讓海軍艦艇數量增加到三百五十五艘。擴增時程表目前延長到這個世紀中葉，然而，海軍說速度可以加快。

「我們現在無法全面掌控俄羅斯潛艦的活動。」退役將領詹姆斯・史塔瑞迪斯（James Stavridis）告訴CNN，「我們的攻擊潛艦略勝一籌，但是優勢不大。俄羅斯潛艦對美國的母艦群造成了生存威脅。」[12]詹姆斯・史塔瑞迪斯曾經擔任北約盟軍最高指揮官，目前在塔夫茨大學（Tufts University）的弗萊徹學院（Fletcher School）擔任院長。

在北極訓練是美國海軍維持領先的作法之一。

「時代正在改變，即將進入強權競爭的時代。我們必須能夠在北極執行任務，瞭解並適應北極的環境，這是十分迫切的當務之急。」路易斯說，「在各個方面，俄羅斯都想辦法做得更快更好，進步神速，如果我們不效法他們，終將會落後給他們。」

一艘美國潛艦在北極海裡所有的行動中，最精密的動作應該是浮出冰面。三月十日祖魯時間十六點十三分，哈特福德號的艦長和船員準備進行冰原演習的第二次浮出冰面。這天剛好是我的生日，因為不到一個小時前，軍官室的廚師送我一塊自製的巧克力生日蛋糕，我心裡想，下一個演習動作很適合作為生日禮物。

各位可能看過潛艦像噴飛到空中的軟木塞一般衝破海浪令人心潮澎湃的畫面，但潛艦浮出冰面就完全不是那麼一回事了。那些動作叫做緊急上浮，用於水裡出現危機的時候，當然，也只能在溫暖的海域執行。潛艦如果高速行駛，北極冰可能會和水泥一樣無法穿破，所以要在北極浮出冰面，潛艦必須經過精密計算緩緩上升。

北極冰表面雖然荒涼寒冷，危機四伏，但是對美國潛艦部隊帶來最大挑戰的地方是在冰層之下。冰層的底部是令人畏懼的冰山脊，活像上下顛倒的森林，有些向下延伸達兩百英尺深。在北極冰層下面航行打仗，簡直就像要通過巨大的冰洞，每個轉彎處都潛藏著石筍。

北極的水域也造成了其他的獨特挑戰。比較老的海冰會慢慢將鹽溶出，多年海冰所含的水是世界上數一數二純淨的，外露的冰層呈現完美的海藍色調，可以明顯看出水質純淨無瑕。接著表面的淡水冰會融化，在最淺的地方形成一層淡水，鹽分相當低，甚至沒有鹽分。淡水的浮力比鹹水小，因此潛艦航行在淡水層和鹹水層之間，必須不斷調整自身的浮力，才能維持航行穩定。

對潛艦人員和指揮官而言，在北極最大的挑戰是應變緊急事故，在公海，不論遭遇什麼樣的緊急事故，從火災到艦身破裂，最安全的對策都是立即浮出表面，這樣才不僅比較容易獲救，還有最重要的，可以獲得空氣。有幾英尺厚的冰層阻隔，要浮出表面可沒那麼容易。潛艦人員很清楚浮出表面有多難，因此，哈特福德號有攜帶許多備用氧氣供人員使用，一般來說，美國潛艦都會攜帶六天量的氧氣罐，在北極執行任務時，則會攜帶足夠維續三十天的量。然而，遭遇嚴重的緊急事故，潛艦人員必須知道如何盡快浮出表面，避免危及潛艦或人員。

第一步就是找出一處厚度理想的結冰區：夠薄，潛艦能夠穿破，同時夠厚，足以支撐人員的重量，最好也能支撐一架直升機，方便運載人員進出。對攻擊潛艦而言，冰層理想厚度是大約三英尺。在表面團隊的協助下，哈特福德號選了一塊區域，厚度推估是兩到三英尺，稱之為「馬文花園」（Marvin Gardens），冰原演習中使用的代號有幾個是借自大富翁遊戲，「馬文花園」便是其中之一。

在祖魯時間十八點十九分，哈特福德號開始從馬文花園下方通過多次，偵察該處，航行深度為一百七十六英尺，航行速度只有略高於五節。在這種深度，容錯餘地非常小，必須不斷調整推進力和浮力，才能維持穩定的速度和深度。分尼艦長不斷大聲下達調整命令給操控潛艦的士官，一名士官操控潛艦的方向舵，另一名操控前平衡翼。洛杉磯級潛艦並非由電腦操控的，掌舵人員必須手動操作潛艦的駕駛裝置。

在祖魯時間十八點二十八分，哈特福德號通過馬文花園正下方，根據感應系統計算，冰層是十七英寸厚，比原本的判讀數據稍微薄一點，但仍舊在安全範圍內。分尼艦長下令再次緩慢轉彎一百八十度，再次通過目標下方。在祖魯時間十八點四十二分，潛艦第二次通過，領航員在螢幕上畫一個叉，標示出要浮出表面的地點。十八點四十六分，機組人員發送一聲聲納平來確認與目標的距離。我看過《獵殺紅色十月》（*The Hunt for Red October*）好幾遍，我還以為會聽到很像平聲的一聲「波音」（《獵殺紅色十月》是潛艦人頗為讚賞的少數好萊塢潛艦電影之一）。其實，那個聲音聽起來比較像抽打鞭子所發出的「啪」聲。

祖魯時間十九點二分，分尼艦長用全艦廣播宣布：「準備垂直浮出表面！」我們仍舊穩定航行於一百七十九英尺深，速度稍微快一點，到達七節。我看了一下潛艦的上視攝影機，想看看我們即將衝破的冰層。相較於在冰面上，從水裡可清楚看到更多裂縫與缺口，我從冰面上走進潛艦時，還以為很安全，但是從潛艦走到冰面上時，就完全不那樣認為了。我決定還是不要去想冰面到底能不能支撐我們的直升機。

在祖魯時間十九點十二分，分尼艦長宣布：「潛艦進入最後階段，所有人員穩住身子。」艦長在祖魯時間十九點十六分下令：「全面停止。」哈特福德號緩緩滑向浮出點。五分鐘後，哈特福德號距離浮出點一千碼，進入最後階段。艦長又用艦內廣播提醒：「所有人員穩住身子。」

之後的三分鐘裡，艦長熟練地減緩潛艦的速度，一千碼處四點五節，九百碼處三點九節，八百碼處三點五節，七百碼處二點九節，五百碼處二點八節。接著他大聲喝令：「全面停止！」潛艦關閉推進力，距離不到四百碼。我們還需要慢一點。十九點三十一分，他命令引擎倒轉三分之二動力，大聲喝令：「全面倒轉！三分之二！」我們慢到一點七節。十九點三十二分，他再次命令「全面倒轉！三分之二！」我們慢到一點一節。

哈特福德號現在準備執行最後一動了。「準備垂直浮出表面！」分尼艦長大聲喝令一次後，又重複說了三遍，「垂直浮出表面！垂直浮出表面！垂直浮出表面！」現在他的團隊開始一連串「灌氣」，將潛艦壓載艙裡的水排出去，灌滿空氣，這些步驟是用來把「軟木塞」射穿冰層。「灌氣五千磅！」「灌氣三千！」「灌氣五千！」

艦長又說了一遍：「所有人員穩住身子！」

現在掌舵人員逐漸將哈特福德號操控到向上傾斜五度角，這個角度雖然微乎其微，但是我站在艦橋，可以感覺到腳下的地板在動，身體被地心引力推得往前斜傾。

「灌氣四千！」「灌氣一萬！」我們的深度現在是一百四十英尺，接著升到一百三十英尺。

在祖魯時間十九點三十八分，我們升到一百二十英尺。現在從上視攝影機，我可以看見潛艦排出氣泡，氣泡擠在冰層下側蠕動。「灌氣八千！」

艦長最後一次命令操控人員「穩住！」接著最後幾次快速灌氣：一千、一萬、五千。在八十英尺深度時，艦身向上傾斜五度，最後排氣兩次，分別是五千磅和一萬磅，接著我聽到：先是艦身摩擦冰的輕柔刮擦聲，接著一陣氣流急灌，最後潛艦奮力衝出冰層。上視攝影機現在顯示北極的藍天。

分尼艦長用艦內廣播恭喜大家。安全浮出冰面是潛艦人員最困難的任務之一。潛艦浮出冰面之後，自然任何一個監視著北極的人都能看見潛艦，而潛艦的用途就是執行任務不會被偵測到，因此潛艦會浮出冰面被看見，自然是刻意的。

「我認為在北極的任務，也就是探勘天然資源，就是在宣示這裡是我們的專屬經濟區，我們的潛艦部隊不僅能在美國東岸和世界各地執行任務，也可在北極執行任務。」

在今天，美國的敵人——俄羅斯和中國——也在擴張潛艦部隊的戰力和行動區域，美國宣示潛艦戰力的舉動也變得愈來愈危險。

「每次我從康乃狄克州格羅頓市出海，我都會假設我在敵人環伺的環境中行動。這不會太難想像，因為潛艦被水團團包圍，四周環境永遠危機四伏。」他說，「我們應該隨時假設會遭遇敵人，我們必須隨機應變。」

今天大部分的美國人在成長過程中，美國一直都是軍事霸主，從來沒被挑戰過，也沒有人敢挑戰。然而，美國獨霸世界的時代結束了。中國和俄羅斯都穩定迅速擴張軍力，想要讓美國變得毫無軍力優勢，同時有效防止美國將軍力投射到中俄各自的影響範圍內：對俄羅斯而言，就是指所謂的近鄰，也就是從蘇聯獨立的那些共和國；對中國而言，則是指北京所稱的「第一島鏈」海域，也就是日本、台灣、菲律賓北部、婆羅洲的西邊和北邊區域。中國和俄羅斯投資潛艦部隊，赤裸裸證實了這項戰略：他們的明確任務就是要摧毀接近中俄海岸的美國母艦群，並將軍力與核攻擊能力擴張投射得更遠，逼近與威脅美國國土。

美國軍事指揮官，包括仍舊令人聞風喪膽的潛艦部隊的指揮官，自信滿滿，認為自己應付得了中國和俄羅斯的挑戰。然而，就連他們也承認美國的優勢正在縮小，如果美國的戰略和技術層面不改變，優勢會徹底消失，美國的潛艦必須變得更快、更安靜，而且必須能追蹤更快、更安靜的敵潛艦。要應付中俄的挑戰，美國也必須投資研發更先進的新一代武器系統，像是極音速武器，這個領域中國可能已經領先了。光是投資舊戰艦，包括令人望而生畏的航空母艦，已經不足以維持美國的優勢了。從大西洋、太平洋、地中海一直到世界的北方極地，美國、俄羅斯和中國正展開競賽，美國的危境在於可能輸掉這場「新的大競爭」，著實令人惴惴不安。

第九章

中俄會打贏影子戰爭嗎？

俄羅斯和中國會打贏影子戰爭嗎？在本書所描述的戰場，他們占領了新領土，對美國及其盟軍造成了傷害，取得了戰利品，經常是竊取國家安全機密的形式。俄羅斯仍舊掌控克里米亞與東烏克蘭的大部分領土，中國仍舊掌控南海的人造島，並且繼續在那裡擴建軍備。中俄成功部署與測試反衛星武器，危及美國在太空的資產。中國竊取美國國家機密和私部門智慧財產變本加厲。中俄都證明了自己有能力滲透美國政黨和選舉制度，干預美國政治程序，令人不禁憂心未來的選舉。除此之外，俄羅斯也在德涅斯特河沿岸（Transnistria）進一步建立軍事灘頭堡，而且繼續用非軍事手段在東歐的其他地區製造紛亂，例如二〇一六年企圖在蒙特內哥羅（Montenegro）發動政變。

雖然美國在這些戰役中遭遇挫敗，但這並不代表美國已經輸掉了與這兩個大敵人競比的大規模全球競賽。這場競賽還在進行，而且愈演愈烈。然而，美國沒有在影子戰爭交戰初期扭轉局勢，損害了至關重要的國家安全利益，削弱了美國在全面開戰時的戰力。

美國國家安全官員認為，美國必須找到更好的對策，在影子戰爭中進行攻防，讓中俄付出重大的代價，逼迫他們改變行為，甚至是讓他們吐回強奪的獲利，或者是讓那些獲利變得站不住腳。我與多位現任與前任的國家安全與情報官員談過，他們一致認為，美國到目前都完全沒有採取積極的行動，以確保美國安全無虞。

有人拿一九三〇年代來比較，當時美國對希特勒造成的威脅慢知慢覺，用這個令人不安的前例點出現在美國對抗野心勃勃的新敵人不夠急切。第二次世界大戰期間，非得等到日本偷襲珍珠港，美國才改變心意，決定參戰。影子戰爭特別難對付的地方在於，敵人故意避免激怒美國展開明確的反制，遊走於臨界點之下，避免觸發戰爭，想要不發動現代版的偷襲珍珠港，就打敗美國。即使是大膽攻擊美國最珍貴的制度——總統大選——也落在臨界點之下——這讓克里姆林宮喜不自勝——美國領導人與美國民眾不只沒有團結採取行動，反而進一步分裂。

關於如何打贏影子戰爭，我問過幾位直接負責制定美國與西方國家安全策略的領袖有什麼見解。前國家情報總監詹姆斯．克拉伯、前國防部長艾希頓．卡特、前中央情報局和國家安全局局長麥克．海登、前軍情六處處長約翰．史考利，加起來總共有超過一百五十年的經驗，協助西方抵禦國內外的威脅。他們都是美國和歐洲國家安全社群的「智囊」，積極尋找解決方案，不論是用傳統思維，或是跳脫框架的思維。其實他們都認同，想要打贏影子戰爭，就必須採用一般教戰守則之外的反制手段和解決方法。

對於第一個最基本的問題，他們大都所見略同：如果照著中俄所制訂的遊戲規則走，美國將會打輸影子戰爭。

「我想我們可能會輸。」克拉伯將軍直言不諱告訴我，「他們想方設法挑戰尺度，但卻又知道臨界點在哪，避免觸發激烈的反應，他們認為我們不會反擊。」

「所以中國人在南海尋釁，或俄羅斯人在烏克蘭鬧事，」他解釋道，「他們推估我們不會為了看似有利於已的利益而觸發第三次世界大戰，這就是他們的盤算。」

「他們十分瞭解我們。」他補充道，「中國人和俄羅斯人都把美國研究得很透澈，他們知道美國政策的極限，不論是明言的還是暗示的，他們知道尺度在哪。」

海登將軍認同這番說法。如果照著中國和俄羅斯創設和訂定的規則玩，中國和俄羅斯會贏得這場危險的遊戲。

「這場戰爭有利於他們。」麥克．海登告訴我，「他們已經有所斬獲了。」

在這最後一章，我會來詳細討論他們所提出的解決辦法，包括鞏固美國國防、加強嚇阻力道，以及比較危險的選項，也就是對中國和俄羅斯發動攻擊。

一、瞭解敵人

在影子戰爭中，美國和西方從頭到尾都必須記取一道教訓，那就是冥頑不靈，徹底錯誤解讀中俄的意圖。

「我們原本是希望他們仿效我們。」克拉伯將軍說，「以為蘇聯時代結束之後，俄羅斯人會學習西方資本主義民主制度。從尼克森訪問中國開始，我們就殷殷期盼中國引進西方自由制度。」其實，公私部門的決策者們現在才拋棄錯誤的想法，正視到底可與莫斯科和北京建立什麼樣的關係。

「我個人認為，決策者們花了好長時間才想通。」艾希頓・卡特說，「他們本來希望局勢會像一九九〇年代那樣發展。」

「至於中國，有些人短視近利，不擇手段利用與中國的經濟關係，企盼從中獲取經濟利益，或圖利個人，或圖利整個國家。」卡特說，「他們不願對自己說，但我敢說，中國是共產獨裁國家，這是不爭的事實。我不是說我們要想辦法改變中國的政府，只是認為我們必須認清中國政府的本質。」

「俄羅斯也是一樣。」卡特繼續說，「基本上我們忽視俄羅斯的狼子野心已經十五到二十年了，不論是美國或歐洲，普遍都是如此。」

約翰・史考利在英國情報機關任職超過三十年，擔任過軍情六處莫斯科分部長，他認為我們始終沒有搞懂中俄的動機。

「尤其要瞭解敵人的心思。」史考利告訴我，「我們得捫心自問，我們到底有沒有瞭解敵人的心思？」

他的答案是沒有。他以一九九一年西方對蘇聯解體的反應為例來說明，蘇聯剛解體那段期間以及之後幾年，西方領袖和政策制定者以為所有或多數俄羅斯領袖和人民突然都認同西方的價值和抱負。史考利當時任職於俄羅斯，擔任軍情六處莫斯科分部長。

「一九九一年發生的事激起了強烈的情緒，我想我們探討得不夠深入。」史考利告訴我，「當時我在莫斯科，受到了影響：一夕之間發生意想不到的巨變，幾乎毫無預警超級強權就解體，威望大失，國家頂層陷入混亂。」

那些情緒與憤恨影響深遠，久久揮之不去，是西方領袖始料未及的。多年之後，在那些力量的推波助瀾之下，普丁和普丁的俄羅斯崛起了：衰弱中的強權堅決力圖恢復超級強權的地位與蘇聯時代的赫赫威望，要西方的敵人付出代價。

「二〇一六年的意外讓我方無比震驚——大家完全沒有心理準備面對這麼大的衝擊。」史考利告訴我，「但現在情況漸漸改變了，這算是進步吧。」

今天莫斯科和北京都把蘇聯解體視為歷史借鏡，中國和俄羅斯的領導人都認為一九九一年蘇聯犯了致命的錯誤，於是他們審慎研究，避免重蹈覆轍。中俄會有今日的舉動，原因之一就是害怕重蹈蘇聯的覆轍。中俄無所不用其極擴張權力，維持勢力，要美國付出代價，正是因為他們知道自己手中的權勢十分脆弱，他們看過這部電影。

中俄的動機和行為當然有所不同。克拉伯將軍指出，美中貿易金額每年高達六千億美元，因此雙方極度仰賴彼此；美國和俄羅斯就沒有這樣的貿易關係，因此不會如此互相仰賴。「有一項差異讓中國的舉動有所節制，那就是中美兩國的經濟有著無法解釋的連結。」克拉伯指出，「反觀美俄兩國卻互相排擠，從蘇聯時代到現在都是如此。」

若想打贏影子戰爭，美國和西方的領袖就得看清與瞭解中俄的動機，屏氣維持長達將近一個世代的錯誤想法。美國與西方的情報圈和軍事圈已經開始改變，反映在西方所採取的軍事部署中。北約在東側邊境增加部署軍隊，防範俄軍侵略。美國則在亞洲展示軍力，比方說，在南海的中國人造島附近增加自由航行行動。（在本章稍後，我會更詳細討論這些軍事行動。）西方情報機關投入更多資源，同時運用人力和電子設備，鎖定中俄目標搜集情報。然而，最關鍵的人物卻不認為這是迫切的，包括美國總統及其部分最親近的顧問與支持者。如果大家對敵人的看法不一致，就無法採取一致的反制行動。

二、劃定紅線

不只美國和西方經常誤會中俄的心思，其實莫斯科和北京也經常誤解美國和西方的意圖。會造成這樣的情況，西方也難辭其咎。要遏止敵人進一步尋釁，就一定要傳達明確的訊息——和劃定清楚的紅線。比方說，美國國家安全社群普遍認同，美國對於干預選舉還沒劃定清楚的紅線，主要是因為總統不肯優先解決這項威脅。美國和北約偶爾會對俄羅斯侵略歐洲領土表達比較清楚與直接的抗議，尤其是俄羅斯威脅到離俄羅斯最近的北約會員國時，也就是波羅的海國家，愛沙尼亞、立陶宛和拉脫維亞。

「紅線在波羅的海國家附近。」約翰．史考利說。

俄羅斯當然測試過這道紅線，從二〇〇七年大膽的網路攻擊開始，持續到現在，一方面由網路入侵，一方面在波羅的海諸國境內採取軍事活動。二〇一四年俄羅斯入侵克里米亞和東烏克蘭之後，北約採取反制，增加在東側前線的軍事部署與演習，藉此宣示：北約不會容忍北約會員國境內出現「小綠人」或任何其他軍事活動。史考利相信至少莫斯科看得懂這番宣示。

「仔細觀察俄羅斯的行為，我不認為俄羅斯心存任何幻想，俄羅斯確實始終不怕拿運氣來賭。」史考利說，「不斷試探極限，空軍入侵領空，海軍動作頻頻，但就是不敢真正發動侵略。」

美國已然採取行動，開始在網路領域劃定紅線，命令二〇一八年設立的美國網戰司令部展開攻擊行動，保護美國網路。然而，二〇一八年二月美國最高層的情報官員證實，川普總統尚未指示美國情報機關採取必要措施，反制敵人攻擊美國選舉。至於中國，儘管歷屆美國政府反覆警告中國停止對美國的公私部門發動惡意網路攻擊，中國依舊我行我素。

三、讓挑釁者付出更高的代價

若要遏止中國和俄羅斯的混合戰攻擊，就得讓他們對侵略行為付出更高的代價。至今，美國仍舊堅持採取相對保守的報復措施，包括對個人與組織實施經濟制裁、對涉及攻擊行為的個人提起犯罪告訴、公布與譴責下令與指揮攻擊的國家與領導人。這些措施確實是讓美國的敵人付出了極大的代價，比方說，不論川普擔任候選人或是總統期間，俄羅斯都反覆試圖遊說他廢除或刪減《馬格尼茨基法案》，由此可見該法成功處罰了俄羅斯的領導人。然而，這類措施還是沒有顯著改變俄羅斯的侵略行徑。

「普丁挑釁美國，就得讓他坐立難安。」卡特說，「我認為我們讓他還不夠坐立難安。」

國家安全官員和政策制定者建議祭出更多懲罰性制裁，包括可以對中國或俄羅斯進行全面經濟制裁。例如，中國國營銀行如果協助北韓躲避用於遏止核計畫的國際經濟制裁，美國就可以制裁中國國營銀行。美國也可以制裁俄羅斯的石油出口，如同西方針對伊朗核計畫進行制裁；或者制裁俄羅斯銀行，禁止或限制美金計價的金融交易，後者將會使俄羅斯總統普丁個人遭到嚴重打擊。到目前為止，歐巴馬和川普政府都避免採取這類範圍廣大的經濟制裁行動。

瞭解敵人，清楚劃定紅線，界定不能接受的舉動，在敵人做出不能接受的舉動時，讓敵人付出更高的代價，美國和西方國家已經開始採取這些措施來對付中俄的侵略行為，哪怕不夠始終如一。然而，美國和西方領導人和政策制定者仍在思辨更加全面的對策，將攻防行動都納入其中。

想要扭轉影子戰爭的局勢，就必須要攻守俱備。防禦包括防止中俄的天基武器攻擊美國的太空資產，防止俄羅斯軍隊侵略東歐的北約盟國，防止美國選舉制度遭到網路攻擊與其他國家干預；攻擊則包括部署美國自己的天基武器，對敵國發動網路攻擊等等。

防禦的難處在於，難以集中投入足夠的資源，消除美國政策制定者或民眾認為沒有立即危險或不明確的威脅。二〇一六年俄羅斯干預美國選舉，美國出手制止卻慢半拍，證明了即使碰上立即且明確的危險，美國都不一定能團結齊力應對。

「我們美國人實在不擅於未雨綢繆。」克拉伯將軍告訴我。接著他舉了個假設的例子來說明。「如果時任中央情報局局長的喬治．特內特（George Tenet）在二〇〇一年夏天公開說：『我們十分擔心蓋達組織。我們懷疑敵人密謀劫機，把飛機當成飛彈，衝撞建築大樓。我們沒有具體事證，所以，現在所有旅客要去機場，都必須提早兩個鐘頭到，接受脫鞋檢查，只能攜帶三盎司的液體，接受電子掃描檢查，必要時還要接受身體搜索。』」

「如果他當時那樣說，你認為大家會有什麼反應？」克拉伯問道，「大家不會認真看待他的話，他會被嘲笑噓下台，因為我們無法理解沒有實際經歷過的威脅。」

「我認為在網路領域與太空領域也是如此，因為那兩個領域我們都看不見。」他說。

攻擊的難處在於，必須拿捏得當，一個不小心就會觸發大規模衝突，或惹來報復，導致美國縱使打擊了敵國，自己受創卻更加嚴重。美國的攻擊目標就是要在中俄自己的遊戲中打敗中俄，也就是利用影子戰爭來損耗中俄，同時避免觸發真正的熱戰。然而，美國要如何達到這樣的平衡呢？網路空間的臨界點在哪裡呢？北約東側邊境，還有外太空，臨界點又分別在哪裡呢？要如何達到這種危險的平衡，是現今國家安全社群裡激烈爭論的主題。

最重要的是，攻擊和防禦是相輔相成，密不可分的，如同在足球場上，沒有可靠的防守，就不會有可靠的攻擊。然而，西方社會本來就是開放的，美國和西方是否真的能在這樣的開放社會中建立可靠的防禦，實在是說不準，在網路空間中尤其是如此。

「針對這件事，我多次到白宮戰情室參與漫長的討論。」克拉伯將軍告訴我，「我發現問題在於，必須對防禦有十足的把握，以及在遭到報復反擊時可迅速恢復，討論網路攻擊才有意義。」

危險之處在於，美國在影子戰爭中十分脆弱，倘若不大破大立改變，可能無法承受戰局擴大的代價。

四、加強防禦

（一）保護大後方

美國的情報與軍事領袖認同，要打贏影子戰爭，優先策略就是要建立可靠的防禦。他們從頭到尾不斷指出，二〇一六年俄羅斯干預選舉時，美國清楚暴露了弱點。俄羅斯、中國和其他敵國幾十年來不斷企圖干預美國選舉，然而，網路能力大幅提升了他們成功干預美國選舉的能力，包括資訊戰，像是俄羅斯竊取與揭露民主黨和民主黨全國委員會的電子郵件，以及發動更加令人憂心的攻擊，破壞美國選舉制度。司法部副部長羅德・羅森斯坦（Rod Rosenstein）二〇一八年七月清楚表明，俄羅斯竄改選票仍舊是未來的一大隱憂。雖然俄羅斯還沒發動攻擊，破壞投票系統，但許多官員認為俄羅斯遲早會動手，因此，保護投票系統勢在必行，刻不容緩。

「第一步就是全力鞏固防禦。」約翰・史考利說，「保護選舉程序就是明顯的例子，這需要投入資源和技術，需要去瞭解。」

史考利說，焦點必須放在讓選舉人對選舉制度和選舉結果保持信任，一旦選舉人對選舉失去信任，就很難彌補修復。二〇一六年俄羅斯干預選舉，已經破壞了許多美國人對選舉的信任。

「這是遏止俄羅斯企圖破壞美國選舉的上上之策。」史考利說。

縱使美國的投票系統種類繁多，分散不集中，情報和國土安全官員仍舊知道哪些系統是攻擊目標，可以幫那些目標加強網路防護。其中一項阻礙就是，根據法律與傳統，投票過程由州政府所控管，有些州政府不願尋求與接受聯邦政府的協助，把聯邦政府的協助視為干預。

從比較廣泛的角度來看，由於俄羅斯與中國已經成功鎖定美國諸多關鍵基礎設施，包括發電廠、輸電網路、汙水處理廠、政府與私部門電子郵件網路和資料庫，防禦必須擴及全國。美國推動鞏固防禦已超過十年，但攻擊者通常都會搶先一步，美國國家安全官員要求全國更加緊急強化防禦，以消除或至少減少敵人的優勢。

有個問題存在已久，就是使用者難免會犯錯。俄羅斯利用粗簡的網路工具，像是魚叉式網路釣魚，鎖定許多政治組織和個人（希拉蕊的競選總幹事約翰・波德斯塔就是遭到魚叉式網路釣魚攻擊）。遭遇這類攻擊，只要使用者上鉤，再嚴密的網路防禦都無用武之地。

「遇到這種攻擊，防不勝防。」克拉伯強調，「所以我們要把防禦做到滴水不漏，實在是難如登天，幾乎是不可能。」

解決之道就是網路專家所說的，注重「網路衛生」，使用者不只要保護自己，也要保護整個系統，改變習慣，以免成為網路攻擊者的幫手。二〇〇七年遭到俄羅斯發動網路攻擊之後，愛沙尼亞成功動員國民，重視網路衛生，現在愛沙尼亞人把網路衛生當成信條，嚴格遵守。要把這樣的改變複製到像美國這樣的國家，可是巨大的挑戰，因為美國的人口是愛沙尼亞的一百倍。

（二）消除內部分歧，避免分裂擴大

影子戰爭從始至終不斷提醒我們，美國的有些傷是自作自受的，是美國社會開放民主所造成的，開放民主的社會導致美國比敵人更難防範影子戰爭的攻勢。比方說，民主國家由於比較開放，所以比較難防範資訊戰。中國政府設立了「防火長城」，在網路上監視與限制異議；俄羅斯政府則幾乎成功攏絡了所有俄羅斯新聞媒體。

然而，現在美國政治嚴重分歧，導致美國更容易遭到資訊戰攻擊，分化部分美國民眾，以利外國干預。二〇一六年選舉期間，俄羅斯的假新聞先在極右派的偏遠角落找到肥沃的土地，接著又遷移到比較大的保守派平台，有時甚至會直接散播到美國總統耳裡。

「他們利用美國製造的迷因來發動社群媒體攻擊，通常來自『另類右派』，偶爾來自總統。」海登將軍說，「這種遮遮掩掩的影響力頂多只能找出分裂並且加以利用，因此，首要之務就是，如果我們想要防範這種攻擊，關鍵就在於我們自己。」

海登在自己的書《攻擊情報：謊言時代的美國國家安全》（*The Assault on Intelligence: American National Security in an Age of Lies*）裡揭露內幕，國家美式足球聯盟球員在演奏國歌時「單膝下跪」（take a knee）抗議，引發保守人士的怒火劇烈擴大。俄羅斯機器人在這場爭議的初期就找到可以利用的重要目標，於是迅速開始發布數千篇貼文，附上主題標籤#takeaknee和#NFL，還有#taketheknee這個文法錯誤的主題標籤，從#taketheknee可以發現耐人尋味的線索，推敲出許多貼文的源頭。

「最難翻譯的字就是定冠詞『the』。」海登面帶微笑解釋，「『take the knee』是第三個熱門標籤，另類右派大肆宣傳，傳到福克斯電視台Fox，傳到主持人漢尼提（Hannity），漢尼提再拿到政論節目《福克斯與朋友們》（Fox & Friends）熱烈討論，接著川普總統又在推特上重貼一遍。」

「他們這樣做各有目的，但對我們造成的影響都是一樣的。」海登說，「很重要的一點就是，我們最可怕的敵人是我們自己，是我們給敵人機會的。」

美國不會突然弭平這些分裂，然而，有些國家安全專家認為有辦法讓那些分裂變得比較不容易受到利用，包括戰爭以外的辦法。海登把矛頭指向美國社群媒體龍頭「臉書」及其演算法，他認為臉書是美國人深陷各自同溫層的幫凶。

「臉書的商業模式就是想辦法讓使用者待在臉書上。商業模式——也就是獲利——來自點擊數，來自使用時間，來自目標使用者。」海登說，「使用者待愈久，演算法就會透過演算把你與志趣相投的人湊在一塊，因為演算法根據科學演算，知道使用者會待愈久，就是因為愈陷愈深。

「你可以抱怨祖克柏張貼假新聞，你可以抱怨祖克柏應該與一般使用者一樣，遵守政治廣告規範。但其實還有更嚴重的問題。」他繼續說，「臉書的商業模式把使用者侷限在自己貧民窟的黑暗角落，愈陷愈深，其目的就是要分化整個國家。

「那樣的商業模式和演算法實在很糟糕。」海登說。聽到前中央情報局局長說這番話，我著實嚇了一大跳。

那他的解決對策是什麼？宣布臉書成為公用事業，准許政府管制社群媒體網路，包括要求臉書更改演算法和商業模式。

有人認為美國對外國的資訊戰防不勝防，主要算是國內問題，這種論據令卡特火冒三丈。「我們談論的是，俄羅斯是不是正在攻擊美國，而不是俄羅斯的攻擊是不是美國面臨的首要問題。」卡特告訴我，「沒有人把美國國內的一切分裂都怪罪到俄羅斯頭上，那不是我討厭俄羅斯的原因，我討厭俄羅斯是因為，俄羅斯試圖在我國惹事，這就是一種侵略行為。」

海登同樣氣憤譴責俄羅斯肆無忌憚攻擊美國，然而，美國國內分裂不斷擴大，有些政客利用國內分裂來謀取個人利益，他認為這根本就是在協助敵人。

「有一項巨大的運動正在進行中，總統也支持，就是重新定義全國的血緣、土地和共有的歷史。」海登說，「我認為這種重新定義自我的運動比其他某些正在發生的問題更加令人憂心，移民政策、排外情緒、國際關係的交易觀點而不是關係觀點，在在都可以發現重新定義的蹤跡。」

俄羅斯看出了美國國內分裂日深，想方設法加以利用，企圖進一步分化與削弱美國。弭平國內分裂是美國長期首要政治挑戰，短期內比較可能做到的是，更有效阻絕假新聞和意圖加深分裂的其他社群媒體攻擊，美國可以借鏡他山之石，比方說，義大利推動全國課程，教導學生如何分辨假新聞。

就有效防禦影子戰爭而言，許多美國國家安全官員認為，教育美國國民瞭解這些資訊戰，與任何高科技網路工具一樣重要，甚至更加重要。

（二）加強韌性

在網路和太空領域，美國的先進技術反而導致防守困難：因為美國極度仰賴太空和網路的功能，也因此當那些功能受到攻擊，受到的影響就愈大。若要降低依賴度，就必須付出巨大的經濟與社會成本，美國民眾是絕對無法承受的。因此，國家安全官員反覆強調必須加強韌性，也就是打造可承受攻擊的系統，避免系統全面停止運作。

這表示必須在太空部署更多衛星，讓仰賴衛星的技術，如全球定位系統，能夠承受幾顆衛星損毀，讓地面設備不致失去功能。當然，衛星不論是製造或發射，都是十分昂貴，因此美國軍方和私部門正在設計新一代的衛星，體積更小，製造和發射到太空中也都更加便宜。第六章討論過的微衛星也有應用的潛力，可提升太空設備的韌性。

同樣地，要提升網路韌性，就必須設計新的系統，組織私人公司和政府機關，讓公司和政府在遭遇網路攻擊時可繼續運作，目標是要能承受網路攻擊，不會全面停止運作，理想的目標自然是能繼續執行核心工作。

《二〇一八年國防戰略》（2018 National Defense Strategy）強調必須提升太空和網路空間作戰領域的韌性：「國防部將優先投資提升韌性，推動組織改造，確保太空設施安全。本部亦將投資網路防禦，提升韌性，持續將網路能力整合至所有軍事行動之中。」[1]

國防部正加強要求諸多私部門合作夥伴和承包商提升韌性。

五、攻擊

談到攻擊策略時，美國戰略人員並沒有討論要動員全國發動戰爭，對抗中俄，反之，他們強調美國、中俄都不想觸發熱戰。然而，許多人認為，要遏止逼近戰爭的惡意挑釁舉動，必須要有可靠的攻擊能力。

「在核子時代，我們稱之為反擊力量和反擊價值。反擊力量的目標是：『我要摧毀敵人的武力。』反擊價值的目標則是：『雖然我沒辦法摧毀敵人的武力，但是我能讓敵人打消動武的念頭，因為我會威脅敵人極度重視的東西。』」

那麼美國如何在影子戰爭中運用「反擊價值」手段呢？這要思考一個根本的問題：中俄極度重視什麼？問得更直接就是，普丁和習近平極度重視什麼？而且美國如何有效證明，遭到挑釁的時候，有能力奪走那些東西？

（一）資訊戰

美國可以對中俄發動資訊戰，風險最高的作法就是鎖定普丁和習近平為目標。二〇一六年俄羅斯干預選舉期間，歐巴馬政府曾經考慮要挖普丁的黑資料，把他持有的龐大金融資產公諸於世，並揭露他非法取得的金融資產，以削弱他在國內的支持力量。要是在二〇一八年俄羅斯自己的總統大選時這樣搞，造成的衝擊肯定會格外強大。

「這樣做的目的不只是要制裁普丁，更是要質疑他掌權的根本合法性。」卡特說。

美國也可以發動資訊戰，在俄羅斯民眾之間散播疑慮和製造動亂，如同俄羅斯在美國搞的那樣。卡特舉例說，可以向俄羅斯人民揭露俄羅斯在外國發動軍事行動的真相。比方說，俄羅斯隱匿俄羅斯軍人在烏克蘭和敘利亞戰場死亡的死因和人數，政府說謊欺騙軍眷，支付撫卹金，有時為了掩蓋真相，甚至會恐嚇家屬。美國有辦法證明俄羅斯政府說謊，而且能在俄羅斯境內散布真相。

「我們從來沒有認真努力說明俄羅斯在敘利亞的暴行，或者從敘利亞運回俄羅斯的屍袋。」卡特說，「美國還沒有那樣做過。」

「讓人民好奇什麼是真相、什麼是謊言——俄羅斯網軍就是試圖激起美國人民的這種好奇心。」卡特繼續說，「我們也能以牙還牙，雖然這不是美國傳統的手法，我不敢說我們整體而言非常善於此道，但我認為我們有人能夠做好。」

前軍情六處處長約翰．史考利提出警告，說發動情報戰，鎖定外國領導人為目標，包括普丁，可能產生反效果。

「普丁會立即假設各種行動都是以他為目標，即使事實並非如此。」史考利說，「他的想法十分主觀，甚至有點偏執。」

「這就是為什麼他多年來一直反覆說西方人企圖推翻他、傷害俄羅斯等等。這是他的思維的一大特色，他老是公開說這些事，我想他私底下也是這樣想，而且他身邊的人也一樣。」史考利繼續說。

他警告說，如果想用資訊戰來推翻普丁的合法地位，可能會反而證實事實確實如普丁所指稱，西方國家密謀推翻他，因而進一步激起俄羅斯發動攻擊。

「現在似乎完全無法消除他的疑慮，所以如果我們發動有系統的行動攻擊他，肯定會激怒他，讓他確信自己的偏執是對的。」史考利警告道。

迄今，美國官員仍舊堅稱，打從冷戰以來，美國就不曾企圖暗中破壞俄羅斯政府。

「對於俄羅斯的人權和民主等議題，我們確實直言不諱，我確定普丁不喜歡聽那種話，可是我們可沒偷偷摸摸。我們確實有在從事網路諜報活動，但是沒有對俄羅斯發動網路攻擊。」卡特說。

倘若美國要擴大干預，發動資訊戰，特別鎖定俄羅斯或中國領導人，必須審慎思考他們會如何反制。

（二）對基礎設施發動網路攻擊

倘若局勢升溫到高點，美國就會對俄羅斯、中國和其他國家行為者的關鍵基礎設施發動網路攻擊，或者至少要展現會不惜那樣做。二〇一四年十一月，有一群人自稱為「和平護衛」（Guardians of Peace），入侵索尼影視娛樂公司（Sony Pictures）的網路，竊取高階主管的電子郵件、薪資資料和尚未上映的電影，散布到網路上。美國認為這次攻擊是北韓發動的，懷疑原因是：索尼影視的新片《名嘴出任務》（*The Interview*）即將上映，該片用搞笑的手法醜化北韓獨裁者金正恩。隔月，二〇一四年十二月，北韓網路斷線幾個小時，雖然美國政府從未宣稱或正式承認動手，但是大家普遍懷疑北韓網路斷線是美國所為，為了報復北韓入侵索尼的網路。二〇一五年三月，在眾議院國土安全委員會擔任主席的國會議員麥克・麥寇（Michael McCaul）暗示事實確實是那樣。麥寇在戰略暨國際研究中心（Centerfor Strategic and International Studies）所舉辦的一場活動中發言，說：「我們對北韓發動了一些網路反擊。」[2]

美國和以色列聯手開發與散播所謂的震網病毒（Stuxnet），對伊朗的核計畫展開網路攻擊，不僅範圍更廣，所造成的後果也更加嚴重，此舉現在被視為是改變網路戰遊戲規則的關鍵。大家認為就是二〇一〇年被發現的震網病毒攻擊，導致俄羅斯、中國和其他國家行為者開始提升各自的網路攻擊能力。

許多美國國家安全專家依舊認為，在某些情況下發動這類網路攻擊合情合理，像是報復外國對美國發動嚴重的致命攻擊。困難之處在於如何界定哪些情況可以發動網路攻擊，以及如何判斷可能會造成什麼後果。許多人提出警告，認為對基礎設施發動網路攻擊，可能會立即擴大成大規模網路戰，最嚴重甚至會演變成熱戰。

「讓我們綁手綁腳的是，我們總是想盡量做到精準、正確、合法。」克拉伯解釋道，「我們不能指望敵人同樣做到精準、正確、合法。每當我們打算發動網路攻擊進行反擊時，最後總是反而因為無法確定敵人遭到攻擊之後會採取什麼報復手段而傷透腦筋。」

美國已經有辦法發動網路攻擊，破壞外國的關鍵基礎設施，網路攻擊能力仍舊是機密，軍事領袖持續在討論與界定哪些情況可以建議使用網路攻擊。

二〇一八年二月五角大廈公布《核態勢評估報告》（*Nuclear Posture Review*），引發了令人憂心的新議題：美國遭遇極少數的某些情況，可能會下令使用核武器，來反制破壞力強大的網路攻擊。美國軍事指揮官警告說，可能引發有限核反應的「非核戰略攻擊」極度有限。講具體一點就是，他們是在強調，網路攻擊縱然可能造成嚴重的損害，卻不太可能造成必須動用核武反擊的重大民眾傷亡。然而，民眾討論這個議題之際，討論網路攻擊策略成了引人矚目的焦點，美國的敵人不可能沒注意到。

（三）部署軍力威懾敵人

打影子戰爭必須用到硬實力，美國的情報與軍事官員都認同，西方必須證明有能力並願意使用硬實力。美國必須仿效中國的「高低」軍事戰略——在低端戰中與敵攻防，同時為高端戰積極備戰。美國和西方可以說是早就已經採用這套戰略同時與中俄纏鬥了。在南海，美國海軍執行所謂的自由航行行動，目的就是要讓中國知道，美國不只認為那些有爭議的海域和空域是屬於國際的，也有能力把軍力投射到那裡，不論中國如何宣稱擁有合法主權與大興土木。美國海軍戰艦通過台灣海峽，也是要告訴中國，台灣是獨立的國家。

針對中國的人造島嶼，美國軍事指揮官甚至傳達了更加明確的訊息。二〇一八年六月，一名美國將軍清楚講明，萬一爆發軍事衝突，美軍可快速摧毀那些島嶼。

「我告訴你，對於在西太平洋攻占小島，美軍可是經驗豐富。」參謀長聯席會議主席小肯尼斯・麥肯錫（Kenneth McKenzie Jr.）中將告訴記者。他之所以這麼說，是在回覆一名記者詢問美國是否有能力「摧毀」中國的人造島嶼。

他緊接著又說他只是陳述「歷史事實」。

「我們在第二次世界大戰時，對於攻占孤立的小島，經驗豐富。」他補充解釋道，「那是美軍以前的核心任務。我那句話單純只是在陳述歷史事實，你可別過度解讀。」[3]

中國開始建造島嶼之後，也有美軍官員私下與我說過相同的話。美國確實有威力強大的飛彈，可以讓那些島嶼變成無用武之地，然而，這樣公開警告中國，著實惹人矚目。

翌日，中國就回擊了，一名高階中國將軍說，美國官員與軍事指揮官對南海的情況發表了「不負責任的」評論。

「無法接受其他國家任何不負責任的言論。」何雷中將在新加坡的一場國際研討會上說，「在南海島礁駐軍和部署武器，是中國主權範圍內的事，是國際法認可的。」[4]

同樣為了警告俄羅斯別在北約的東側前線從事具有威脅性的軍事活動，美國增派軍隊到東歐，包括派戰鬥機和一支美國海軍陸戰隊部隊協防波羅的海諸國。北約擴大聯合軍事演習，美國派P-8海神反潛巡邏機協防歐洲，並且增加美國潛艦在該地區的活動。

「我們全都專注於所謂的軟戰，徹底忽視了俄羅斯正在擴張軍力，準備打硬戰。」克拉伯將軍警告道。

「俄羅斯會動武嗎？我認為不會，因為我認為俄羅斯對於動武的後果有所忌憚。」他繼續說，「尤其是發動核武戰爭。我認為俄羅斯知道，我們也很清楚，那簡直就是自殺。」

美國擴大在國外的軍事部署和演習，中俄也一樣，因此美國現在遭遇的難題變成：如何依照現存的威脅來調整軍事部署和演習，必須與不斷測試美軍底線的敵人不斷纏鬥，才能找到完美的平衡點。

「與蘇聯時期如出一轍，俄羅斯正在投資巨大的事業，要全球承認俄羅斯是強權。」克拉伯說。

（四）太空武器？

雖然美國積極在地球擴張軍事，但美國的政策制定者卻還沒決定是否要在太空部署攻擊能力。與發動網路攻擊一樣，美國擔心以暴制暴可能會導致衝突一發不可收拾，最後兩敗俱傷。在太空，即使是小衝突，也可能導致廣大的太空好幾十年無法使用。美國現在把焦點放在加強保護衛星和全力提升韌性，以降低美國太空資產遭到攻擊時所產生的損失。然而，還是與網路領域所遭遇的問題一樣，如果沒有可靠的報復威脅，能有效遏止敵人嗎？目前這個問題仍舊無解。

六、向敵人警告攻擊的後果

要有效遏止敵人攻擊，首要之務就是清清楚楚告訴敵人發動攻擊的後果，不論是在以前冷戰期間或是現在影子戰爭時，確實都是如此，因為核武衝突都是最大的風險。然而，又一次，美國並沒有始終如一地向敵人傳達清楚的訊息，尤其是政府的最高層，即使美國軍事策劃人員正在為影子戰爭出謀劃策，打算讓俄羅斯、中國和其他國家行為者嚐嚐最嚴重的後果。

「意思就是說，在保密範圍之內，讓俄羅斯更加清楚瞭解，如果攻擊美國，我們會讓他們嚐到什麼後果。」卡特說，「俄羅斯的攻擊表面十分廣大，俄羅斯根本無法防守。希望上帝保佑，別讓戰爭爆發。然而，不管發生戰爭或其他情況，整個廣大的攻擊表面都將會成為我們打擊的弱點，要讓俄羅斯知道，攻擊雖會傷到敵人，但也會害到自己。」

「俄羅斯社會弱點百出，邊界漫長，根本無法全面控管。」卡特繼續說，「假如俄羅斯在波羅的海等地鬧事，可能必須承受來自四面八方的壓力。」

美國領導人必須讓俄羅斯、中國和其他敵人清楚明白，對美國發動影子戰爭絕對必須承受不堪設想的後果。

七、簽訂管制網路與太空的新條約

現在，中俄正在美國打一場未經宣布的戰爭，這場衝突沒有規則，《日內瓦公約》不適用於影子戰爭，《海洋法》不適用於太空或網路。即使在冷戰高峰期，強權之間核武戰爭一觸即發，美國和蘇聯，甚至連配角中國，都遵守協議，同意萬一爆發衝突，會節制使用武力。各方共同的目的就是要盡量避免小衝突擴大成第三次世界大戰，那些條約與協議發揮了一定的效果。現任與卸任的國家安全官員普遍認同，美國必須開始與盟國和敵人協商，訂定用於新戰場的新規則。

「我覺得拿《海洋法》來類比很合適。」克拉伯將軍告訴我，「《海洋法》經過數百年的發展，整體而言，如今大多數的航海國家都瞭解與遵守《海洋法》。我們現在還沒有適用於新戰爭的新法。

「我們必須訂出國際認可的規範，像《海洋法》那樣，由大家共同遵守。」克拉伯繼續說，「在那之前，全世界就像以前美國的蠻荒西部一樣。」

八、維持與鞏固同盟關係

國家安全領域的共和黨員和民主黨員都強調，必須維持與鞏固國際同盟關係，共同對抗中俄兩國，中俄兩國的戰略以破壞西方的同盟關係為首要之務，目的就是想要分化與打敗西方。在亞洲，美國必須與日本、南韓、菲律賓以及東南亞國家協會等區域組織，鞏固軍事同盟。美國如果能保住區域強權的地位，與崛起的中國抗衡，對東南亞國家協會的會員國是有益的。

在歐洲，自從蘇聯解體之後，北約頭一遭如此重要，不可或缺，生活在離俄羅斯威脅最近的歐洲官員認為，北約的角色成了眾所矚目的焦點。

「北約應該強調我們必須齊力抗敵，宣揚共同價值，解釋共同價值，向彼此保證會互相協防。這些都是非常強而有力的論據。」史考利說。

追求與捍衛建立於規則上的國際秩序，幾十年來在兩黨執政的政府，都是美國外交政策的中心焦點，美國不只全力鞏固北約和其他軍事同盟，也積極推動世界貿易組織、世界銀行、國際貨幣基金組織以及其他國際組織與協約，證明了確實如此。同樣，許多曾經在共和黨和民主黨政府任職的卸任國家安全官員認為，美國現在怠忽這些職責，已經危害到美國自身的安全了。

「但是我們自己的總統卻不認同。」克拉伯將軍說，「總統有意無意附和中俄的說詞和混合戰理念，助長了中俄的所作所為。」

九、領導階層

美國情報與軍事領導人強調，如果最高層的領導人沒有清楚的頭腦，這些解決方案就完全沒辦法成功。他們說，如果領導人自己對於敵人的本質無法達成共識，甚至不認為影子戰爭正在進行，那麼美國和西方就沒辦法打贏影子戰爭。這種意見分歧的情況滲透到各個盟國的人民。

「必須解釋得更加清楚，讓更多的民眾瞭解威脅。」史考利說，「人民習慣去瞭解發生什麼事，但是現在卻有些人還不瞭解發生什麼事。」

更令人憂心的是，史考利說：「由於某些相關人士的行為，其實美國的制度很脆弱。」

川普總統一再貶損我國針對俄羅斯惡意攻擊我國的評估分析，最明顯的就是俄羅斯干預二〇一六年選舉。當美國提出政策反制俄羅斯的其他侵略行為時，他有時也會唱反調，比方說，他公開聲明克里米亞依法確實是俄羅斯的。在二〇一八年七月的赫爾辛基高峰會，他在普丁旁邊的表現成了轉捩點，激起了兩黨的怒火，因為他沒有當著普丁的面譴責俄羅斯的所有侵略行為。

最後，影子戰爭會輸或會贏，取決於美國和西方盟國能不能擁有共同的使命感。西方國家的分化是中俄的貓薄荷，其實，製造西方國家分化既是影子戰爭的產物，也是目標，要打敗分化策略，西方國家必須齊心理解為何而戰。

「對抗敵人分化的最佳對策，當然就是更加明確瞭解我們代表什麼，自由民主國家到底是什麼意義。」約翰．史考利說，「我們的領導人最好能清楚說明自由民主國家的價值，而且說得淺顯易懂。」

「這是政治人物的職責，他們代表人民，負責說明、解釋、溝通。」他補充道，「這些是他們的任務，這是再清楚不過了。」

美國要打贏影子戰爭就必須反擊，而且要像敵人一樣齊心協力。美國必須在沒有發生偷襲珍珠港或九一一事件的情況下發動反制，因為影子戰爭的目的就是要避免發生那類事件。實際上，美國必須徹底顛覆影子戰爭最根本的特色，能否成功顛覆，可能決定未來幾年美國的國家安全狀況。

結語

我擔任駐外特派記者報導世界大事，大約有二十年之久，逐漸看透戰爭、政治動亂、恐怖攻擊和其他事件之間的關聯——經常是悲劇，但偶有例外——在眼前展開。那些新聞並沒有重複上演，每個故事和經歷那些故事的人都不一樣，都應該受到矚目，但是那些事件背後的根本原因和主事者總是密切相關。

幾年前我寫了一篇題為〈警察國家劇本〉（The Police State Playbook）的文章，那是記者札記，記錄我在專制國家所完成的一連串任務，包括在俄羅斯和中國待的許多年，還有緬甸、辛巴威、埃及、沙烏地阿拉伯和敘利亞。每次任務都很獨特，而且每次我都深刻體會到各國的文化、歷史、地理和宗教截然不同，但卻彼此仿效，使用專制政權統治人民。

「劇本」大概是這樣：他們都將國內分歧歸咎於外敵干預；利用過去遭到迫害的歷史來團結人民，對抗今天共同的敵人；將異議份子和批評者視為叛徒；灌輸人民錯誤資訊；還有，他們全都利用恐懼和仇恨這兩種容易遭到激化的情緒，來合理化邪惡乃至於應該受到譴責的行為。

我親眼目睹過這部劇本在各大洲上演。在緬甸，我親眼目睹軍隊鎮壓數千名佛教僧侶所領導的民眾革命。在辛巴威，我親眼目睹穆加比（Robert Mugabe）公然作票，並使用令人膽寒的暴力，從反對黨手中偷走一場選舉，包括疑似謀殺反對黨領袖的妻子。在埃及，我親眼目睹人民在開羅的解放廣場（Tahrir Square）舉辦大型抗議，推翻穆巴拉克（Hosni Mubarak），結果另一名將軍就立即取而代之。

然而，中俄才是善用專制政權的奇才，在過去幾十年練就了完美的手段。我報導過俄羅斯的一次總統選舉，那次顯然不是真正的選舉。反對黨的候選人和支持者受到跟蹤、騷擾和監禁，有時甚至遭到更可怕的對待。中國根本懶得舉辦選舉，緊盯異議思想，在初萌生之時就加以扼殺，鎮壓反對聲音，遏止公開傳播。

打從一開始，我就經常親身經歷〈警察國家劇本〉所描述的那些手段。一九九四年，我在香港幹第一份工作當記者，中國政府命令我任職的電視台禁止播報我揭露中國大陸不公平對待外國商人的報導。那只是一家小電視台的一個菜鳥記者所撰寫的小報導，但卻讓我早早就體會到中國政府的掌控範圍和力量。我辭職，找了新工作。

二〇〇七年在倫敦，我在報導俄羅斯毒害異議份子亞歷山大・李維南科之後，被檢驗出接觸到放射毒物。我去過他和俄羅斯刺客去過的許多地方，現在，我和數十位倫敦居民一樣，都可能成為受害者。英國官員說這是國際放射毒物恐怖攻擊的首例。

這些國家——所有這些警察國家——沒什麼共通點，但是行使政權的方式卻幾近一模一樣，採用同一部殘暴的劇本。

數年之後，我回到美國，接下新職務，擔任CNN的首席國家安全特派記者，我注意到這些警察國家運用權力對付外國敵人的模式都很類似，尤其是對付美國。攻擊手段卻迥然不同，從俄羅斯偷偷侵略烏克蘭境內的一個歐洲國家，二〇一六年又干預美國選舉，到中國在南海建造新領土，以及惡意偷竊美國的智慧財產。在過去幾年，他們的手段變得更加肆無忌憚，將這場沒有公開宣布的戰爭從海裡擴大到太空。

然而，不論是媒體報導，或是在華盛頓的公開討論中，這些事件大都被當成彼此不相關。但是我可不那樣認為，我漸漸發現，每個侵略行動都是大戰略的一環，處處暗中削弱美國，圖謀在爆發戰爭時，與美國這個世界最大的軍事強權在戰場上抗衡。中國和俄羅斯一樣，地理、歷史和文化不同，但卻採取幾乎相同的策略削弱與追趕美國。這事活生生發生在我們眼前，但是美國卻沒有全面的應對策略。在許多圈子裡，美國官員和立法人員甚至不承認有威脅需要應付。

從幾年前開始，我開始記錄這些看似截然不同的事件，一定要到親臨現場，甚至不惜到海上，親眼見證與探究。

二〇一二到一三年我在美國駐中國大使館擔任參謀主任，從那時起，我看了中國政府和中國國營企業有系統竊取美國公司的機密和智慧財產。這類竊盜行事並非個人行為者的非法行為，而是中國的政策，意圖削弱美國，圖利中國。我還目睹中國的其他惡行，包括讓中國境內和世界各地的批評者噤聲，就連一些批評者逃到美國，自以為安全了，結果卻難逃中國的魔掌。中國自認有權不擇手段強取利益，不必遵守國際法規與制度，也不用管美國如何捍衛那些法規與制度。

回來做記者工作之後，我有更多的機會目睹這場不斷擴大的衝突。二〇一四年，俄羅斯一開始悄悄展開侵略行動時，我就前往東烏克蘭，親眼瞧瞧俄羅斯如何利用各種手段將一個歐洲主權國家搞得雞飛狗跳。當時，烏克蘭試圖舉辦選舉，俄羅斯就企圖破壞選舉結果，縱火燒掉東部的投票所。二〇一五年，五角大廈批准讓我搭乘美國的偵察噴射機，到南海參與偵察任務行動，這是第一次有記者獲准這樣做。我從空中親眼目睹中國如何用短短幾個月，將幾個勉強露出海面的礁岩變成大型軍事設施。

後來，我拜訪國防情報局的團隊，MH17 在烏克蘭墜毀幾個小時之後，該團隊就確定，擊落噴射客機和兩百九十八名乘客與機組人員的，是俄羅斯的飛彈，從俄羅斯掌控的領土發射。可以確定的是，美國在同一天就知道俄羅斯是幕後黑手，但是美國要如何防範下一次攻擊，就不得而知了。

從每次侵略行為及其餘波都可以看出莫斯科和北京膽大妄為，美國則是拖拖拉拉，言詞閃爍。美國沒有明確的反應，似乎刺激中俄一再挑釁，爭權奪利。中俄顯然是有策略的，美國和西方則沒有對策。

俄羅斯干預二〇一六年選舉，令人驚恐，是前所未見的侵略行徑。身為CNN的首席國家安全特派記者，我親眼目睹並負責報導，俄羅斯干預的程度隨著時間逐漸明朗化，就連美國最資深的情報官員都感到詫異，歐巴馬政府元氣大傷，陷入困境，一方面警告俄羅斯別再干預，一方面要避免人民對選舉與有望勝選的希拉蕊失去信任。

俄羅斯的干預也揭露了美國自己的弱點。在政治程序中，俄羅斯不時散播假消息，有時只是擴大原有的分裂，鎖定各種議題，包括「黑人的命也是命」（Black Lives Matter）、槍械暴力、氣候變遷等。美國有些最享譽盛名的公司，像是臉書，後來被發現反應慢半拍，甚至企圖隱瞞俄羅斯干預的實際程度。二〇一六年著實令美國人憂心：未來的選舉是否真的是自由、公平和誠實？

現在，新政府執政進入第二年了，我還是看到新政府重蹈許多舊轍。川普總統在公開發言中，拒絕譴責俄羅斯的侵略行為，甚至批評美國情報機關針對俄羅斯侵略行為提出的評估分析。他採取了歐巴馬政府沒有採取的措施，包括授權發動網路攻擊，以及強調必須反制外國威脅美國的太空資產。他也嚴厲譴責中國竊取美國機密，然而，更廣泛而言，行政部門、立法機關、國防與情報社群、私部門，都沒有明確提出對策，反制中俄暗中破壞美國的行動。美國有打贏影子戰爭的計畫嗎？美國有承認影子戰爭正在進行中嗎？

我個人寫這本書的動機，完全與政治無關。我之所以寫這本書，單純因為我是被捲入其中的美國人。我始終認為，住在外國，愛國心不僅不會減弱，反而會更加堅定。沒錯，在外國經常比較容易發現祖國的弱點，但也比較能看出祖國的強項。就美國的觀點，無庸置疑，美國能貢獻世界的，遠大於中國和俄羅斯，影子戰爭其實主要就是觀點之爭。我寫這本書是要提醒美國同胞，這場戰爭如何威脅我國所重視的大小事。

偉大的艾瑞克・席瓦雷德（Eric Sevareid）曾經這樣談論記者：「我們努力追求的首要目標，就是生活在社會的成長點，找出歷史的尖端。」1

影子戰爭可能是美國歷史的關鍵時刻。

致謝

本書的根基是美國和歐洲某些情報、軍事和政治最高領袖的評論，鞭辟入裡，開誠布公，有時候甚至批判自我。感謝前國家情報總監詹姆斯．克拉伯、前國家安全局和中央情報局局長麥克．海登、前國防部長艾希頓．卡特、前國防部副部長鮑伯．沃克、前軍情六處處長約翰．史考利、前國家安全局副局長瑞克．雷吉特、前聯邦調查局網路部門主管鮑伯．安德森、現任戰略司令部司令約翰．海騰將軍、前美國空軍太空司令部司令威廉．謝爾頓、前國家安全顧問湯姆．竇倪龍、前美國駐烏克蘭大使（現任駐希臘大使）久飛．皮雅特。在愛沙尼亞，總統柯絲娣．卡吉萊德、外交部長斯文．米瑟、前國防部長賈克．亞維蘇慷慨地向我解釋愛沙尼亞與東邊強大鄰國相處的大小事，偶爾會發生令人膽戰心驚的事。最近才離開歐洲安全與合作組織的亞歷山大．何格，提供我MH17在烏克蘭被擊落的獨家內幕，那次攻擊仍舊是影子戰爭中最駭人聽聞的舉動之一。美國海軍指揮官歐力．路易斯現在是參謀長聯席會議成員，曾任潛艦第十二中隊指揮官，他提供我寶貴的資訊，深入解釋潛艦在海裡新的大競爭中所扮演的核心角色。

感謝CNN派我到世界各地執行一系列的任務，包括烏克蘭、南海和北極，以及訪問美國國防與情報界的權威，這些著實讓我對影子戰爭大開眼界。Jeff Zucker、Rick Davis 和 Allison Gollust 從一開始就鼎力支持，即使是在無盡的國家新聞週期中，仍舊全力相挺。特別感謝長久合作的製作人 Jennifer Rizzo，陪我到這場衝突的前線，包括幾個我們不受歡迎的地方。

感謝 Ross Yoon Agency 的 Gail Ross，幫忙把複雜的議題變成值得說的故事；也感謝 HarperCollins 的 Eric Nelson 發掘這個議題，並且全心支持。

我到全球各地報導影子戰爭，在每一站都會遇到美國國軍人員和公務員，他們奉獻生命為美國爭取利益，保衛國家，對抗當代各式各樣的威脅。在影子戰爭，這些美國人有的穿便服，有的穿軍服，雖然大多沒沒無名，但是每個人都執行著不可或缺的任務，保衛美國安全。

我想特別感謝幾個團隊慷慨坦率為我敞開大門。感謝哈特福德號和密蘇里號的指揮官和船員在船上熱情款待我。也感謝全體潛艦人員為國犧牲。大家稱您們為「沉默的艦隊」，不只因為您們藏匿在水裡讓敵人找不著，也因為您們默默犧牲，大部分美國人都沒察覺。家父曾經在海軍服役，我能夠成為「藍鼻子軍團」的一員，也就是去過北極圈的水手，著實倍感榮幸。

感謝美國海軍和番號「鵜鶘中隊」的 VP-45 海上巡邏隊，邀請我和 CNN 的同事搭乘 P-8 海神反潛巡邏機前往南海，這是史上頭一回記者獲准參與 P-8 執行任務。儘管環境漸趨緊張，飛行員和飛行機組人員始終保持冷靜、沉著和鎮定。

美國空軍太空司令部答應讓我和 CNN 的同事造訪美國幾處基地，讓我認識到步步逼近的太空衝突與準備應戰的「太空戰士」。他們謹守座右銘，成為真正的「太空邊境護衛」（Guardians of the High Frontier）。特別要感謝科羅拉多州科泉市施里弗空軍基地和彼得森空軍基地、科羅拉多州奧羅拉市巴克利空軍基地、加州范登堡空軍基地、內布拉斯加州奧夫特空軍基地美國戰略司令部的國軍。我也要感謝在衝突前線保家衛國的優秀部隊，包括施里弗空軍基地的第五十太空聯隊（部隊番號是名副其實的「太空主宰」）和巴克利空軍基地的第四六〇太空聯隊。

分析繪圖公司熱情歡迎我們造訪位於費城外郊錯綜複雜的行動中心，而且在整個寫作計畫中為我提供深入的分析與關於中俄太空活動的最新消息，特別要感謝分析繪圖公司的執行長保羅・桂齊亞尼和鮑伯・霍爾。

國家安全局熱情歡迎我的團隊和我造訪網路安全威脅行動中心，國安局說威脅行動中心是「網路安全作戰任務的中心，全年無休」。在威脅行動中心裡，我發現確實如此，那裡就像是作戰指揮中心，敵人每天發動數十萬波攻擊。

國防情報局提供我和CNN的同事寶貴的機會，造訪阿拉巴馬州韓刺維爾的導彈與太空情報中心。韓刺維爾地區發展美國太空計畫的歷史十分悠久，一些赫赫有名的火箭構成天際線，宛如異世界一般。導彈與太空情報中心裡的人員都是出類拔萃的專家，在短短幾個小時內就斷定，在烏克蘭擊落MH17客機的，是俄羅斯的火箭，從俄羅斯掌控的領土發射。

前聯邦調查局網路犯罪反應部門的執行副主任鮑伯・安德森，坦言中國持續竊取美國國家安全機密，發動全面攻擊，意圖暗中削弱美國。

美國海軍戰爭學院戰略教授安德魯・艾瑞森，提供鞭辟入裡的見解，分析中國在南海與其他地方的影子戰策略。艾瑞森揭露內幕，從歷史根本來追溯北京的目標，回溯到中國共產黨創黨之時。

Austin Lowe 是專門研究中國的分析師與語言學家，擁有喬治城大學華許外事學院亞洲研究碩士學位，以及哥倫比亞大學東亞語言與文化學士學位（他剛好也是我的外甥），提供十分重要的中國分析和研究，他在中國大陸居住與做研究的那段日子發揮了寶貴的作用。

Crowd Strike 和 Fire Eye 提供深入的剖析和親身經驗，協助追蹤與解釋俄羅斯干預二〇一六年的選舉。

由衷感謝 Julie Tate 協助查證事實。

最後，也是最重要的，若沒有家人的支持，我就寫不成這本書。感謝內人 Gloria Riviera，從我有寫書的想法到完成這本書，她始終支持我，並且協助將一些粗糙的草稿變成讀起來順暢的故事。也要感謝孩子們，Tristan、Caden 和 Sinclair。家人讓我能夠每天全心全意報導新聞，專心寫作，寫出八萬個字，分析錯綜複雜的現代戰爭，令我滿懷感激。希望我們自己未來能夠繼續到世界各地冒險。

註釋

第一章

1 "The Litvinenko Inquiry: Report into the Death of Alexander Litvinenko," Chmn, Sir Robert Owen, January 2016, 192.

2 Ibid.

3 "Valery Gerasimov, the General with a Doctrine for Russia," *Financial Times*, September 15, 2017.

4 "The Gerasimov Doctrine: It's Russia's New Chaos Theory of Political Warfare. And It's Probably Being Used on You," Molly McKew, *Politico Magazine*, September/October 2017.

第二章

1 Estonian Public Radio ("EPR"), April 25, 2017.

2 North Atlantic Treaty Organization, official text, The North Atlantic Treaty, April 4, 1949.

3 Statement by the foreign minister Urmas Paet, *EestiPaevaleht* (newspaper), May 1, 2007.

4 e-Estonia, Government of Estonia, June 2017.

5 Estonian Defence League ("Kaitseliit").

6 Ibid.

第三章

1 Criminal complaint, *USA v. Su Bin*, 3, filed in US District Court, Central District of California, June 27, 2014.
2 Ibid., 19.
3 Ibid., 20.
4 Ibid., 11.
5 Ibid., 16.
6 Ibid., 17.
7 Ibid., 5.
8 Ibid., 45.
9 Ibid., 15.
10 Ibid., 17.
11 Ibid., 18.
12 Ibid., 17.
13 Ibid., 22.
14 Ibid., 24.
15 Ibid., 35.
16 Statement, US Attorney's Office, Central District of California, August 15, 2014.
17 Statement, US Department of Justice, March 23, 2016.
18 Ibid.

第四章

1 "Ukraine Military Plane Shot Down as Fighting Rages," BBC News, July 14, 2014; Aviation Safety Network.

2 隔天在記者招待會中，一名烏克蘭官員譴責俄羅斯擊落一架蘇愷25戰鬥機，起初指出可能是被一架俄羅斯軍機所擊落。而當時地面親俄叛軍聲稱擊落了兩架蘇愷戰機。

3 "Helsinki Final Act: 1975–2015," OSCE, 2015.

4 Reports: "Crash of Malaysian Airlines Flight MH17," Dutch Safety Board, September 2014 and October 2015.

5 Ibid.

6 Ibid.

7 Transcript, *Fox News Sunday*, John Kerry interview with Chris Wallace, July 20, 2014.

8 "Kerry: Ukrainian Separatist 'Bragged' on Social Media about Shooting Down Malaysia Flight 17," PolitiFact, July 20, 2014.

9 "A Global Elite Gathering in the Crimea," *Economist*, September 24, 2013.

10 Yalta European Strategy (YES) Conference, Yalta, Crimea, September 2013.

11 "Ukraine's EU Trade Deal Will Be Catastrophic, Says Russia," *Guardian*, September 22, 2013.

12 Putin's Prepared Remarks at 43rd Munich Conference on Security Policy, February 12, 2007.

13 "Putin Hits at US for Triggering Arms Race," *Guardian*, February 10, 2007.

14 Report of the International Advisory Panel (IAP) on its review of the Maidan Investigations, March 31, 2015.

15 Report, Ukraine's Prosecutor General's Office as referenced by IAP investigation.

16 "Ukraine: Excessive Force against Protesters," Human Rights Watch, December 3, 2013.

17 IAP Report, March 31, 2015.

18 Ibid.

19 "Ukraine Crisis: Transcript of Leaked Nuland-Pyatt Call," BBC News, February 7, 2014.

20 Transcript, "The Putin Files," *Frontline*, PBS, June 14, 2017.

21 IAP Report, March 31, 2015.

22 Reuters, March 5, 2014.

23 Transcript, "Address by the President of the Russian Federation," Presidential Executive Office, March 18, 2014.

24 Report: "Flight MH17 Was Shot Down by a BUK Missile from a Farmland Near Pervomaiskyi," Joint Investigation Team (JIT), September 28, 2016.

25 Ibid.

第五章

1 "Air Force History: The Evacuation of Clark Air Force Base," US Air Force, June 12, 2017.

2 Bill Hayton, *The South China Sea: The Struggle for Power in Asia* (Yale University Press, 2014), 92.

3 Ibid., 97.

4 Stephen Jiang, "Chinese Official: US Has Ulterior Motives over South China Sea," CNN, May 27, 2015.

5 白宮文字稿。二〇一五年九月二十五日歐巴馬總統和中華人民共和國總書記習近平在聯合記者招待會中的致辭內容。

6 "Advance Policy Questions for Admiral Philip Davidson, USN Expected Nominee for Commander, U.S. Pacific Command," Senate Armed Services Committee, April 17, 2018.

7 發生過一次著名的例外衝突，也就是一九八八年的南沙海戰。中越海軍在南沙群島的赤瓜礁爆發衝突，造成六十四名越南軍人死亡。

8 François-Xavier Bonnet, "Geopolitics of Scarborough Shoal," Research Institute on Contemporary Southeast Asia (IRASEC), November 2012.

9 *The South China Sea Arbitration Award of 12 July 2016*, Permanent Court of Arbitration (PCA Case No 2013-19).

10 State Department Transcript, Daily Press Briefing, Washington, D.C., July 12, 2016.

11 Ian James Storey, "Creeping Assertiveness: China, the Philippines and the South China Sea Dispute," *Contemporary Southeast Asia* 21, no. 1 (April 1999): 96, 99.

12 "Pentagon Says Chinese Vessels Harassed U.S. Ship," CNN, March 9, 2009.

13 "Countering Coercion in Maritime Asia: The Theory and Practice of Gray Zone Deterrence," Center for Strategic and International Studies (CSIS), May 9, 2017.

14 "Advance Policy Questions for Admiral Philip Davidson, USN Expected Nominee for Commander, U.S. Pacific Command," Senate Armed Services Committee, April 17, 2018.

15 Bethlehem Feleke, "China Tests Bombers on South China Sea Island," CNN, May 21, 2018.

第六章

1 後來 Joint Space Operations Center 改名為 Combined Space Operations Center，簡稱 CSpOC，包含來自「五眼」（Five Eyes）情報共享聯盟的國際同盟國代表人員。

2 空軍太空司令部（Air Force Space Command）

3 P. W. Singer and August Cole, *Ghost Fleet: A Novel of the Next World War* (Boston: Houghton Mifflin Harcourt, 2015).

4 "DepSecDef Work Invokes 'Space Control'; Analysts Fear Space War Escalation," *Breaking Defense*, April 15, 2015.

5 History, 50th Space Wing, Schiever Air Force Base, May 2, 2018.

6 Brig. Gen. David N. Miller Jr. is the Director of Plans, Programs and Financial Management, Headquarters Air Force Space Command, Peterson Air Force Base, Colorado.

7 History of Offutt Air Force Base, United States Air Force, August 2005.

8 "The 50th Anniversary of Starfish Prime: The Nuke That Shook the World," *Discover*, July 9, 2012.

9 "Going Nuclear Over the Pacific," Smithsonian, August 15, 2012.
10 NASASpaceflight.com.
11 Ibid.

第七章

1 Barbara Starr, "U.S. Official: Spy Plane Flees Russian Jet, Radar; Ends Up over Sweden," CNN, August 4, 2014.
2 "Freed and Defiant, Assange Says Sex Charges 'Tabloid Crap,'" ABC News, December 10, 2010.
3 "A Timeline of the Roger Stone–WikiLeaks Question," *Washington Post*, October 30, 2018.
4 "Putin Says DNC Hack Was a Public Service, Russia Didn't Do It," Bloomberg News, September 2, 2016.
5 "Joint Statement from the Department Of Homeland Security and Office of the Director of National Intelligence on Election Security," ODNI, October 7, 2016.
6 "Transcript: Obama's End-of-Year News Conference on Syria, Russian Hacking and More," *Washington Post*, December 16, 2016.
7 Statement, Office of Senator Jeanne Shaheen, December 12, 2017.

第八章

1 "Sea Ice Tracking Low in Both Hemispheres," National Snow and Ice Data Center, February 6, 2018.
2 "Russian Mini-Subs Plant Flag at North Pole Sea Bed," *Globe and Mail*, August 2, 2007.
3 "Is Alaska Next on Russia's List?," *Moscow Times*, October 14, 2014.
4 "Top Navy Official: Russian Sub Activity Expands to Cold War Level," CNN, April 19, 2016.

5 "Up to 11 Russian Warships Allowed Simultaneously in Port of Tartus, Syria—New Agreement," RT, January 20, 2017.
6 北約盟軍海上司令部（NATO Allied Maritime Command）
7 "Presidential Address to the Federal Assembly," Presidential Executive Office, March 1, 2018.
8 "Russian Submarines Are Prowling Around Vital Undersea Cables. It's Making NATO Nervous," *Washington Post*, December 22, 2017.
9 "From This Secret Base, Russian Spy Ships Increase Activity Around Global Data Cables," *Barents Observer*, January 12, 2018.
10 Ibid.
11 Ibid.
12 Ibid.

第九章

1 "2018 National Defense Strategy of the United States of America: Sharpening the American Military's Competitive Edge," Department of Defense, January 2018.
2 "North Korea Web Outage Response to Sony Hack, Lawmaker Says," Bloomberg News, March 17, 2015.
3 "US Warns of Ability to Take Down Chinese Artificial Islands," CNN, May 31, 2018.
4 "China General He Lei Slams 'Irresponsible Comments' on South China Sea," *The Straits Times*, June 2, 2018.

結語

1 Eric Sevareid, *Address at Stanford University's 80th Commencement*, June 13, 1971.

國家圖書館出版品預行編目(CIP)資料

影子戰爭：從資訊戰到尖端衛星武器競賽，二十一世紀戰爭的隱形戰線 / 吉姆.修托 (Jim Sciutto)作；高紫文譯.-- 初版.-- 新北市：左岸文化出版：遠足文化發行, 2021.01

面；　公分--（遠足新書）

譯自：The shadow war : inside Russia's and China's secret operations to defeat America

ISBN 978-986-99444-6-5 (平裝)

1.國際衝突 2.國家安全 3.中俄關係

578.18　　109015048

遠足文化　　讀者回函

遠足新書 14

影子戰爭：從資訊戰到尖端衛星武器競賽，二十一世紀戰爭的隱形戰線

The Shadow War: Inside Russia's and China's Secret Operations to Defeat America

作者・吉姆・修托（Jim Sciutto）｜譯者・高紫文｜責任編輯・龍傑娣｜校對・胡慧如、楊俶儻｜封面設計・牛俊強｜出版・左岸文化 第二編輯部｜社長・郭重興｜總編輯・龍傑娣｜發行人兼出版總監・曾大福｜發行・遠足文化事業股份有限公司｜電話・02-22181417｜傳真・02-86672166｜客服專線・0800-221-029｜E-Mail・service@bookrep.com.tw｜官方網站・http://www.bookrep.com.tw｜法律顧問・華洋國際專利商標事務所・蘇文生律師｜印刷・崎威彩藝有限公司｜排版・菩薩蠻數位文化有限公司｜初版・2021年1月｜定價・450元｜ISBN・978-986-99444-6-5